Karl Hegel

Die Entstehung des Deutschen Städtewesens

Karl Hegel

Die Entstehung des Deutschen Städtewesens

ISBN/EAN: 9783743357983

Hergestellt in Europa, USA, Kanada, Australien, Japan

Cover: Foto ©ninafisch / pixelio.de

Manufactured and distributed by brebook publishing software (www.brebook.com)

Karl Hegel

Die Entstehung des Deutschen Städtewesens

Die Entstehung des Deutschen Städtewesens

Von

Karl Hegel
Professor an der Universität Erlangen

Leipzig
Verlag von S. Hirzel
1898.

Das Recht der Übersetzung ist vorbehalten.

Druck von Breitkopf und Härtel in Leipzig.

Inhalt.

Erste Abteilung.
Die Entstehung der deutschen Städte.

	Seite
Die Römerstädte in Germanien.	1
Die Zeit der Merovinger.	
Franken und Römer.	8
Die Zeit der Karolinger.	
Königliche Pfalzen und Bischofssitze	17
Die Zeit der sächsischen Könige und Kaiser.	
Entstehung der Städte aus Burgen	27
Die Befestigung der Städte	30
Die Zeit der fränkischen und staufischen Kaiser. . .	34
Städtegründungen im 12. Jahrhundert	37

Zweite Abteilung.
Die Entstehung der deutschen Stadtverfassung.

Erstes Kapitel.
Die Stadtherrschaft.

Die Grundherrschaft und die Immunität	44
Das Marktrecht	50
Das Zollrecht	61
Das Münzrecht	65
Die Ordnung von Maß und Gewicht. .	67
Die Gerichtshoheit	70
Vögte, Burggrafen, Schultheißen, Schöffen. Die Ottonischen Privilegien.	

Zweites Kapitel.
Die Stadtgemeinde.

	Seite
Die Almende	102
Die Kaufleute	104
Die Juden	111
Die Handwerker	116
Marktgründungen des 11. und 12. Jahrhunderts	124
Markt und Stadt	133
Weichbild und städtischer Grundbesitz	137
Sondergemeinden und Kirchspiele in den Städten	142
Kaiserliche Privilegien und Stadtrechte des 12. Jahrhunderts	146
Die Entstehung des Rates	173

Erste Abteilung.
Die Entstehung der deutschen Städte.

Die Römerstädte in Germanien.

Die Geschichte der deutschen Städte beginnt mit den Römerstädten am Rhein und an der Donau. Wie sind sie aus römischen zu deutschen geworden?

Wir betrachten sie zuerst für sich in der Gestalt, worin die germanischen Völker bei der Eroberung der Rhein- und Donauprovinzen sie vorfanden und sich aneigneten. Dies führt uns mitten in die Völkerwanderung hinein.

Das römische Kaiserreich stand noch aufrecht bis zu den Grenzen des Rheins und der Donau am Ausgang des 4. Jahrhunderts unter Kaiser Theodosius und zu Anfang des 5. unter seinem Sohn und Nachfolger, dem schwachen Honorius. Dessen tapferer Feldherr vandalischer Abkunft Stilicho rief einen Teil der römischen Besatzungstruppen aus Germanien nach Italien gegen den Westgoten Alarich zu Hülfe, den er dann im J. 403 bei Pollentia schlug. Darum preist ihn sein Zeitgenosse Claudianus in heroischen Hexametern, daß „unter seinen Zügeln das wilde Germanien nicht wage, den von den Besatzungen entblößten Boden, das unbewachte Ufer zu überschreiten"[1].

Aus dieser Zeit um das J. 400 sind uns zwei wichtige Statistiken überliefert: die Notitia dignitatum Orientis et Occidentis, welche die Civil- und Militärämter des Kaiserreiches beschreibt, und die Notitia Galliarum, ein Verzeichnis der Provinzen und Städte

---

[1] Claudiani opera ed. Birt. MG. Auctores antiquiss. X: De bello Pollentino v. 423 f.: Illa ferox populis ... Iam sese placidam praebet Stilichonis habenis, Ut nec praesidiis nudato limine temptet Expositum calcare solum nec transeat amnem.

Galliens. Die letztere führt die folgenden Römerstädte in den drei Provinzen auf, die uns hier angehen[1]. Es sind vier civitates in Germania prima: Metropolis civitas Mogontiacensium, civitas Argentoratensium, Nemetum, Vangionum; zwei in Germania secunda: Metropolis civitas Agrippinensium, civitas Tungrorum; vier in Belgica prima: Metropolis civitas Treverorum, Mediomatricum, Leucorum, Verodunensium[2]. Civitates sind die Stadtkreise der Provinzen, und Metropolen heißen die Hauptstädte und Sitze der Provinzialregierung. Mainz war die Metropole von Obergermanien, Köln die von Untergermanien, Trier die vom ersten Belgien im Moselgebiete[3].

Aus der Notitia dignitatum sind die in den genannten Provinzen bestehenden Reichsämter zu ersehen. Die Praesides der beiden Germanien und der beiden Belgien führen den höheren Rang und Titel von consulares[4]. Der militärische Befehlshaber in Mainz ist der Dux Mogontiacensis, dem die Obersten, praefecti militum, in einer Reihe von Castellen untergeben sind: Mainz, Worms, Speier,

---

[1] Not. dignitatum hg. von Ed. Böcking mit Commentar, 1853; dieselbe mit Not. Galliarum zusammen hg. von O. Seeck, 1876. Not. Galliarum mit vollständigem Variantenapparat (101 Hss.!) hg. von Th. Mommsen, 1892, in MG. Auctores antiquiss., Chronica minora, S. 552—612.

[2] A. a. O. Nr. V S. 589 und Nr. VII, VIII S. 592f.

[3] Anders versteht Th. Mommsen die Notitia Galliarum als kirchliche Statistik, so daß er die civitates für Bistümer, die Metropolen für Erzbistümer und die castra für Sitze der Landbischöfe erklärt (Vorwort S. 555). Hiergegen habe ich einzuwenden, daß gegen Ende des 4. oder Anfang des 5. Jh., in welche Zeit M. aus guten Gründen die Abfassung der Notitia setzt, die kirchliche Organisation Galliens noch nicht so weit vollendet war. Wie unsicher zur Zeit die Diöcesanverhältnisse waren, zeigen die Streitigkeiten der Bischöfe von Vienne, Arles und Marseille über ihre Rechte, worüber die Synode zu Turin (zu Tours, wie M. wahrscheinlich macht, N. Archiv XVII S. 187) nur eine vorläufige Entscheidung abgab. Mainz und Köln, vielleicht selbst Trier, waren in römischer Zeit noch keine Erzbistümer; vgl. Rettberg, Kirchengesch. Deutschlands II und Hauck I S. 38. Sonst wäre Mainz nicht noch einmal unter Bonifatius 751 zum Erzbistum erhoben worden und Köln nicht noch einmal unter Hildebold zur Zeit Karls des Großen Erzbistum geworden. Metropolen hießen in römischer Zeit die Provinzhauptstädte; vgl. Cod. Theod. XIII 3, 11: Valens, Gratian und Valentinian an den Präfectus prätorio von Gallien um J. 376—378: ut singulis urbibus, quae metropoleis nuncupantur, nobilium professorum (Rhetoren und Grammatiker) electio celebretur. Die Not. Galliarum ist ein Verzeichnis der politischen Provinzen und Städte, gleichwie die Beschreibung Galliens bei Ammian XV 11, 7, die, wie es scheint, aus derselben Quelle wie jene geschöpft ist. Der politischen Einteilung folgte die kirchliche; aus den römischen civitates wurden Bistümer. Daher hat man später die Not. Galliarum als kirchliches Schema benutzt und in diesem Sinne ergänzt, wie dies die Varianten und Zusätze der Hss. in der Ausgabe von M. allerdings ausweisen.

[4] Not. dign. Occ. ed. Seeck, Index S. 105.

Bingen, Altrip, Boppard, Koblenz, Andernach, Selz, Bergzabern[1]. Straßburg findet sich nicht unter diesen; dagegen kommt ein comes tractus Argoratensis unter den sechs comites rei militaris des Westreiches vor, der vermutlich das Commando über die ganze gegen das freie Germanien jenseits des Rheins gerichtete Militärmacht führte[2]. Die Befehlshaber in den civitates Köln und Trier sind in der Notitia dignitatum nicht verzeichnet.

Wir betrachten im folgenden die acht deutschen Römerstädte, auf die es uns hauptsächlich ankommt: Mainz, Köln, Straßburg, Worms, Speier, Trier, Augsburg, Regensburg[3].

Der alte Name von Mainz Mogontiacum deutet auf keltischen Ursprung. Dort, wo der Main in den Rhein einfließt, legte Drusus, der Stiefsohn des Augustus, eines der Castelle an, mit dem er die Rheinlinie befestigte. Die römische Stadt, die daneben entstand, hat von Anfang an das Gepräge einer Lagerstadt erhalten[4]. Lange Zeit war hier das Standquartier der XXII Legion, Primigenia fidelis. Die Anwohner, vicani Mogontiacenses, in vier oder fünf vici verteilt, sind durch Inschriften bezeugt[5]. Erst spät, im 3. Jh., erscheint Mainz als municipium gleichwie das gegenüber liegende castellum Mattiacum, das ihm als Brückenkopf und Vorwerk diente. Von der stehenden Brücke, die wahrscheinlich Domitian erbaut und Diocletian wiederhergestellt hat, sind in jüngster Zeit die Steinpfeiler aufgefunden worden[6]. Die römische Stadt, die Hauptstadt von Germania prima, lag auf der Höhe über dem Rhein und erstreckte sich nicht bis an den Strom; erst durch Erzbischof Hatto (891—913) wurde sie bis dahin erweitert[7].

---

[1] XLI S. 213: Salectio. Taberna. Vico Julio(?). Nemetis. Alta Ripa. Vangionis. Magontiaco. Bingio. Bodobrica. Confluentibus. Antonaco.

[2] V S. 121. XXVII S. 179. Index S. 104.

[3] Vgl. die treffliche Schrift von E. Hübner: Die Römische Herrschaft in Westeuropa, 1890, die sich über England, Deutschland und Spanien verbreitet, aber leider meist ohne Citate, weil sie für einen größeren Leserkreis bestimmt ist.

[4] Über die Art der römischen Lagerstädte s. Th. Mommsen in Zeitschr. Hermes Bd. VII (1873). Das gegen ihn in einer nachgelassenen Schrift von Th. Bergk (Westd. Zeitschr. Bd. I 1882) Gesagte hat nicht viel zu bedeuten, denn daß die von M. erwähnten ursprünglichen Ortseinwohner mit zu den vicani gehörten, ist doch selbstverständlich.

[5] J. Becker, Die römischen Inschriften des Museums, 1875. E. Hübner, Ursprung von Mainz in Jbb. des Vereins für Rheinland 1878.

[6] Ausführlich handelt von dem Bau und den Schicksalen dieser Brücke E. Hübner, Die Röm. Herrschaft S. 132f.

[7] Ekkehardi IV Casus S. Galli in der neuen Ausgabe der S. Galler Geschichtsquellen S. 41 c. 11.

Köln hat den Namen Colonia Agrippinensis oder Agrippina von der Tochter des Germanicus und Gemahlin des Kaisers Claudius erhalten. Im J. 50 nach Chr. führte sie eine Veteranenkolonie in die Stadt der Ubier ein[1], um, wie Tacitus bemerkt, dadurch ihre Macht auch den mit Rom verbündeten Völkern zu beweisen[2]. Obwohl Köln die Hauptstadt des zweiten Germanien wurde, hatte es doch nicht die gleiche militärische Bedeutung wie Mainz; das Standquartier und Ausfallthor der römischen Legionen am Niederrhein war nicht dort, sondern in Castra vetera bei Xanten. Vor der Ankunft des Cäsars Julian im J. 356 waren, wie Ammianus Marcellinus erzählt, die Territorien der Städte Straßburg, Worms, Speier, Mainz durch die Alamannen, Köln durch die Franken verwüstet. In der Gegend von Köln sah man weder eine Stadt noch ein Castell, ausgenommen Confluentes, Koblenz, wo die Mosel einfließt, Rigomagus, Remagen, und ein Turm bei Köln. Doch war Köln selbst eine stark befestigte Stadt, als sie Julian durch Vertrag mit den fränkischen Fürsten gewann[3]. Der Mauerring, der die Römerstadt einschloß, ihre Thore und Türme sind, soweit sich ihre Reste und Spuren noch erkennen lassen, jüngst auf das genaueste untersucht und beschrieben worden[4]. Sie erreichte, gleich wie Mainz, nicht das Ufer des Rheins; nur durch eine Mauer ohne Türme und die Rheinflotte war sie auf dieser Seite geschützt. Der Rheindistrikt ist erst im Mittelalter zur Stadt hinzugekommen.

Trier, Augusta Trevirorum, war die Stadt der keltischen Trevirer, wie Metz die der Mediomatriker. Durch Diocletian zur Westresidenz des Kaiserreichs erhoben, war sie der ständige Sitz des praefectus praetorio Galliarum, bis dieser um 414 bei dem Vordringen der Franken nach Arles verlegt wurde. Seit Constantin im 4. Jahrhundert entstanden die Prachtbauten von Trier: der Kaiserpalast, die Thermen, das Forum, die Basiliken, der Circus Maximus, die Porta nigra, prächtige Villen in der Umgegend[5].

---

[1] Vgl. über das oppidum und die ara Ubiorum H. Nissen, Zur Geschichte des römischen Köln, in Bonner Jbb. Heft 98 (1895).

[2] Annales XII c. 27.

[3] Amm. Marc. XVI c. 2 und 3: non ante motus est exinde quam ... et urbem reciperet munitissimam.

[4] In der Festschrift, Bonner Jbb. 1895, von den Architekten R. Schulze und C. Steuernagel.

[5] Chr. W. Schmidt, Baudenkmale in Trier und Umgebung. Heft II Die römische Periode, 1845. F. Hettner, Das römische Trier, 1880.

Die Reste der römischen Ringmauer lassen auf den doppelten Umfang von dem der heutigen Stadt schließen[1].

Straßburg, Argentoratum (-toratus, -torate), entstand gleichwie Mogontiacum als römische Lagerstadt. Das Römercastell auf einem Hügelrücken an der Ill war lange Zeit das Standquartier der legio VIII Antonia Gemina. Das Dasein einer bürgerlichen Ansiedlung, vicus, neben dem Castell ist durch die Inschrift an einem Standbild bezeugt, das dem Genius der Einwohner[2] gewidmet war. Mauern, Türme, Graben, nicht Thore, sind durch neue Untersuchungen festgestellt worden[3]. Es war ein kleines Castell, aber ein militärisch wichtiger Punkt, von wo die Hauptstraße längs dem Rhein, eine andere über Bergzabern nach Trier ging[4].

Von den in Gallien angesiedelten germanischen Völkerschaften der Nemeter und der Vangionen war Speier Nemetes, Worms Vangiones benannt[5]. Im Itinerarium Antonini heißt Worms Borbitomagus, Speier Noviomagus[6]; es sind die keltischen Ortsnamen, in Borbitomagus steckt Worms. Als römische Castelle sind sie in der Notitia dignitatum, als civitates der Germania prima in der Notitia Galliarum aufgeführt.

Nach der Eroberung von Rätien durch die Römer im J. 14 vor Chr. wurde Augsburg, Augusta Vindelicorum am Zusammenfluß des Lech und der Wertach gegründet. Von der Blüte dieser Römerstadt, den Göttern, die sie verehrte, von ihrer bürgerlichen Verfassung und der legio III Italica nebst Cohorten und Alen, die in ihr vorübergehend verweilten, geben zahlreiche Denkmäler und Inschriften, von ihrer Gewerbthätigkeit Geräte von Metall und Glas und besonders Töpferwaren Kunde[7]. Augsburg war eine Handelsstadt. Tacitus erwähnt in der Beschreibung Germaniens (um J. 98) von den Hermunduren, daß sie die einzigen Germanen

---

[1] H. Lehner, Westd. Zsch. XV S. 217. Vgl. den Stadtplan Tafel 12.

[2] Genio vici canabarum et vicanorum canabensium. Mommsen, Hermes VII S. 308.

[3] S. die Beschreibung des deutschen Ingenieurs J. v. Apell im Bulletin ... des monuments hist. d'Alsace T. VII (1886).

[4] Itin. Antonini 239. 240. 374.

[5] Vgl. über Vangiones, Triboci, Nemetes, deren germanische Abstammung Plinius bezeugt, C. Zeuß, Die Deutschen und die Nachbarstämme S. 217.

[6] Ed. Parthey et Pinder S. 178.

[7] M. Mezger, Die römischen Steindenkmäler, Inschriften und Gefäße im Maximiliansmuseum, 1862. K. Schreiber, Augsburg unter den Römern, 1876 (Zsch. des hist. Vereins f. Schwaben und Neuburg Jg. 3).

seien, die den Handel weiter über den Fluß in das Land hinein bis zur ansehnlichsten Colonie Rätiens führten[1]. Die Römerstraße nach Verona über den Brenner verband Augsburgs Handel mit Italien[2]. Nur gering war dagegen seine militärische Bedeutung. Die Notitia dignitatum nennt einen Schatzmeister, praepositus thesaurorum Augustae Vindelicensis, der unter dem Reichsfinanzminister, comes sacrarum largitionum, stand[3]. Der Umfang der Römerstadt läßt sich nicht bestimmen, da keine alten Mauerreste aufgefunden sind.

Regensburg, Castra Regina, Regino, hat den Namen von dem Flusse Regen, der links in die Donau einfließt; durch Castra ist es als Lagerstadt bezeichnet. Dort war das Standquartier eines Teils der legio III Italica, die Marc Aurel errichtete[4]. In der Notitia dignitatum sind außer Castra Regina noch andere Donaucastelle genannt, in welche die dritte Legion verteilt war, deren praefecti unter dem Dux Raetiae standen[5]. Aus Mauerresten und einem Thorbogen, den man für die Porta praetoria hält, ergiebt sich der Plan des Römercastells, das sich in einem regelmäßigen Viereck bis nahe an die Donau erstreckte[6].

Um sich einen richtigen Begriff von der Größe der Römerstädte zu machen, sind die Maße ihres Umfangs sowie des Flächenraums, den sie einnahmen, anzugeben[7]. Gleichwie die Römercastelle des Limes zwischen Donau, Main und Rhein, waren sie von sehr sehr verschiedener Größe. Als kleine Castelle erscheinen die Saalburg bei Homburg 3,15 ha und Butzbach in Hessen 3,23 ha, als ein großes Heddernheim in Nassau an der Nidda 45,6 ha[8]. Nur etwas über halb so groß wie das letztere war

---

[1] Germania c. 41: solis Germanorum non in ripa commercium, sed penitus atque in splendidissima Raetiae provinciae colonia.

[2] Itinerar. Antonini S. 232. 236—241. 250. 258.

[3] Not. dign. Occ. XI Seeck S. 149.

[4] F. Ohlenschlager, Die rechtsrhein. Truppen in Bayern, 1884, S. 13.

[5] Not. dign. Occ. XXXV S. 200: Praefectus legionis tertiae Italicae partis superioris Castra Regina nunc Vallato. Das Commando der Legion war also zur Zeit nicht mehr in castra Regina, sondern in Vallatum an der Donau vgl. Itin. Antonini S. 250 die Straße: Regino, Abusina (Eining), Vallato, Summuntorio, Augusta Vindelicum.

[6] Graf v. Walderdorff, Regensburg in Vergangenheit und Gegenwart (4. Aufl. 1896) giebt S. 73 die Planzeichnung.

[7] Der Maßstab ist ha, ein Hektar = 10000 Quadratmeter.

[8] Ich folge den Angaben von A. v. Cohausen, Der römische Grenzwall mit

Castra Regina 23,5 ha[1] und weniger als halb so groß Argentoratum 19,6 ha. Beide übertraf um das drei- und vierfache das römische Köln mit 97 ha[2], und dieses wiederum steht weit zurück hinter Trier, der größten Stadt Galliens, 285 ha[3]. Straßburg, Regensburg und Köln erreichten im Mittelalter ungefähr den doppelten Umfang von dem in der Römerzeit, dagegen ist das heutige Trier nur halb so groß wie das römische.

Es ergibt sich, daß die Römerstädte der beiden Germanien nach unseren Begriffen nur kleine, zum Teil sehr kleine Städte waren. Die mittelalterlichen Städte Augsburg mit 181 ha, Nürnberg, keine Römerstadt, mit 162 ha und rund 21000 Einwohnern innerhalb der Mauern des 15. Jh., übertrafen an Umfang nicht nur sämtliche Römerstädte Deutschlands, ausgenommen Trier, auch alle berühmten italienischen Städte zur Zeit des Kaiserreichs mit Ausnahme der Weltstadt Rom[4].

Am letzten Jahrestage 406 n. Chr. gingen Vandalen, Alanen und Sueven über den Rhein[5] und zogen durch Gallien nach Spanien, die Burgunden folgten und setzten sich im Elsaß fest, die Alamannen verbreiteten sich im römischen Zehntland am Oberrhein, die Franken am Niederrhein. Bald darauf hören wir die Klage des h. Hieronymus im J. 409[6]: „Mainz, die einst prächtige Stadt, ist genommen und zerstört, Tausende von Menschen wurden in seiner Kirche umgebracht. Reims, Amiens, Arras, Tournai, Speier, Straßburg sind Germanien einverleibt. In den Alpenländern der Donau erinnern sich nach dreißigjährigem Kriege nur noch wenige Greise der Freiheit, die die unter der Knechtschaft Gebornen nicht mehr kennen". Trostlos lauten einige Jahrzehnte später die Dekla-

---

Atlas, 1885, und v. Sarwey und Hettner, Der obergermanisch-rätische Limes, Lief. 1, 1894.

[1] Walberdorff a. a. O. gibt die Breite zu 440 m, die Länge zu 535 m an.

[2] S. die erwähnte Festschrift.

[3] Nach der Ausmessung bei H. Lehner, Westd. Zsch. XV S. 217.

[4] Rom erreichte innerhalb der Aurelianischen Stadtmauer den Umfang von 1230 ha. Von den Städten Italiens gibt J. Beloch (Bevölkerung der griechisch-römischen Welt S. 457) die Größenverhältnisse an: Mediolanum 133 ha, Bononia 83, Aquileja 64, Pompeji 64,7, Verona 45,6, Florentia 22.

[5] Prosper Tiro: Wandali et Halani Gallias trajecto Rheno ingressi II K. Jan. Honorio VII et Theodosio II. Chron. minora ed. Mommsen S. 165.

[6] Epist. ad Ageruchiam, Opera Hieron. ed. Migne I S. 1057.

mationen des Priesters Salvianus von Marseille: „Circusspiele werden freilich nicht mehr gehalten in Mainz, denn es ist zerstört und vernichtet, und nicht in Agrippina, denn es ist voll von Feinden, und nicht in der prächtigsten Stadt Trier, denn sie ist durch viermalige Verwüstung niedergeworfen, und nicht in den meisten Städten Galliens und Hispaniens"[1]. Welche Verheerung nachher auf dem Zuge Attilas bis Orleans angerichtet wurde, ist nicht näher bekannt. Die Chronisten gebrauchen nur unbestimmte Ausdrücke von dem Untergang vieler Städte; bestimmt erwähnt ist die Verbrennung von Metz[2] durch die Hunnen. Auf den Donaustädten ruht das Schweigen der Vernichtung.

Die Zeit der Merovinger.

Franken und Römer.

Vor Ende des 5. Jahrhunderts war das fränkische Reich unter Chlodovech errichtet. Was geschah mit den Römerstädten Deutschlands? Wie haben sich die Franken am Niederrhein, die Alamannen am Oberrhein angesiedelt? Auf diese Frage läßt sich nur eine wenig bestimmte Antwort geben. Ich fasse mich kurz auf schon viel betretenen Pfaden.

Man weiß, daß die Franken, anders als wie die Burgunden und die Westgoten, keine regelmäßige Teilung des Grundbesitzes der Römer vornahmen. Ebenso wenig war dies bei den Alamannen der Fall. Alles öffentliche und herrenlose Land fiel dem Könige zu. Durch königliche Bewilligung wurde die Niederlassung der Franken auf den Gütern des Fiskus gestattet oder Anweisungen an einzelne

---

[1] De gubernatione Dei L. VI c. 8 (ed. Halm, Auct. antiquiss. I S. 74. Vgl. ebend. c. 15 S. 81 die Schilderung von Trier, wo das Volk, trotz der Zerstörung, der blutigen Niederlage, der Hinrichtungen, der Gefangenschaft, die Circusspiele und Theater zurückverlangte: Ludicra ergo publica, Trevir, petis? ubi, quaeso, exercenda, an super bustum et cineres, super ossa et sanguinem peremptorum?

[2] Prosper Tiro a. 451. Gregorius Tur. II c. 6.

erteilt[1]. Man glaubt, daß diese Masse ausgereicht habe, um der
Landberaubung der Provinzialen nicht zu bedürfen, daß deren Grundbesitz unangetastet geblieben sei[2]. Ohne Gewaltthätigkeit und Beraubung in Einzelfällen wird es jedoch schwerlich abgegangen sein.
Hiernach wäre anzunehmen, daß in den Römerstädten keine wesentliche Veränderung des Besitzstandes stattgefunden habe, besonders
deshalb nicht, weil die Germanen nicht an städtisches Zusammen-
leben gewohnt waren, so daß nur wenige in die Städte hereinzogen.
Die Barbaren, sagt Ammian Marcellin, scheuen die Städte gleichwie mit Netzen umgebene Brandstätten[3]. Das alte salische Recht
der Franken aus der Zeit Chlodovechs[4] weist auf Einzelbesitz und
Dorfgemeinschaft, Ackerbau und Viehzucht, Gartenbau und Weinbau,
wenig auf Gewerbe und Handel hin[5].

Die salischen und ripuarischen Franken führten auf deutschem
Boden ihre Rechtsordnung in Staat und Gerichtsverfassung, sowie
die ständische Gliederung ihres Volkes ein. Die alte Lex Salica
giebt hierüber am meisten Aufschluß.

Der König schützt den Frieden und das Recht und hat die
Gewalt (Bann) über die Unterthanen. Bevorzugt ist sein kriege-
risches Gefolge, trustis dominica, und sein Gesinde, convivae regis,
an das er die Hausämter verleiht. Er ernennt den Grafen für die
Verwaltung des Gaues[6], der auch das Friedensgeld (fredus, freda)
für den Fiskus einnimmt[7]. Das Volk ist in Hundertschaften geteilt, deren Vorsteher der Thunginus und der Centenar sind[8]. Die
ständische Gliederung beruht auf dem Unterschied von Freien, Halbfreien und Unfreien; es gibt keinen Adel, aber einen bevorzugten
Beamtenstand des Königs.

---

[1] P. Roth, Benefizialwesen S. 75.

[2] Waitz II S. 42, Brunner I S. 194. R. Schröder (2. A.) S. 102. Fustel
de Coulanges, L'invasion Germanique (hg. von Jullien) 1891, S. 538.

[3] L. XVI c. 2. 11: ipsa oppida ut circumdata retiis busta declinant.

[4] S. über die Zeit der Abfassung nach der fränkischen Reichsgründung
Brunner I S. 297. Schröder S. 227.

[5] Waitz II (3. A.) S. 91 ff. Die Agrarzustände im salischen und ripuarischen
Reiche sind vortrefflich dargelegt in dem lehrreichen Buche von A. Meitzen, Siedelung und Agrarwesen der West- und Ostgermanen. Bd. I (1895) S. 558—598.

[6] Lex Salica I 3: — ambulet ad grafionem loci illius, in cujus pago
manet.

[7] Ebend. LIII 2. 4.

[8] Daß bies zwei verschiedene Ämter sind, beweist Brunner II S. 150.

In diese neue Staats- und Rechtsordnung wurden auch die Römer in Stadt und Land aufgenommen. Blieb ihr Privatgrundbesitz unangetastet, so bestanden auch die Standesklassen fort, die mit diesem zusammenhingen: Possessoren, halbfreie Colonen und landlose Plebejer in den Städten. Wie werden sich die verschiedenen Standesklassen der Franken und Römer ineinander fügen?

Die Wertschätzung der Person nach Geburtsstand und Rang wird in den germanischen Volksrechten durch das Wergeld oder die Mannbuße ausgedrückt. Die Lex Salica bestimmt im Titel XLI das Wergeld der Franken und der Römer: der freie Franke, ingenuus Franco, gilt 200 Solidi, der Franke, der im Gefolge des Königs (in trusta dominica) ist, 600. Bei den Römern sind drei Klassen verschieden gewertet: der Tischgenosse des Königs, conviva regis, mit 300 Sol., der Grundbesitzer, possessor, mit 100, der Zinspflichtige, tributarius, mit 63. Also gilt der freie Franke doppelt so viel wie der römische Grundbesitzer, und dreifach erhöht ist das Wergeld von beiden, wenn sie, die einen zum Gefolge, die andern zum Gesinde des Königs gehören.

Dasselbe Verhältnis der geringeren Wertschätzung der Römer gegenüber den Franken findet sich ausgesprochen bei den Bußen oder Strafsätzen in einzelnen Fällen. Bei Beraubung eines Franken beträgt die Buße 63 Sol., bei der eines Römers 35 Sol.[1]; bei Gefangennahme eines Franken durch einen Römer 30 Sol., bei der eines Römers durch einen Franken 15[2]; bei Körperverletzung eines freien Mannes (Franken) 200 Sol., eines Römers 63[3]; bei Tötung mit Hausfriedensbruch gilt der Franke, der im Gefolge des Königs ist, 1800 Sol., der es nicht ist, 600 Sol., der Römer, gleichwie der Lite und der Diener (puer) des Königs, nur halb so viel[4].

In drei Klassen sind die Römer, wie wir sehen, in bezug auf

---

[1] Lex Sal. XIV 1. 3.
[2] XXXII De ligaminibus ingenuorum. Zusatz 1. 2.
[3] XXXIX De plagiatoribus 2. 3.
[4] Im Hinblick auf diese Bestimmungen kann ich Brunner, dem ich sonst gern folge, nicht beistimmen, wenn er (Bd. II S. 614 A. 7) im Wergeld der Römer (100 Sol.) keine Zurücksetzung erblicken will. Ließe man auch seine fein ausgedachte Berechnung von Erbsühne, Magsühne und Friedensgeld zu je einem Drittel gelten, so daß bei dem Römer, der das Sippenrecht nicht kannte (er kannte doch auch nicht das Wergeld!), die Magsühne weggefallen, die Erbsühne aber die gleiche wie bei den Franken (66$^{2}/_{3}$ Sol.) gewesen wäre, so bliebe doch für den Römer von seinem Wergeld zu 100 Sol. nur ein fredus von 33$^{1}/_{3}$ Sol. übrig, so daß der Totschläger des Römers nur halb so viel Friedensgeld zu zahlen hatte wie der des Franken.

das Wergeld unterschieden. Was bedeuten diese Klassen? Die Bezeichnung der ersten als conviva regis beweist, daß Römer in das Gesinde des Königs aufgenommen wurden, und dadurch zu hohen Ehren und Ämtern des Hofes gelangten. Die zweite Klasse der Possessoren bezeichnet den römischen Stand der Grundbesitzer, die nach römischem Steuersystem die Grundsteuer zu zahlen hatten und von der Kopfsteuer befreit waren[1]. Diese Klasse der Unterthanen kam im fränkischen Reich sehr in Betracht, weil die römische Steuerverfassung beibehalten wurde[2]. Ebenso bestand die Kopfsteuer für die grundbesitzlosen Römer fort. Es ist daher die dritte Klasse der tributarii sowohl auf die städtischen Plebejer wie auf die Colonen oder halbfreien Bauern zu beziehen[3]. Denn wenn man die tributarii allein für Colonen erklärt[4], dann wären die Plebejer der Römerstädte ganz übergangen, was doch bei ihrer überwiegenden Zahl und fortdauernden Steuerpflicht nicht anzunehmen ist.

Sehen wir weiter das Volksrecht der Rheinfranken, die Lex Ribuaria[5]. Beide fränkische Volksrechte sind auseinander zu halten, nicht bloß deshalb, weil sie sich auf verschiedene Volksstämme und Landesgebiete beziehen, sondern noch mehr, weil ein volles Jahrhundert zwischen beiden liegt. Die Abfassung des ribuarischen Volksrechts wird für den Hauptteil in die Zeit vor 596 gesetzt, während das eingeschaltete Königsgesetz und die letzten Artikel (65—89) in der ersten Hälfte des 7. Jh. unter Dagobert I hinzu-

---

[1] Savigny, Über die römische Steuerverfassung (Zsch. f. gesch. Rechtswiss. VI; S. 329.

[2] S. hierüber die gründliche Erörterung bei P. Roth, Benefizialwesen S. 85 ff. Was dort S. 87 über die spätere Steuerveränderung gesagt ist, kommt für die Zeit der Lex Salica nicht in Betracht.

[3] Vgl. Savigny a. a. O. S. 370.

[4] So Roth S. 84 und nach ihm Waitz II[3] S. 242 und Brunner I S. 241. Fustel de Coulanges, La Monarchie Franke, läßt in seiner Darstellung des Steuersystems (S. 247—282) die Kopfsteuer unerwähnt. Die technische Bedeutung von tributarius für Colone steht allerdings fest, sowohl in den Gesetzbüchern der römischen Kaiserzeit (in der Zusammenstellung tributarius vel inquilinus) Cod. Theod. X tit. 12, 2, Cod. Iustin. XI tit. 48 de agricolis l. 12, wie in den Formeln nach Urkunden Ludwigs des Frommen, Formulae imperiales ed. Zeumer S. 299: vel hominibus publicis et tributariis in eadem valle manentibus, S. 318: mansos duos cum supersedentibus duobus tributariis. Doch gebrauchen die Schriftsteller der Merovingerzeit tributarius im Sinne von zinspflichtig bei Völkern. Fredegar. c. 19 (ed. Krusch S. 177): gentemque illam sevissimam (Saxones) ex parte tributaria esse praecepit. Liber hist. Francorum c. 10 (S. 253): ipsos Toringos tributarios Francorum fecit.

[5] Hg. von Sohm mit lehrreichen Anmerkungen MG. Leges T. V.

gekommen sind¹. Das Christentum, von dem in der Lex Salica noch nicht die Rede ist, erscheint hier bereits als herrschende Religion². Es besteht das System des persönlichen Geburtsrechts, wonach die Angehörigen der verschiedenen germanischen Völker in den öffentlichen Gerichten beurteilt wurden. Dasselbe gilt auch für die Römer³. Mit diesen hatten die Rheinfranken seit länger als ein Jahrhundert zusammengelebt; Köln war die königliche Residenzstadt. Man wird nach allem dem erwarten, die römischen Provinzialen bei den Ribuariern in einem höher gewerteten Standesverhältnis als bei den Saliern zu finden. Das ist aber keineswegs der Fall. Weggefallen ist der Unterschied der verschiedenen Klassen der Römer, durchweg ist der homo Romanus dem homo regius und dem homo ecclesiasticus gleichgestellt⁴. Es findet Freilassung von Hörigen nach römischem Rechte statt und durch sie wird der Hörige ein civis Romanus⁵. Er wird nach römischem Rechte bei Verbrechen, die er begeht, beurteilt, sein Wergeld bei Totschlag beträgt 100 Sol.⁶ Dasselbe Wergeld steht auch dem fremden Römer (advena Romanus) zu, während der fremde Franke das doppelte hat und ein anderer Germane zu 160 Sol. geschätzt wird⁷. Endlich ist der geringere Stand des Römers noch scharf bezeichnet durch die Bestimmung, daß bei gemischten Ehen von freien Ribuariern mit Römern, ebenso wie bei solchen mit Freigelassenen des Königs oder der Kirche, die Kinder der ärgeren Hand folgen sollen⁸.

Dies alles stimmt zusammen, um die Zurücksetzung der Römer gegenüber den Franken im ribuarischen Recht gleichwie im salischen

---

[1] Brunner I S. 306 f.
[2] Lex. Rib. XXXVI 5—9.
[3] Tit. XXXI 3. XXXVI 1—4. LXI ?.
[4] Lex Rib. tit. IX. X.
[5] Tit. LXI: De libertis secundum legem Romanam. 1. Siquis servum suum libertum fecerit et civem Romanum. Über die Form dieser Freilassung s. Brunner I S. 243.
[6] LXI 2.
[7] XXXVI 1—4.
[8] LVIII 11: si ecclesiasticus, Romanus vel regius homo ingenuam Ribuariam acciperet. oder umgekehrt, generatio eorum semper ad inferiora declinentur. Roth S. 83 A. 157 und Sohm Lex Rib. S. 245 A. 19 wollen hier im Romanus nur einen nach römischer Form Freigelassenen sehen. Allein eben durch diese Art Freilassung wurde er ein civis Romanus (tit. LX 1, das heißt ein freier Römer. Die Lex Ribuaria kennt nicht zweierlei Römer; immer wird der Romanus dem ecclesiasticus und puer regis gleichgesetzt, tit. IX. X.

zu beweisen. Unverändert erscheint hiernach im Volksrecht die rechtliche Stellung der Römer zu den herrschenden Franken auch nach Ablauf eines Jahrhunderts seit ihrer Unterwerfung. Dennoch lehrt die Geschichte des merovingischen Reiches, daß eine fortschreitende Verschmelzung beider Nationen stattgefunden hat, die sich sowohl in der Ausgleichung ihrer Sitten wie in dem Emporkommen der Provinzialen zu den höchsten Ehren und Ämtern im Staat, im Heere, in der Kirche, nicht am wenigsten in der Herrschaft der lateinischen Sprache, als der Sprache des Rechts und der Litteratur, kundgibt, so daß sich Franken und Römer nur noch an den Eigennamen, und auch an diesen nicht immer, unterscheiden lassen[1].

Eine Hauptsache war, um die Verschmelzung beider Nationen zu bewirken, daß seit dem Übertritt der Franken zum Christentum, mit dem Clodovech 496 in Reims den Anfang machte, Ehen zwischen beiden Nationen zulässig waren: romanische Weiber der Franken gebaren fränkische Christen. Die Römer besaßen die höhere Bildung, die sie allein zu den geistlichen Ämtern befähigte; die Bischöfe gehörten zumeist den altrömischen Geschlechtern an. Die hohe Wertschätzung, welche die geistliche Würde verlieh, kommt in den Volksrechten zum Ausdruck. Das ribuarische Recht gibt zwar dem freigebornen Kleriker kein höheres Wergeld als dem Römer, 100 Sol.[2], erhöht aber dasselbe für den Subdiakon auf 300, für den Diakon auf 400, für den freigebornen Priester auf 600, für den Bischof auf 900 Sol. Im alamannischen Recht ist das Wergeld des Bischofs sogar dem des Herzogs gleichgesetzt[3] und im bairischen auf eine unerschwingliche Höhe hinaufgeschraubt[4].

---

[1] Vgl. Löbell, Gregor von Tours S. 107, P. Roth, Benefizialwesen S. 82. Weiter geht Fustel de Coulanges in seinem Werke: Histoire des institutions politiques de l'ancienne France. L'invasion Germanique, 1891, denn er behauptet, die germanische fränkische Einwanderung im 5. Jh. habe gar nichts verändert an dem gallisch-römischen Grundbesitz, Recht und Staat, habe keinen germanischen Geist und Charakter eingepflanzt, sondern allein: par le désordre, qu'elle l'invasion) a jeté partout, elle a donné aux hommes de nouvelles habitudes qui à leur tour ont enfanté de nouvelles institutions (S. 558). Nirgends sei von Herrschaft der Germanen (Franken), von Unterwerfung der Römer die Rede (S. 543)! — Also, großmütig und selbstlos hätten die Barbaren die Bewohner des Landes von Anfang an geschont, in ihre Gemeinschaft aufgenommen und auf dem Fuße der Gleichberechtigung mit ihnen gelebt! Der Autor übersieht, daß die Franken ihr Volksrecht einführten und einen fränkischen Staat aufrichteten; er schweigt über das geringere Wergeld, die geringeren Bußen für die Römer.

[2] Lex Rib. XXXVI Art. 5.
[3] Lex Alam. ed. Lehmann tit. XI.
[4] Lex Bajuw. ed. Merkel I 10. Der Bischof soll mit so viel Gold

Die Bischöfe des merovingischen Reiches waren die geistlichen Oberhäupter in den Städten. Als Berater und Beschützer des Volks, als Stützen des Throns oder durch Anhang starke Widersacher bildeten sie eine Macht, vor der auch die tyrannischen Könige sich bisweilen beugten. Das Geschichtswerk Gregors von Tours ist voll davon.

Über die Art, wie die Bischöfe im 6. Jh. ihres Amtes in den Städten walteten, gewinnt man eine Anschauung aus den Gedichten des Venantius Fortunatus, von denen hier nur die zu erwähnen sind, die die deutschen Bischofsstädte angehen[1]. Freilich rühmt der Dichter, der später selbst Bischof von Poitiers wurde, alle seine Amtsgenossen in dem gleichen Tone, als ob sie lauter Heilige wären, die sich freigebig gegen die Armen bewiesen, sich der Gefangenen und Verbannten annahmen, ihre Lämmer gegen die Wölfe beschützten, die zerfallenen Tempel glänzend wiederherstellten[2]. Doch läßt sich aus diesen Lobpreisungen auch einiges bestimmtere entnehmen. So beschreibt Venantius in einem Gedichte eine Burg mit dreißig Türmen, die Nicetius von Trier auf einem Hügel an der Mosel zur Verteidigung seiner Stadt erbaute[3]. Das Lobgedicht auf Bischof Vilicus von Metz gibt Anlaß, die herrliche Lage der Stadt an der Mosel, den Reichtum des Flusses an Fischen, die wohl bestellten Felder und Weinberge zu schildern, wobei auch die starke Befestigung der Stadt durch Fluß und Mauern, die noch stärker sei durch des Bischofs Verdienst, erwähnt wird[4]. Von Carentinus von Köln weiß Venantius zu rühmen, daß er goldene Tempel erneuert und um ein Stockwerk erhöht habe, damit eine größere Menge des Volkes darin Raum finde[5]; es ist die außerhalb der Stadtmauern

---

als wie ein seiner Körpergröße angemessener Bleimantel wiegt, vergolten werden; wer das nicht aufbringen kann, wird mit Frau und Kindern der Kirche hörig.

[1] Ven. Fort. carmina ed. F. Leo, Auct. antiquiss. IV 1.

[2] Carmina III Nr. 11. De Nicetio episcopo Treverensi; vgl. die schöne Charakteristik dieses Kirchenfürsten von Rettberg, Kirchengeschichte Deutschlands I S. 462.

[3] Ebend. III Nr. 12: De castello ejusdem super Mosellam.

[4] Carm. III Nr. 13: Ad Vilicum episcopum Mettensem v. 15: Urbs munita nimis, quam cingit murus et amnis, pontificis merito stas valitura magis.

[5] Ebend. III Nr. 14: De pontifice Carentino Coloniae v. 21: Aurea templa novas pretioso fulta decore ... majoris numeri quo templa capacia constent, alter in excelso pendulus ordo datur.

gelegene S. Gereonskirche gemeint, die, den Märtyrern der Thebaischen Legion geweiht, wegen der Mosaikbilder auf Goldgrund von dem Volk „zu den goldenen Heiligen" genannt wurde[1]. Wie ein Vater, heißt es im Gedicht auf Sidonius von Mainz[2], erweise sich dieser, der die Stadt aus dem Ruin erhob, alte Tempel erneuerte und zum Wohle des Volkes den Lauf des Rheins verbesserte: „Was wird nicht er dem Lande gewähren, der dem Wasser so viel Gutes erwies!"[3] Die Taufkirche von Mainz und die Basilika von S. Georg verdankten dem Sidonius unter Beihülfe der Prinzessin Berthoara, Tochter des Königs Theudebert, ihre Erbauung[4].

Man sieht, die Bischöfe waren schon unter den Merovingern auf dem besten Wege, die Herren ihrer Städte zu werden. Die Immunitätsverleihungen gehen bis ins 6. Jahrhundert zurück.

Die fränkischen Könige nahmen jeder seinen Sitz in der Hauptstadt seines Reiches[5] und wo der Sitz des Königs, war auch sein Schatz. Denn in diesem lag die eigentliche Bedeutung der königlichen Residenz, nicht in dem Aufenthalt[6]. Chlodovech bemächtigte sich des Schatzes des Ripuarierkönigs in Köln, als er dessen Reich einnahm[7]. Dort war auch der Schatz des Königs Theudebert von Austrasien, den sein Bruder Theuderich von Burgund 612 schlug und bis nach Köln verfolgte; das Haupt des getöteten Königs wurde ihm über die Mauer der Stadt dargereicht und die Großen huldigten ihm mit Eidschwur in der Kirche S. Gereon[8]. König Dagobert I setzte 633 seinen Sohn Sigbert als König von Austrasien ein, wies ihm die Stadt Metz zum Sitz an und stattete ihn mit einem hinreichenden Schatze aus[9]. Karl Martell kam nach dem

---

[1] Meine Verf.=Gesch. v. Köln, Städtechron. XII Einl. S. VIII.

[2] Carmina IX Nr. 9.

[3] V. 27: ut plebem foveas et Rheni congruis amnes: quid terris referat qui bona praebet aquis!

[4] Carm. II Nr. 11: De baptisterio Magontiae. Nr. 12: De basilica S. Georgi.

[5] Gregor. Tur. II c. 38: (Chlodovechus) Parisius venit ibique cathedram regni constituit.

[6] Waitz II 1 S. 182 f.

[7] Gregor. Tur. II c. 40: Regnumque Sigiberti acceptum cum thesauris ... suae ditioni adscivit.

[8] Liber historiae Francorum (sonst Gesta Franc.) SS. rerum Meroving. II S. 308 c. 38. Anders erzählt der s. g. Fredegar IV c. 38 (ebend. S. 139), daß Theudebert gefangen nach Chalons gebracht wurde.

[9] Fredegar IV c. 75.

Siege bei Vinci 717 nach Köln und zwang die Stiefmutter Plectrud ihm den Schatz Pippins auszuliefern[1]. Die Bedeutung von Köln und Metz als Hauptstädte des fränkischen Ostreichs gibt sich in diesen Nachrichten zu erkennen.

Straßburg wird von Gregor von Tours nur zweimal gelegentlich erwähnt, wo er erzählt, daß König Childebert mit Gattin und Mutter im J. 589 in seinen Grenzen verweilte und im folgenden Jahre Bischof Egidius von Reims dorthin verbannt wurde[2]. Weder Worms und Speier, noch selbst Mainz sind von ihm genannt. In der Chronik des sog. Fredegar kommt nur Mainz vor, wo König Dagobert I im J. 632 sein Heer über den Rhein gegen die Sachsen zu führen gedachte[3].

Die Römerstädte erhielten zum Teil neue Namen. Argentoratensis urbs, sagt Gregor von Tours, nennt man jetzt Strateburgus[4]. Köln heißt schlechthin Colonia[5]. Die neuen Namen Worms und Speier erscheinen zuerst in den Unterschriften der Bischöfe zu den Akten des Concils von Paris im J. 614[6]. Aus Mogontiacum wird Magancia oder Maguncia[7]; Augusta Vindelicorum heißt Auguſtburg[8]. Regensburg ist Übersetzung von Castra Regina[9]; eine andere Benennung ist Ratisbona[10].

Nach Städten wurden auch Gaue und Grafschaftsbezirke benannt[11]. Allgemein war dies der Fall in Gallien, wo die römische Territorialeinteilung fortbestand[12]. In Deutschland kommen Stadt-

---

[1] Liber hist. Franc. c. 52 S. 326 und Contin. Fredegarii c. 10 S. 174.
[2] Hist. Francorum L. IX c. 36. X c. 19.
[3] Fredegar IV c. 74 (S. 158): Magancia cum exercitu adgreditur, disponens Rhenum transire.
[4] Hist. Franc. IX c. 36. X c. 19.
[5] Ebend. II c. 40. Liber hist. Franc. c. 8 (S. 250) gibt dafür die Erklärung: vocaveruntque eam Coloniam, quasi coloni inhabitarent in eam.
[6] MG. Concilia S. 192: Ex civitate Uuarmacio Bechtulfus ep. Ex civitate Spira Hildericus episcopus. Hier auch Ex civitate Colonia, ex civ. Strateburgo.
[7] Fredegar. IV c. 38. 74.
[8] Ann. Bertiniani a. 832. 839.
[9] Ann. Einhardi a. 792. Ann. Bertin. a. 869 ed. Waitz S. 105).
[10] Urk. Heinrichs II J. 1002. 1003. Konrads II J. 1026. Ried, Cod. dipl. Nr. 126. 134. 152.
[11] Nicht nach Bistümern, wie Rietschel, Civitas S. 21 behauptet; vgl. dagegen Waitz II 1 S. 406.
[12] Longnon, Géographie de la Gaule au VI. siècle, gibt die Beschreibung.

gaue nur vereinzelt vor, während die meisten Gaunamen von Fluß=
gebieten oder Völkerschaften hergenommen sind[1].

Im Ducat von Ripuarien finden sich neben verschiedenen länd=
lichen Gauen ein Kölngau und ein Bonngau[2]. Am Oberrhein
werden der Wormsgau und der Speiergau neben dem Nahegau
genannt[3]. Weder Mainz noch Straßburg haben einem Gau den
Namen gegeben; Mainz gehörte zum Wormsgau[4], Straßburg zum
Elsaßgau[5]. Nach Augsburg ist der Augustgau neben dem Allgau[6],
nach Zürich der Zürichgau in oder neben dem Thurgau benannt[7].
Für die Abgrenzung der Gaue sowie für ihre Teilung war nicht
die Stadt, sondern der Amtsbezirk des Grafen bestimmend[8].

Die Zeit der Karolinger.
Königliche Pfalzen und Bischofssitze.

Die Römerstädte waren im 8. und 9. Jh. fränkische und deutsche
geworden. Keine Spur von Römern, weder von ihrem Recht, noch
von ihrer Nation, ist mehr in ihnen zu finden: von römischen Ein=
richtungen übernahmen die Deutschen nur Stadtmauern und Thore.
Als Burgen galten ihnen die Städte. Sie hatten kein anderes
Wort für die Stadt als „Burg", das heißt ein umschlossener, be=
festigter Ort. Burgen sind ohne Unterschied Städte und Orte des
heiligen Landes in den Evangelienharmonien des 9. Jh. So im

---

[1] Waitz, a. a. O. S. 408 ff.
[2] Meine BG. von Köln, Städtechron. XII Einl. S. 13.
[3] Meine BG. von Mainz, Städtechron. XVII S. 8 nach Urkunden von Fulda
und Lorsch. Statt Wormsgau kommt auch Wormazfeld vor.
[4] Ebend. S. 8 A. 3.
[5] Alicensus pagus, Stellen bei Förstemann, Altd. Namenbuch S. 58.
[6] Urk. Ludwigs des Frommen J. 839 (Mühlb. 959): Campidona ... quod
in ducatu Alemanniae sita est in pago Albigoi ... et in alio loco in pago
Augustgoi.
[7] UB. von S. Gallen I Nr. 10: in pago Durgaugense, in sito qui dicitur
Zurichguavia.
[8] Waitz V S. 181 und Beispiele VII S. 18. 19 Anm.

sächsischen Heliand: Jerusalem die „glänzende Burg", Jericho die „berühmte Burg", Bethlehem „Davids Burg", und im Evangelienbuch des Elsässers Otfrid: Jerusalem, Samaria, Nazareth, Kapernaum. „Burgleute" heißen die Einwohner. Das Wort „stat" wird erst später im Annoliede und in den Nibelungen für Stadt gebraucht[1].

Die lateinschreibenden Autoren in den Reichsannalen und in den Urkunden hatten die Wahl unter verschiedenen Benennungen für Burg oder Stadt, für offene Orte, Dörfer und Höfe. Für letztere steht locus, vicus, villa, curtis; für Burgen oder Städte civitas, urbs, oppidum, castrum oder castellum[2]. Es fragt sich, ob durch den gewählten Ausdruck ein Unterschied zwischen verschiedenen Arten von Städten gemacht wird? Wenn man dem Sprachgebrauch bei den Autoren nachgeht, wird man finden, daß er keineswegs überall der gleiche oder überhaupt ein feststehender ist. Oppidum kommt im Sinne von Stadt nur selten vor[3] und wird auch von kleinen Orten und Dörfern gebraucht[4]. Civitas ist die Stadt mit ihrem Territorium, so die civitates Italiens, Spaniens, Galliens wie die am Rhein und an der Donau. Eben dafür wird auch der bloße Name der Stadt genannt, z. B. bei der Reichsteilung Ludwigs des Frommen J. 837: Viridunensis, Tullensis und andere[5]. Werden Stadt und Gebiet oder Umgegend unterschieden, so heißt letztere suburbanum, so daß die Bedeutung von urbs als Stadt oder Burg durch den Gegensatz gegeben ist[6]. Urbs ist gleichbedeutend mit castellum, aber auch mit civitas in dem schon erwähnten weiteren Sinne. Umgekehrt steht civitas bisweilen für ein bloßes Kastell. So sind z. B. die Karlsburg, die Karl der Große 776 an der Lippe erbaute[7], und die Burg Esesfeld, die er 809

---

[1] S. meinen Aufsatz: „Lateinische Wörter und deutsche Begriffe" im Neuen Archiv Bd. XVIII Jg. 1892.

[2] S. meinen Aufsatz und Rietschel, Die Civitas auf deutschem Boden, 1894.

[3] In den Reichsannalen finde ich oppidum nur an einer Stelle a. 761 in der Zusammenfassung oppida atque castella. Dieselbe Redensart gebraucht Einhard in der Vita Caroli c. 6.

[4] S. die Stellen bei Rietschel S. 42.

[5] Nithardi Hist. I c. 6. Vgl. Ann. Fuldenses a. 876: Karl der Kahle wollte seinem westfränkischen Reiche hinzufügen: cunctas civitates in occidentali litore Rheni positae, id est Mogontiam, Wormatiam et Nemetum.

[6] Ann. Einhardi a. 787: ipse (Carolus) cum exercitu ... in Augustae civitatis suburbano consedit ... Et in suburbano Mogontiacense in villa quae dicitur Ingilunheim ...

[7] Ann. Petaviani a. 776 (MG. SS. I S. 16): Aedificaverant Franci in

an der Stör gegen die Dänen errichtete, civitates genannt[1]. Civitates heißen auch die Hauptburgen der slavischen Völkerschaften, der Wilzen, Sorben, Smeldinger[2]. Hiernach bedeuten die Ausdrücke civitas, oppidum, urbs, castellum ohne Unterschied Stadt oder Burg[3].

Eine andere Benennung kommt in Frage, die man auf eine besondere Art von Städten gedeutet hat. Alle Städte sind königliche d. i. solche, in denen die öffentlichen Rechte dem Könige zustehen, und können daher civitates regiae heißen, und gleichbedeutend mit civitas regia ist civitas publica, weil alles was des Königs ist, ein publicum ist. So wird auch die Pfalz des Königs palatium publicum, ein königliches Dorf villa publica, eine königliche Burg castrum publicum genannt[4]. In demselben Sinn ist der Ausdruck civitas publica zu verstehen. Wenn also dieser nur bei einzelnen Städten vorkommt, in Kaiserurkunden nur bei Worms[5], in Privaturkunden auch bei Mainz, Straßburg, Chur, Passau, Köln[6], so ist dies nicht als eine besondere Kategorie von Städten anzusehen gegenüber andern, die nicht civitates publicae gewesen wären, sondern als eine allgemein passende Bezeichnung[7].

finibus Saxoniae civitatem, quae vocatur urbs Karoli. Die Sachsen verbrannten sie 778: civitatem, quae (lies quam) Franci construxerunt. Ann. Mosell. (MG. XVI S. 496).

[1] Reichsann. a. 809: Karl beschließt daselbst civitatem aedificare und wählt den Ort civitati construendae.

[2] Ann. Einhardi et regni a. 789. 809. 816.

[3] Rietschel, Civitas S. 44—50 zählt 13 Städte auf: Chur, Konstanz, Basel, Straßburg, Worms, Speier, Mainz, Köln, Trier, Tongern, Metz, Augsburg, Regensburg, die allein civitas oder urbs genannt seien, und findet den Grund darin, daß die zwölf ersten Bischofssitze, die dreizehnte die bairische Hauptstadt waren. Dies ist ein Irrtum. Die genannten zwölf Orte heißen nicht darum civitates oder urbes, weil sie Bischofssitze, sondern weil sie Städte oder Burgen waren; Bischofssitze, die dies nicht waren, heißen je nach ihrer Art locus, vicus, castrum, oppidum. S. weiterhin die neuen Bistümer.

[4] S. die gesammelten Stellen bei Waitz II 1 S. 396. II 2 S. 323. IV S. 6.

[5] Wormacia civ. publ. in Urkk. Karls des Gr. J. 771 und 774 (Mühlb. 137 und 165) und Ludwigs des Fr. J. 829 (Nr. 842).

[6] Citate bei Rietschel S. 76 f.

[7] Rietschel a. a. O. erklärt civitas publica als Pfalzstadt, allein das paßt allenfalls nur auf Worms, wo einige Urkunden Karls des Gr. die Pfalz als Ausstellungsort bezeichnen: Wormacia pal. J. 786 (von Mühlb. 266 als zweifelhaft genannt), Wormacia palatio nostro publico J. 790 (Mühlb. 296). Allein es paßt nicht auf Mainz, wo R. bei dem Ausdruck: actum Mogontia civitate publicae oder actum Mogontia civitate publica ein Mißverständnis des Schreibers für actum Mogontia civitatis publicae annehmen will, und es paßt eben so wenig auf die anderen genannten Städte, wie Straßburg u. s. w., die keine Pfalzstädte waren. Den Unterschied, den ich früher zwischen publicae civitatis

Wenn nun zwar in den erwähnten Benennungen der Städte kein Unterschied von diesen nach ihrer Art zu finden ist, so läßt sich doch ihre verschiedene Entstehung schon in der Karolingerzeit erkennen. Aus einzelnen königlichen Pfalzen sind Pfalzstädte, aus Bischofssitzen Bischofsstädte geworden.

Karl der Große wechselte in der ersten Hälfte seiner Regierung, 768 bis 793, den Ort seiner Hofhaltung in den königlichen Städten und Pfalzen, wo die nötigen Wohnungen und der für die Verpflegung erforderliche Naturalbedarf vorhanden waren. Während in der Sommerzeit bis spät in den Herbst hinein Reichsangelegenheiten und Feldzüge ihn bald dahin, bald dorthin abriefen, sehen wir ihn in der Winterzeit oft auf dem karolingischen Stammgut Heristall oder in dem benachbarten Lüttich (Leodico vico publico), bisweilen in Nymwegen (villa Neumaga), in Attigny in den Ardennen, in Aachen, Düren, Diedenhofen, Ingelheim, Frankfurt, am liebsten da verweilen, wo ausgedehnte Forsten sich ihm und seinem Hof zur Jagdlust darboten. Denn in den Städten, wo Bischöfe ihren Sitz hatten und der meiste Grundbesitz der Kirche gehörte, war für die königliche Hofhaltung selten Raum. Daher brachte Karl den Winter 787/788 nicht in Mainz, sondern nahebei in seiner Villa Ingelheim zu, wo er die Reichsversammlung hielt, auf der Thassilo von Baiern verurteilt wurde[1]. Dreimal zwischen 779 bis 790 verweilte er in Worms, wo eine königliche Pfalz war, kehrte aber nicht wieder dahin zurück, als diese zum Teil abgebrannt war[2]. Im Kriege gegen die Avaren in 791 und 792 brachte er zwei Winter in Regensburg zu, wo er eine Schiffbrücke über die Donau schlagen ließ[3]. Seit dieser Zeit bis an das Ende seines Lebens, 28. Januar 814, war Aachen die beständige Winterresidenz des Kaisers, wo er die warmen Heilquellen aufsuchte[4]. Diese Pfalz wurde die erste Pfalzstadt.

und Bischofsstädten gemacht habe (Kieler Monatsschrift Jg. 1854 S. 171), lasse ich fallen. Ich komme darauf später zurück, s. unter Gerichtsbarkeit in Abt. II Kap. 1.

[1] Ann. Einh. a. 788: Cum in eadem villa generalem populi sui rex conventum fieri decrevit .. Die dort vorhandenen Wohnungen können nur für den kleinsten Teil der Versammlung ausgereicht haben.

[2] Ann. Einh. a. 790: Cumque ibi hiemaret, ipsum palatium in quo conversabatur, casu accidente nocturno incendio concrematum est. Ann. Mosell. a. 790 (MG. XVI S. 498): Hoc anno palacium regale in Wormatia ex parte igne crematum est.

[3] A. a. O. a. 792: Einhard nennt die Stadt Reginum civitatem, quae nunc Reganesburg vocatur, und Reginum Bajoariae civitatem.

[4] Einhard, Vita Caroli c. 22: Delectabatur enim vaporibus aquarum naturaliter calentium.

Von dem Wesen und der Einrichtung einer königlichen Pfalz kann man sich eine deutliche Vorstellung machen nach dem unschätzbaren Capitular de villis[1], vom J. 800, bei dem ohne Zweifel Aachen zum Vorbild gedient hat. Sie stellt sich dar als eine Mehrheit von Haupthöfen (villae capitaneae) und von diesen abhängigen Nebenhöfen und als eine Gutswirtschaft im größten Maßstabe, die alle Arten der Produktion aus Feldbau, Viehzucht, Fischzucht, Wald- und Forstpflege und Gewerbebetrieb vereinigte. Die Verwaltung erfordert ein zahlreiches Beamtenpersonal. An dessen Spitze steht der Oberverwalter, judex, der zugleich der Richter über die freien und unfreien Leute ist[2]. Seine Unterbeamten besorgen die verschiedenen Geschäfte, die zum Dienst für den König und seine Hofhaltung nötig sind. Alle, die damit zu thun haben, von den obersten Hofbeamten an, dem Seneschall und dem Schenk bis zu den Jägern und Falkenieren herab, sind Ministerialen, an die der König und die Königin, oder in ihrem Auftrage Seneschall und Schenk ihre Befehle und Anordnungen erlassen[3].

Einen Einblick in die besonderen Zustände der Pfalz zu Aachen gewährt eine kaiserliche Verordnung, die wahrscheinlich von Ludwig dem Frommen etwa um J. 820 herrührt[4]. Es handelt sich darin um gute Polizei und besonders Sittenzucht, die durch die Ministerialen sowohl des Kaisers und der Kaiserin wie auch ihrer Söhne geübt werden soll. Ihre Aufsicht soll sich erstrecken auf alle Häuser und Wohnungen sowohl in Aachen selbst wie in den außerhalb gelegenen Villen, auf die Wohnungen der hörigen Leute und der Kaufleute, der christlichen wie der jüdischen, die auf dem Markte oder anderswo Handel treiben[5], auch auf die Wohnungen der Bischöfe und Äbte, der Grafen und Vassen, um überall Verbrecher und Ge-

---

[1] Capitularia I (ed. Boretius) S. 83. Guérard, Polyptique d'Irminon de l'abbaye de St. Germain, 1844, gibt dazu belehrende Vergleiche.

[2] c. 52: Volumus ut de fiscalis vel servis nostris sive de ingenuis ... diversis hominibus plenam et integram, qualem habuerint, reddere faciant justitiam. c. 56: ut unusquisque judex in eorum ministerio frequentius audientias teneat et justitiam faciat.

[3] c. 16: Volumus ut quicquid nos aut regina unicuique judici ordinaverimus aut ministeriales nostri, sinescalcus et butticularius de verbo nostro aut reginae ipsis judicibus ordinaverit ... c. 47: Ut venatores nostri et falconarii vel reliqui ministeriales qui nobis in palatio assidue deserviunt ...

[4] Capit. de disciplina palatii Aquisgran. Capit. I S. 297.

[5] per mansiones omnium negotiatorum sive in mercatu, sive alicubi negotientur, tam christianorum quam et Iudaeorum.

findet aller Art, die sich irgendwo versteckt halten, auszutreiben.
Denn Bischöfe und Äbte, Grafen und Vassen hatten ständige Wohnungen in der Pfalz, weil sie durch Reichsgeschäfte oder eigene Anliegen oft zu vorübergehendem Aufenthalt am Hofe veranlaßt waren. Dies zeigt an einem hübschen Beispiel ein Brief Einhards, worin er seinem Hausverwalter (vicedomino) seine Ankunft in Aachen ankündigt und ihn beauftragt, seine Wohnung herzustellen und den Haushalt mit Ochsenfleisch, Wein, Mehl und anderem Vorrat zu versorgen[1].

In einem lateinischen Epos, das vermutlich Angilbert, der im Kreise der Gelehrten und Dichter des Hofes der Homer hieß, verfaßt hat, wird Aachen als ein zweites Rom gepriesen und mit den Worten Vergils geschildert, wie der Kaiser von der Höhe der Burg herab die Bauten des Forum, des Theaters, der Thermen und Tempel leitet[2]. Das ist eine poetische, dem römischen Altertum entlehnte Phantasie, der die Wirklichkeit nur wenig entsprach. Denn Aachen war zur Zeit noch keine Stadt, wiewohl es die wesentlichen Elemente einer solchen, Kaufmannschaft und Gewerbebetrieb, in sich vereinigte. Es war eine villa, deren Gutswirtschaft allein dem Hofe diente, aber ihr Gebiet erstreckte sich über einen weiten Umkreis, so daß es einer Grafschaft gleichkam[3]. Der judex, der Oberverwalter der villa, hatte keine geringere amtliche Stellung als ein Graf.

Die Pfalz zu Frankfurt wird in den Reichsannalen nicht früher erwähnt, als da Karl der Große den Winter 793 auf 94 in der villa Franconofurd zubrachte[4]. Im Sommer 794 hielt er dort die berühmte Synode, bei welcher zwei päpstliche Legaten und die Bischöfe Deutschlands, Italiens, Galliens anwesend waren. Ihre Sitzungen fanden im Königssaale statt[5]. Die Lage des Ortes am Main, die Furt der Franken, war günstig für den Verkehr auf der Wasserstraße wie für den zu Lande nach Süd und Nord. Dreißig Ortschaften werden schon um diese Zeit in der Umgegend genannt,

---

[1] Einhardi Epist. Jaffé, Bibliotheca IV S. 461.

[2] MG. Poetae latini aevi Carolini, rec. Dümmler I S. 368: Stat pius arce procul Karolus loca singula signans altaque disponens venturae moenia Romae. Hic jubet esse forum ...

[3] Im Teilungsvertrag von Mersen 870 ist der Aachener Distrikt unter Gauen und Grafschaften aufgeführt. Capitularia II S. 194.

[4] Ann. Einhardi a. 793.

[5] Mansi Conc. XIII S. 873: Quadam die residentibus cunctis in aula sacri palatii, adsistentibus in modo coronae presbyteris etc.

ein Beweis, wie sehr diese bevölkert war[1]. Auch Ludwig der Fromme überwinterte 822/823 in Frankfurt und hielt daselbst eine Reichsversammlung, auf der ihm die Abgesandten der slavischen Völker des Ostens und Nordens huldigten[2]. Der Sohn Judiths, Karl, wurde ihm dort geboren[3]. Für seinen längeren Aufenthalt hatte er neue Gebäude aufführen lassen[4]. Zwei Verwalter der kaiserlichen Domäne, actores dominici, sind in einer seiner Urkunden genannt[5].

Noch höhere Bedeutung gewann Frankfurt als königliche Residenz des ostfränkischen Reiches[6]. Ludwig der Deutsche erbaute daselbst die Salvatorskapelle und schenkte ihr eine Anzahl von Gütern, um den Unterhalt sowohl der Pfarrer auf diesen wie der zwölf bei der Stiftskirche angestellten Kleriker zu bestreiten[7].

In der Karolingerzeit war Frankfurt noch keine Stadt. In der Urkunde heißt es palatium regium, curtis imperialis und noch in Urkunde Konrads I vom J. 915 villa regia Franconofurt nomine[8].

Regensburg war eine neue Pfalzstadt; als Königssitz in Baiern heißt sie civitas regia[9]. Sie hatte im 8. Jh. noch ihre Römermauern bewahrt[10]. In die Zeit des Herzogs Theodo von Baiern fällt die Ankunft des Glaubensboten Emmeram von Poitiers vor J. 717. Seinen Namen erhielt das außerhalb der Stadtmauer gelegene Kloster, dem Karl der Große 794 eine stattliche Schenkung von Grundbesitz machte[11]. Mit dem Kloster war das Bistum ver-

---

[1] Kriegk, Gesch. von Frankfurt a. M. S. 26.
[2] Ann. regni 822: Abodriten, Sorben, Wilzen, Böhmen, Mähren.
[3] Am 13. Juni 823. Dümmler, Ostfränk. Reich I² S. 42.
[4] Die Reichsann. 822 reden von constructis ad hoc opere novo aedificiis; die Vita Ludowici (MG. II S. 627) ebenso: in eodem loco preparatis, ut dignum erat et tempori congruebat, novo opere aedificiis. Kriegk S. 50 bezieht dies auf den späteren Saalhof.
[5] Böhmer, Cod. Moenofrancofurt. S. 2 (Mühlb. 745).
[6] Regino a. 876: Porro Ludowicus (der jüngere) ... apud Franconofurt principalem sedem orientalis regni residebat.
[7] Urk. Ludwigs des jüngeren J. 880 und Karls III J. 882 bei Böhmer a. a. O. S. 5 (Mühlb. 1528 und 1602).
[8] Urk. Konrads I J. 915 Febr. 8, MG. Diplom. I S. 24.
[9] Urk. Ludwigs b. D. J. 875 (Mühlb. 1467). Arnolfs J. 897 (Mühlb. 1575).
[10] Aribonis Vita S. Emmerammi Acta Sanctorum Sept. VI S. 474) beschreibt sie c. 6. Urbs est ... Radasbona inexpugnabilis, quadris aedificata lapidibus, turrium exaltata magnitudine, puteis abundans. Aribo war Bischof von Freising zwischen 760—780.
[11] 266 Morgen (jugera) mit Wiesen und anderem. Urk. vom 22. Febr. Mühlb. 313.

bunden, so daß der Klosterpropst zugleich das Bistum von Regensburg verwaltete[1]. Daher finden sich in Urkunden des 9. Jh. die bischöfliche Kirche S. Peter und S. Emmeram zusammen als die Kirche von Regensburg genannt[2].

Regensburg war die Residenz Ludwigs des Deutschen seit J. 836[3]; seine Pfalz ist urkundlich erwähnt[4]. Er erbaute daselbst die Marienkapelle[5], zu der die Steine von der alten Stadtmauer verwendet wurden[6]. Dem Sohne Ludwigs des Deutschen, Karlmann, hatte Regensburg wenig zu verdanken; er hielt sich mit Vorliebe auf seiner Villa Ötting auf, wo er auch 880 starb[7]. Im J. 891 wurde die Stadt durch eine Feuersbrunst vernichtet, bei der nur das Kloster S. Emmeram und die Kirche S. Cassian verschont blieben[8]. Kaiser Arnulf erbaute eine neue große Pfalz[9] und beschenkte S. Emmeram, dessen Heiligen er als seinen Schutzpatron verehrte, mit kostbaren Schätzen[10]. Dort fand er auch seine Ruhestätte J. 899. Zum andernmal brannte die Stadt im J. 906 ab[11]. Herzog Arnulf von Baiern (911—937) erweiterte die Stadtmauer auf der Südseite, so daß sie auch S. Emmeram mit einschloß[12].

---

[1] Praecipientis ergo jubemus, sagt Karl der Gr. in der citierten Urkunde, ut Adalwinus episcopus, rector ejusdem cenobii suique successores qui fuerint rectores antedicti monasterii S. Hemmerami...

[2] Urk. Ludwigs des Deutschen J. 830 Oct. 6 (Mühlb. 1302): Concessimus sanctae Reginesburg civitatis ecclesiae, quae est constructa in honore S. Petri principis apostolorum et S. Emmerami. Den Irrtum Rettbergs, der beide für identisch hielt, hat J. Gfrörer, Verf.-Gesch. von R. (Inauguraldissert. 1882, S. 18 berichtigt.

[3] Dümmler, Gesch. des ostfränk. Reichs I[2] S. 26 und A. 1.

[4] Urk. Ludwigs J. 831 (Mühlb. 1306): Actum Regenespurch civitate palatio nostro.

[5] Urk. J. 875 (Mühlb. 1467): ad cappellam nostram in Regina civitate sitam, quae est constructa in honore sanctae Mariae. Über das Stift „zur Alten Kapelle" s. Graf Walderdorff, Regensburg (4. Aufl.) S. 252 f.

[6] Monachi Sangall. gesta Karoli c. 11 (Jaffé Bibl. IV S. 682): cumque propter magnitudinem fabricae alii lapides non sufficerent, muros urbis destrui fecit.

[7] Dümmler a. a. O. III[2] S. 138 f.

[8] Ann. Fuldenses a. 891 10. August.

[9] Arnoldus de S. Emmer. I c. 5 (MG. SS. IV S. 551): Is elegit beatum Emmerammum vitae suae ac regno patronum, adeoque illi adhesit, ut in vicinitate monasterii regio cultui aptum construeret grande palatium.

[10] Dümmler a. a. O. III[2] S. 478 erwähnt ein prächtiges Evangelienbuch Karls des Kahlen, das Odo dem Kaiser Arnulf geschenkt hatte.

[11] Ann. S. Emmerami (MG. SS. I S. 94): a. 906: Radasbona igne cremata.

[12] Arnold de S. Emm. I c. 7 (MG. SS. IV S. 552). Graf Walderdorff in

In den bischöflichen Residenzen war der Bischofshof der Anfang und Mittelpunkt der Bischofsstadt. Nachdem die Kirche durch fromme Schenkungen unermeßlichen Reichtum an Grundbesitz an sich gebracht hatte, waren die Bischöfe auch die größten Grundbesitzer in ihren Städten[1]. Hierdurch schon war die Abhängigkeit eines großen Teils der Einwohnerschaft bedingt. Die Kirchenleute, homines ecclesiae, genossen die Vorteile, die mit der Immunität der Kirchengüter verbunden waren. Was dies bedeutete, zeigt das Beispiel von Straßburg. Karl der Große bewilligte 775 den Kirchenleuten dieser Stadt für ihren Handel mit Waren völlige Zoll- und Abgabenbefreiung in allen Städten, Burgen, Höfen des Reiches, mit Ausnahme der Plätze Quentowich, Dorstedt und Sluis[2].

Die Bischöfe waren, wie schon in der Merovingerzeit[3], die natürlichen Vertrauensmänner und Beschützer ihrer Angehörigen gegenüber der öffentlichen Gewalt. Daß sie darin nicht selten zu weit gingen, sich zu viel in die weltliche Regierung einmischten, läßt die Frage vermuten, die Karl der Große im J. 811 den Grafen, Bischöfen und Äbten vorlegte, in wie weit ein Bischof oder Abt sich der weltlichen Sachen und ein Graf oder Laie sich der geistlichen annehmen dürfe[4]. Es wird nicht gelungen sein, die beiderseitigen Befugnisse gegen einander abzugrenzen. Karl selbst hat sie nicht geschieden, wenn er Bischöfe oder andere Geistliche zusammen mit Grafen und Laien als Königsboten mit der Aufsicht über die Reichsverwaltung, die Rechtspflege, den Zustand der Kirchen in den verschiedenen Provinzen beauftragte[5]. Auch wird in der Reichsgesetzgebung auf das gute Einvernehmen und Zusammenwirken des Bischofs und des Grafen, sowohl im allgemeinen wie in besondern Angelegenheiten ihres Amtsbezirks das größte Gewicht gelegt[6]. Es

---

dem schon erwähnten Buche, das für die Topographie der Stadt am besten zu benutzen ist, will (S. 96) drei Pfalzen an verschiedenen Orten der Stadt, eine der agilolfingischen Herzoge, eine Ludwigs des Deutschen, und die dritte von Arnulf nachweisen, was J. Gfrörer (S. 11) ohne weiteres annimmt. Doch sind nur die Pfalz Ludwigs des Deutschen und, nach der Feuersbrunst von 891, die neue von Arnulf geschichtlich bezeugt.

[1] Nähere Angaben s. für Köln, Städtechron. XIV Einl. S. 21, für Mainz XVIII, 2 S. 10, für Straßburg VIII S. 13.
[2] Straßb. UB. I Nr. 15.
[3] S. vorher S. 14.
[4] Capit. 1 S. 161 c. 5.
[5] Waitz III² S. 459 ff.
[6] Vgl. in bezug auf Italien meine Gesch. der ital. Städteverf. II S. 20 ff.

ist daher nicht zu verwundern, daß die bischöfliche Gewalt bald die gräfliche in den Städten in Schatten stellte und immer mehr verdrängte. Wir werden nachher sehen, wie dies vollends durch Übertragung der Herrschaftsrechte an die Bischöfe geschah.

Die Gründung neuer Bistümer war auch der Anfang neuer Städte. Ein altes auf den Concilien von Laodicäa und Sardika beschlossenes Kirchengesetz bestimmte, daß Bistümer nicht in kleinen Ortschaften oder auf dem Lande sollten errichtet werden. Mit ausdrücklicher Berufung auf diese Beschlüsse wiederholte Karl der Große dasselbe Verbot[1]. Dennoch konnte es keine Anwendung finden auf Bistümer, die in Ländern errichtet wurden, wo es noch keine Städte gab, und deren ursprüngliche Bestimmung es war, Missionsstationen für die Bekehrung der Heiden zu sein. So wurde dem Apostel der Friesen, Willibrord, das castrum Utrecht von Pippin als Bischofssitz angewiesen[2]. Den gleichen Zweck der Ausbreitung des Christentums hatten die Kirchengründungen des Bonifatius in Hessen und Thüringen, sowie die von Karl dem Großen und Ludwig dem Frommen errichteten Bistümer in Sachsen. Locus, villa, vicus, oppidum sind die Bezeichnungen, die gewöhnlich für die neuen Bischofssitze in den Urkunden gebraucht werden[3]. Hamburg und Bremen heißen locus[4], Utrecht vicus[5], Würzburg und Freising castrum[6], Salzburg oppidum[7], Passau mit wechselnden Ausdrücken villa, castrum publicum, urbs, civitas[8].

An die neuen Bischofssitze schlossen sich die Einwohner des Ortes und andere an, die von außen hereinzogen, um sich unter den Schutz der Kirche zu stellen. Neben dem Bischofssitz, der in

---

[1] Capitul. I S. 55 (ed. Boretius) c. 14: quod non oporteat in villolis vel in agris episcopos constitui. Ebend. S. 76 c. 22.

[2] Rettberg II S. 528. Hauck I S. 401.

[3] S. die gesammelten Stellen bei Rietschel S. 55 f.

[4] U. Arnulfs und Ottos I (Brem. UB. Nr. 7 und 9): in loco Brema nuncupato. U. Ottos I J. 937 S. 98: cui (sanctae Mariae) locus ille Hammaburch est consecratus.

[5] U. Karls des Gr. J. 769 (Mühlb. 129).

[6] U. Ludwigs des Fr. J. 820 Mühlb. 685: juxta castrum Wirziburg. Meichelbeck Hist. Fris. I, 2 S. 26 Nr. IV, S. 28 Nr. VI: Actum in castro publico nuncupante Frisinga.

[7] Indiculus Arnonis et Breves notitiae (herausg. von Keinz, Ind. I 1: praedictum oppidum simulque et castrum superiorem, VI 23. Not. II 3.

[8] Traditionsurkunden aus der Zeit Thassilos und Karls des Gr. in Monum. Bo. XXVIIIa Nr. V—XVIII.

der Burg war oder sich burgartig abschloß[1], entstand ein Dorf, vicus, oder Städtchen, oppidum, aus dem sich im Verlauf der Zeit ein Stadtwesen entwickelte.

Dies führt uns zur Entstehung der Städte aus Burgen.

Die Zeit der sächsischen Könige und Kaiser.
Entstehung der Städte aus Burgen.

Burgen erbauen konnten die Deutschen von den Römern lernen, wie sie vieles andere von ihnen gelernt haben. Sie hatten die Römercastelle am Rhein und an der Donau vor Augen. Doch waren die deutschen Burgen des Mittelalters keine Nachbildung von diesen, sondern verschieden von ihnen sowohl nach äußerer Anlage wie nach Bauart und Einrichtung[2]. Der Krieg und die Not lehrte die Deutschen Burgen bauen und Städte befestigen. Es war das Werk der Könige und der Stadt- und Grundherren, denen sie es gestatteten.

Im Kriege dienten die Burgen zur Landesverteidigung wie zur Behauptung eroberter Gebiete. In den ersten Sachsenkriegen Karls des Großen waren die fränkischen Burgen, die Sigiburg an der Ruhr und die Karlsburg an der Lippe, wichtige militärische Stützpunkte[3]. Im Feldzuge gegen die Sorben 806 erbaute das fränkische Heer eine Burg an der Elbe bei Magdeburg und eine andere an der Saale bei Halle[4]. Magdeburg findet sich schon vorher im Capitular Karls des Großen von 805 unter den Handelsplätzen für den Verkehr mit den Slaven genannt[5].

---

[1] Z. B. in Münster, Städte und Gilden II S. 373. Vgl. Rietschel, Markt und Stadt S. 82 Anm.: „Überall ist die älteste civitas, die Burg, identisch mit der Domimmunität, z. B. in Osnabrück, Münster, Hildesheim, Halberstadt u. s. w."

[2] Dies zeigt O. Piper, Burgenkunde, 1895, S. 37 ff.

[3] Jahrbb. des d. Reichs, Abel-Simson, Karl der Große I S. 224. 262.

[4] Annales regni und Chron. Moissiacense a. 806: unam in aquilone parte Albiae contra Magdeburg, alteram vero in orientalem partem Sala ad locum, qui vocatur Halla.

[5] Capit. I S. 123 c. 7.

Man hat König Heinrich I als Städtegründer gerühmt, mit Recht, wenn Burgen Städte heißen. Aus Widukinds Erzählung[1] ist bekannt, wie verständig und planmäßig der tapfere Sachsenherzog und deutsche König während des Waffenstillstandes mit den Ungarn (924—933) die Verteidigung des Landes durch Verbesserung der Heeresordnung und Anlage von Burgen vorbereitete. Urbes nennt der sächsische Autor diese Burgen; sie hatten nicht bloß militärische Bedeutung[2].

Auch die slavischen Völkerschaften hatten ihre Burgen. Grad ist das slavische Wort für Burg. Auf der Grundlage der befestigten Grade, sagt Schaffarik, beruhte das gesamte soziale Leben der alten Slaven[3]. Nach der Zahl der Burgen wurde die Größe und Macht einer jeden Völkerschaft geschätzt[4]. Auf deren Einnahme und Zerstörung kam es im Eroberungskriege jenseits der Saale und Elbe an, den Heinrich I unternahm und seine Nachfolger aus dem sächsischen Hause fortsetzten. Bei der Errichtung der deutschen Marken durch Otto I wurde das System der slavischen Burgwardeien beibehalten und auch in den deutschen Grenzgebieten durchgeführt[5].

Es läßt sich kaum von irgend einer sächsischen Stadt ihre Entstehung aus einer der Burgen Heinrichs I geschichtlich nachweisen[6]. Doch sind die Städte in Sachsen überhaupt aus Burgen entstanden.

Widukind unterscheidet die Burg und ihren Vorort, jene nennt er urbs, diesen oppidum. Er erzählt von der thüringischen Königsburg, urbs, quae dicitur Scithingi, die die Franken belagerten: sie nahmen die Vorstadt und steckten sie in Brand, capto oppido et incenso, dann erstürmten sie auch die Burg, ingressi sunt urbem cum clamore valido[7]. Gleichviel, ob Widukind hier nur einer alten Sage folgt, lediglich auf die Anschauung, die er von Burg

---

[1] Res gestae Saxonicae I c. 35.
[2] Concilia et omnes conventus atque convivia in urbibus voluit celebrari.
[3] Slavische Altertümer, deutsch von Ährenfeld II S. 675.
[4] Von den Circipanern (an der Peene) sagen Ann. Corbejenses a. 1114 (MG. SS. III S. 8): Nam tres urbes cum suis territoriis tantum habent. In einer slavischen Völkertafel finden sich die Namen der Völkerschaften und jede mit der Zahl ihrer civitates verzeichnet. C. Zeuß, Die Deutschen und ihre Nachbarstämme S. 600.
[5] Eine Statistik der Burgwarde gibt G. Schwarz, Die Anfänge des Städtewesens in den Elb- und Saalgegenden. Bonner Diss. 1892.
[6] Waitz, Heinrich I (neue Bearb.) S. 95.
[7] Res gestae Sax. I c. 9.

Die Entstehung der deutschen Städte.

und Stadt hat, kommt es an. So berichtet er auch von dem unglücklichen Vorfall, der zu seiner Zeit dem Markgrafen Dietrich begegnete, als er eine slavische Burg angriff, cum capere nisus esset quandam urbem illorum, wo er zwar den Vorort verbrannte, oppido potito et incenso, dann aber in ungünstiger Stellung von den Feinden überfallen wurde[1]. Thietmar gibt ein deutliches Bild von der Stadt Meißen, Mysnensis civitas, wo er den Angriff des Polenherzogs Miseco schildert[2]: die slavischen Einwohner, Wetenici, flüchten sich in die Burg, die Polen verbrennen den Vorort, suburbium, und belagern die Burg, superius castellum; Graf Hermann kommt zu Hülfe, tapfere Weiber in der Burg schleudern Steine auf die Feinde herab und löschen das Feuer (des Pfahlwerks) mit Meth, weil es an Wasser gebrach.

Die Burg wird von einem militärischen Befehlshaber bewacht, der zugleich der Vorsteher des Vorortes ist. Praefecti urbium heißen diese Burgcommandanten bei Widukind[3]; civitatis custos und dominus urbis der von Meißen bei Thietmar[4].

Aus vorstehenden Beispielen ist der allgemeine Typus für die Entstehung zahlreicher Städte zu entnehmen. Burg und Vorort zusammen bilden den Anfang der Stadt[5]. Aber nur dort sind eigentliche Städte entstanden, wo die günstige Lage des Ortes an einem vielbesuchten Verkehrswege oder natürlich vorhandene Erwerbsquellen eine zahlreichere Einwohnerschaft anzogen, wo Gewerbebetrieb und Handel mit einem öffentlichen Markt sich einstellten und ein städtisches Wesen emporbrachten. Städte dieser Art, die aus Burgen hervorgingen, waren über ganz Deutschland verbreitet, wie man in jeder Territorialgeschichte finden kann[6]. Die vielberühmten Städte von Flandern und Holland nahmen gleichfalls von Burgen

---

[1] Ebend. L. III c. 45.
[2] Chronicon VIII c. 23 (ed. Kurze, sonst VII c. 15).
[3] II c. 18: Dadi autem Thuring mandavit ad praefectos urbium, quae erant in oriente partis ducis Heinrici etc.
[4] Chron. IV c. 5 (4) und V c. 9 (6).
[5] Lünzel, Gesch. der Diöcese und Stadt Hildesheim, 1858, sagt über den Anfang dieser Stadt Bd. I S. 363: „Thangmar sagt, Bernward habe zu Hildesheim eine civitas zu bauen begonnen. Dieses Wort bezeichnete damals nicht Stadt, sondern Burg. Es gab eine Burg (urbs) und eine Vorburg, Vorstadt (suburbium). Unter Azelin (1044—1054) heißt jene civitas, diese villa."
[6] Gut hat Gothein in seiner Wirtschaftsgeschichte des Schwarzwalds, 1891, S. 107 ff. über die Entstehung von Breisach und anderen Burgstädten gehandelt, und Rietschel, Markt und Stadt S. 50 ff. über Magdeburg und andere sächsische Städte.

oder festen Häusern der Grafen und anderer Herren den Anfang[1]. Galbert, der das Leben des Grafen Karl des Guten von Flandern bald nach dessen Tode (1127) schrieb, gebraucht für Brügge und Gent den gleichen Ausdruck suburbia, wie Widukind und Thietmar für die Vororte der sächsischen Burgen[2].

Es ist hier der Ort, von der Befestigung der Städte im Mittelalter zu reden.

Die Befestigung der Städte.

Die Städte des Mittelalters waren befestigt und es wird gewöhnlich behauptet, daß sie es als solche waren, daß ihre Einschließung mit Wall und Graben oder mit festen Mauern, Thoren und Türmen ein notwendiges Erfordernis und Attribut für sie gewesen sei, so daß also Burgen und offene Vororte, so lange sie noch nicht zusammen mit Wall oder Mauern umgeben waren, nicht Städte seien genannt worden[3]. Und für diese Meinung spricht auch die Anschauung der deutschen Dichter, die, wie schon bemerkt, alle Städte, große und kleine ohne Unterschied Burgen nennen[4]. Doch haben wir historisch zu untersuchen, wie es sich in Wirklichkeit damit verhielt.

Zunächst liegt die Thatsache vor, daß nicht bloß Städte befestigt waren. Bekannt ist die Reichsverordnung Heinrichs I, wo-

---

[1] K. Hegel, Städte und Gilden II S. 129. 255—257.

[2] Passio Caroli comitis, MG. SS. XII S. 583: per omnes plateas suburbii; S. 586: et clauserunt cives portas suburbii. Suburbani heißen die Bürger S. 575.

[3] v. Maurer, D. Städteverf. I S. 30, erklärt die Stadt für ein ummauertes Dorf. v. Below, Entstehung der d. Stadtverf. (Hist. Zsch. 23 S. 194 und R. Schröder, D. Rechtsgesch. 2. Aufl. S. 603, führen die Befestigung der Stadt unter deren Merkmalen an. Keutgen, Untersuchungen S. 51: „Die Befestigung ist das erste Kennzeichen der Stadt, das was an erster Stelle die Stadt vom Dorf unterscheidet." Varges, Zur Entstehung der d. Stadtverf. (Jbb. für Nationalökonomie und Statistik 3. F. VI S. 165): „Das sichtbarste Zeichen, das Dorf und Stadt unterscheidet, ist die Befestigung." „Eine unbefestigte, offene Stadt gibt es im Mittelalter nicht." Anders Sohm, Entstehung S. 26: „Jede Stadt ist eine Burg, auch die nicht befestigte. Die Befestigung der Städte bildet bekanntlich die Regel, aber wesentlich ist die Befestigung für die Stadt im Rechtssinne nicht."

[4] S. vorher S. 17.

durch er die Ummauerung der Klöster befahl; demgemäß wurde das Kloster Hersfeld mit Mauer und Graben umgeben[1]. Das Frauenkloster Gernrode, von Markgraf Gero gestiftet, wird Kloster und Burg genannt[2]. Graf Konrad erbaute das Kloster Limburg an der Lahn in seiner Burg, genannt „Lintburc"[3]. Das Frauenkloster Geseke heißt in der Urkunde, wodurch es Otto I in seinen Schutz nahm, sogar eine mit Mauern umgebene civitas[4]. Otto I gestattete dem Convent von Gembloux ein Castell zu bauen zum Schutz der Reliquien und Mönche[5]. Die Kaiserin Adelheid erbaute auf ihrem Hofe zu Selz am Rhein eine Burg und errichtete darin ein Frauenkloster[6].

Auch Pfalzen und Höfe der Bischöfe wurden mit Mauern umgeben. Erzbischof Alebrand erbaute in Hamburg für sich ein Haus von Stein mit Türmen und Schutzwehren[7]. Die Pfalz des Erzbischofs von Köln in Soest war ummauert[8]. Der Immunitätsbezirk der Kirche von Münster war noch im 12. Jh. durch Mauer und Graben gegen die Stadt abgeschlossen[9]. Daß selbst Dörfer sich durch Zaun und Graben oder Mauern schützten, ist aus Weistümern des späteren Mittelalters zu ersehen[10]. Es ergibt sich hieraus, daß die bloße Ummauerung das Dorf so wenig wie das Kloster oder den Bischofshof zur Stadt machte.

---

[1] Waitz, Heinrich I S. 95 (3. Ausg.): Sancitum est et jussum, honestorum virorum feminarumque conventiculis loca privata munitionibus firmis murisque circumdari. Quod ut apud nos fieret etc.

[2] U. Ottos I J. 961, MG. DD. I S. 314: ad urbem quae vocatur Gernisroth ad monasterium ... constructum.

[3] U. desselben J. 942, ebend. S. 131.

[4] Urk. J. 952 ebend. S. 239: cum monasterio aedificiisque preparatis et omne quod ejusdem civitatis interioris muri ambitu continetur.

[5] Urk. J. 946 ebend. S. 163.

[6] Odilo, Vita s. Adalheidae c. 10 (MG. SS. IV S. 641): urbem decrevit fieri libertate Romana ... in ipso etiam loco monasterium condidit. Thietmari Chron. IV c. 43 (27): Aetelheidis imperatrix urbem quae Celsa vocatur, edificans collectis ibidem monachis ... In meinem Aufsatz über die Libertas Romana von Selz (Kieler Monatsschrift 1854) habe ich bewiesen, daß unter libertas Romana nicht römische Stadtfreiheit oder Freilassung nach römischem Recht, wie man das erklärt hatte, sondern Schutz des apostolischen Stuhls zu verstehen sei.

[7] Adami Gesta Hammab. L. II c. 68.

[8] Städtechron. XXIV Soest. Einl. S. 20.

[9] Städte und Gilden II S. 373.

[10] v. Maurer, Einl. zur Geschichte der Mark-, Hof-, Dorf- und Stadtverf. S. 37. J. Grimm, Weistümer II S. 157: „Item weißen wir daß die dorf-

Dagegen entbehrten die deutschen Städte in der Karolinger- und in der sächsischen Kaiserzeit zumeist der schützenden Mauern und manche von ihnen waren noch im 12. Jh. unbefestigt[1]. Denn nur den Anschein von Burgen verliehen ihnen die verfallenen Römermauern, Thore und Türme, die nicht mehr imstande waren, sie zu schützen. Als die Normannen im J. 822 in die Gegenden der Maas und des Niederrheins eindrangen, waren sämtliche Städte wehrlos der Verwüstung preisgegeben[2]. Köln wurde verbrannt; Mainz, um dem gleichen Schicksal zu entgehen, stellte in Eile seine Mauern wieder her und zog einen Graben um sie herum[3]. In den ersten Decennien des 10. Jh. verwüsteten die Ungarn die Donauländer. Als sie 955 bis Augsburg vorrückten, ließ Bischof Ulrich feste Bollwerke vor der Stadt errichten und die morschen Pallisaden erneuern[4]. Die Römermauer um Regensburg war, wie erwähnt, zum Teil abgebrochen und bei einem Kirchenbau verwendet worden; Herzog Arnulf von Baiern stellte sie wieder her[5]. Bischof Burchard von Worms (1000—1025) fand die Stadt in zerstörten Mauern den wilden Tieren preisgegeben; er umgab sie mit einem starken Wall[6]. Selbst die erzbischöfliche Stadt Trier hatte noch um 1140 weder Wall noch Mauern[7]. Die Krönungsstadt Aachen war zur Zeit, als Friedrich dort das Weihnachtsfest beging 1165, noch unbefestigt; er befahl im J. 1172 den Bürgern, sie binnen vier Jahren mit Mauern zu umgeben und ließ sie einen Eid darauf schwören[8]. Die in der sächsischen Kaiserzeit entstandenen Städte waren nur Burgen mit Vororten[9]. Früher oder später gelangten

mauer zu Sprendlingen soll inwendig umb und umb 6 werkschue unverbawt frey stehen, deßgleichen außwendig."

[1] Vgl. Waitz VIII S. 190 ff.

[2] Dümmler, Gesch. des ostfränk. Reichs III[2] S. 157 ff.

[3] Ann. Fuldenses a. 882: murus Mogontiae urbis restaurari coepta et fossa murum ambiens extra civitatem facta.

[4] Gerhardi Vita S. Oudalrici c. 12 (MG. SS. IV S. 401): domos belli in circuitu civitatis congruenter ponere .. et vallos, quantum tempus suppetebat, renovare praecepit.

[5] Vgl. S. 24.

[6] Vita Burchardi c. 6 SS. IV S. 835): Igitur videns desolatam civitatem ... vallo firmissimo circumcedit civitatem.

[7] Baldericus, Vita Alberonis c. 19 (SS. VIII S. 253): et Treviri non erant premuniti, nec vallo nec muro adhuc cincti et longa pace bello dissueti.

[8] Ann. Aquenses SS. XXIV S. 38: Aquenses ab imperatore commoniti juraverunt in IV annis muro et menibus civitatem munire.

[9] S. S. 28.

sie dazu, in Mauern eingefaßt zu werden. Otto der Große begann Magdeburg und Halberstadt mit Mauern zu versehen[1]. Erst Hermann von Bremen (1032—1035) unternahm den Mauerbau um die Stadt, den sein Nachfolger Alebrand bis zur Höhe von fünf und sieben Ellen fortsetzte; er wollte auch Hamburg mit Mauern umgeben und mit Türmen befestigen, kam aber nicht mehr dazu[2]. Am längsten dauerte es, bis die Städte der niederländischen Grafschaften befestigt wurden; durch die Castelle der Grafen wurden sie im Gehorsam gehalten. Die Hauptstadt Flanderns, Brügge, erscheint im Erbfolgekrieg nach dem Tode Karls des Guten 1127 noch als offener Ort, vom Castell durch einen freien Platz getrennt[3]. Graf Balduin von Hennegau ließ im J. 1190 seine Städte Mons und Valenciennes mit einem Graben versehen[4]. Auch die Städte von Holland Leiden, Dortrecht, Alkmaar, Haarlem waren unbefestigt. Erst im J. 1271 erlaubte Graf Floris V den Einwohnern von Dortrecht ihre Stadt mit Wall und Graben zu umgeben[5]. Dies verbot Bischof Harbert von Utrecht den rebellischen Bürgern von Groningen[6].

Seit dem 13. Jh. wurde allerdings die Ummauerung einer neuen Stadt als Erfordernis angesehen. Als daher Friedrich II im J. 1220 Pfullendorf — seit 1180 staufisches Besitztum[7] — zur Stadt erhob, bewilligte er den Bürgern Steuerfreiheit auf sechs Jahre, damit sie um so fleißiger die Stadtmauer bauen könnten[8]. Zum gleichen Zweck erhielt Oppenheim 1226 Steuerfreiheit auf zehn Jahre[9]. Auf dem Wormser Hoftage K. Heinrichs 1231 wurde den Reichsfürsten nicht bloß gestattet, vielmehr befohlen, ihre Städte durch Mauern und auf andere Weise zu schützen[10]. Der König gebot was er nicht hindern konnte, die Fürsten hatten das schon ohne

---

[1] Waitz VIII S. 193.
[2] Adami Gesta c. 66. 67.
[3] Städte und Gilden II S. 129.
[4] Ebend. S. 135.
[5] Ebend. S. 254.
[6] Ebend. S. 238.
[7] Stälin, Wirtemb. Gesch. II S. 242.
[8] Böhmer-Ficker, Reg. 1136.
[9] Ebend. 1635.
[10] MG. Leges II S. 283: quod quilibet episcopus et princeps imperii civitatem debeat et possit ad opus et obsequium imperii et ipsius in fossatis, muris et in omnibus munire.

seine Erlaubnis gethan; dagegen verpflichtete er sich selbst keine neue Burg zu bauen zum Nachteil der Fürsten[1] — ein merkwürdiger Beweis von der Ohnmacht des Reichsoberhaupts!

Also nicht von jeher waren die deutschen Städte ummauert und befestigt; erst in den letzten Jahrhunderten des Mittelalters war dies die Regel, und auch dann war es nicht die Ummauerung, was einen Ort zur Stadt im Rechtssinne machte, sondern allein das Stadtrecht, wie wir später sehen werden.

Die Zeit der fränkischen und staufischen Kaiser.

Auf verschiedene Weise nahmen die deutschen Städte, wie wir sahen, in der karolingischen und sächsischen Kaiserzeit den Anfang. Aus königlichen Pfalzen, Bischofssitzen und herrschaftlichen Burgen sind sie hervorgegangen. Zu Städten wurden sie durch das natürliche Wachstum ihrer Vororte, die Vermehrung der Einwohnerschaft, die Entwickelung von Gewerbebetrieb und Handel, den innern und äußern Verkehr, der sich bei ihnen einstellte. Viel trugen dazu bei die natürlichen Erwerbsquellen, die sich an manchen Orten den Einwohnern darboten. Die Pfalz Goslar, die die fränkischen Kaiser wegen der Jagd in ihren Forsten bevorzugten, besaß die metallischen Schätze des nahen Rammelsberges; die Berg- und Waldbesitzer (sylvani) waren hier die machthabenden Bürger; von Kaiser Friedrich II erhielt Goslar im J. 1219 sein Stadtrecht[2]. Halle an der Saale, wo Karls des Großen Sohn gleichen Namens eine Burg gegen die Sorben errichtete, verdankte sein Aufkommen den ergiebigen Salzquellen des Ortes; die Lehnbesitzer der vier Salzbrunnen bildeten eine erbliche Familienaristokratie[3]. Für Lüneburg, die Burg der Billunger an dem schiffbaren Fluß Ilmenau, war das dortige Salzwerk gleichfalls eine Quelle des Reichtums; die

---

[1] Statuentes inprimis, quod nullum novum castrum vel civitatem in prejudicium principum construere debeamus.
[2] Städte und Gilden II S. 397 ff.
[3] Ebend. S. 444.

Sülzer, Salzbegüterten, waren die vornehmsten Bürger[1]. Magdeburg war schon zur Zeit Karls des Großen ein wichtiger Handelsplatz für den Verkehr zwischen Sachsen und Wenden. Lübeck vermittelte den Handel mit den skandinavischen Ländern; den Rheinstädten bot sich der herrliche Strom als Handelsstraße dar; alle übertraf Köln durch die Verbindung mit den Niederlanden und England. Regensburg beherrschte den Handel auf der Donau.

Sehen wir die Städtebilder von Mainz und Regensburg, wie sie den Zeitgenossen erschienen! Mainz wird im Hinblick auf seine kirchliche Ehre und Herrlichkeit geschildert als die berühmteste Stadt, als das goldene Haupt, das Diadem Germaniens[2]. Besonders seine Bedeutung als Handelsstadt rühmt ein arabischer Reisender aus Spanien[3]: „Es ist eine sehr große Stadt, von der ein Teil bewohnt und der Rest besät ist." „Dort gibt es Drachmen aus der Samarkander Münze und Gewürze aus dem fernsten Morgenlande." Anschaulich beschreibt der Bischof Otto von Freising um 1157 die Lage der Stadt[4]: „Es ist eine große und starke Stadt, am Rhein gelegen und da, wo sie den Fluß erreicht, dicht bevölkert, auf der andern Seite aber (auf der Höhe) wenig bewohnt und nur durch eine starke Mauer und viele Türme geschützt, ausgedehnt in der Länge, schmal in der Breite. Die Notwendigkeit hat den Ort gezeichnet (necessitas locum signavit), denn auf der Seite, wo sie das überrheinische Land berührt (Galliae contigua) ist sie durch eine mäßige Anhöhe des Berges eingeengt, auf der andern Seite aber, wo sie nach Germanien sieht, durch den Rhein. Daher geschieht es, daß sie gegen den Rhein hin mit prächtigen Tempeln und Gebäuden geziert und nach der Seite des Berges dem Weinbau und anderem Nutzen vorbehalten ist." Dies ist wenige Jahre vor dem furchtbaren Strafgericht, das Friedrich I 1163 über die Stadt verhängte, geschrieben[5].

Die Beschreibung von Regensburg findet sich in der Zuschrift eines Geistlichen an den Abt Reginward von St. Emmeram

---

[1] Ebend. S. 425.
[2] S. die gesammelten Stellen bei Waitz VI S. 244 A.
[3] S. Jacob, Ein arabischer Berichterstatter aus dem 10. oder 11. Jh., 1890, S. 13. Nach Jacobs Vermutung war dieser Tartuschi Mitglied der maurischen Gesandtschaft, die Otto der Große 973 in Merseburg empfing.
[4] Gesta Friderici I c. 13.
[5] Meine Verf.-Gesch. von Mainz Städtechron. XVIII, 2 S. 41.

(1049—1061), die der fabelhaften Translatio sancti Dionysii vorausgeht[1]. Der Erzähler, der fremd nach Regensburg kommt, schildert die alte und neue Stadt als eine Metropole, über die es nichts berühmteres in Germanien gibt, gelegen an der nördlich vorüberfließenden Donau, mit fruchtbarem Boden über Weingärten ausgebreitet, reich an Gold und Silber und anderen Metallen, an Baumwolle, Scharlach und andern kostbaren Waren aus der Zufuhr von Schiffen und Fuhrwerken. Von einem erhöhten Standpunkte aus läßt er sich die verschiedenen Stadtteile zeigen. Im Osten liegt die königliche Pfalz, wo der Herzog Gericht hält, umgeben von Manns- und Frauenklöstern[2] und Gebäuden auswärtiger Bischöfe; dieser Bezirk heißt der königliche, regius pagus. Westlich davon befindet sich der Dom, das Baptisterium S. Johann, der Bischofshof, der sich gegen die Donau hin erstreckt; südlich zwei Frauenklöster[3]. Beamte und Diener der Geistlichkeit, auch einige Kaufleute wohnen dazwischen (aliquibus mercatoribus intermixtis). Dieser zweite Bezirk ist das Pfaffenrevier, pagus cleri. So weit reicht die Altstadt. Die Neustadt, die S. Emmeram im Süden einschließt und von Kaufleuten bewohnt wird, ist der dritte Bezirk, pagus mercatorum[4]. Charakteristisch ist in dieser Beschreibung die Unterscheidung der Stadtbezirke nach den Klassen der Einwohner. Die mercatores, d. i. Handel- und Gewerbetreibenden, sind ein neues Element der alten Königs- und Bischofsstadt, das sich südlich zwischen ihr und S. Emmeram angesiedelt hat. Die andern mercatores, die im Pfaffenrevier wohnen, gehören zu den Kirchenleuten.

Ich stelle den durch natürliche Entwickelung emporgekommenen

---

[1] MG. SS. XI ed. Köpke, S. 352. 354. Dazu Berichtigungen aus einer Hf. von Scheftlarn von Wattenbach in Forsch. z. d. Gesch. XIII S. 393 ff. Die Translatio s. Dionysii hat man mit Recht als eine Emmeramer Fälschung und einen Roman bezeichnet. Darum hat S. Hirsch, Heinrich II Bd. I S. 20 ff., wo er eine topographische Beschreibung von Regensburg gibt, die Epistola cujusdam presbyteri nur wenig benutzt und lieber aus anderen Quellen geschöpft. Doch war ihm noch nicht die Münchener Hf. von Scheftlarn bekannt, die nach Wattenbach aus dem 12., vielleicht aus dem 11. Jh. herrührt, wonach wenigstens eine spätere Fälschung ausgeschlossen ist. Unbedenklich folge ich der Epistola in der Beschreibung der Stadt, die offenbar auf eigener Anschauung beruht und nichts fabelhaftes an sich trägt.

[2] Niedermünster.

[3] Obermünster und S. Paul oder das Mittelmünster, später Jesuitencollegium.

[4] Mit dieser Beschreibung ist Graf v. Walderdorff, Regensburg in seiner Vergangenheit und Gegenwart. 4. Aufl. 1896 zu vergleichen, wo die Lokalgeschichte gut dargestellt ist und der Stadtplan die Topographie deutlich macht.

Städten die durch neue Gründung künstlich geschaffenen des 12. Jahrhunderts gegenüber. Zahlreiche Marktgründungen, besonders in der sächsischen Kaiserzeit, gingen ihnen voraus, die wir später in dem Kapitel, das von dem Marktrechte handelt, betrachten wollen. Ich lasse sie daher hier beiseite und wende mich zu den Städtegründungen.

Städtegründungen im 12. Jahrhundert.

Sie sind als das wichtigste Ereignis der deutschen Städtegeschichte im Mittelalter anzusehen, mit dem eine neue Epoche des Aufgangs bürgerlicher Freiheit begann. Zuerst in Oberdeutschland, dann auch in Niederdeutschland wurden neue Städte gegründet und Stadtrechte verliehen. Die Stadtrechte werden wir erst später betrachten, hier soll zuerst nur von der Geschichte der Städtegründungen die Rede sein. Es ist nicht viel, was wir hierüber aus den Vorworten der aufgezeichneten Stadtrechte entnehmen können. Besser sind wir durch Urkunden über die Art unterrichtet, wie in demselben Zeitraum Dörfer und Marktorte angesiedelt wurden, und es dient dies zum Verständnis auch des Verfahrens bei den Städtegründungen[1].

In den ersten und mittleren Decennien des 12. Jh. wurden Kolonien vornehmlich von Einwanderern aus Flandern durch die Erzbischöfe von Bremen und Magdeburg, die Bischöfe von Hildesheim und Meißen in ihren Territorien eingeführt[2]. Das Verfahren war im wesentlichen überall das gleiche[3]. Der Grundherr schließt Vertrag mit einem oder mehreren Unternehmern, die sich verpflichten, die anzubauenden Hufen mit Colonen zu besetzen, und stellt die Rechtsverhältnisse der letzteren fest. Der Unternehmer (locator) erhält für sich und seine Erben eine Anzahl Hufen zinsfrei sowie

---

[1] Von der reichen Litteratur über diesen Gegenstand erwähne ich nur die in den letzten Jahren erschienenen Schriften: v. Schwind, Zur Entstehungsgeschichte der freien Erbleihen in den Rheingegenden und den Gebieten der nördlichen Kolonisation des M. A., 1891; die Leipziger Diff. von Kötzsche, Das Unternehmertum in der ostdeutschen Colonisation des M. A., 1894; die Preisschrift von E. O. Schulze, Die Kolonisation und Germanisierung der Gebiete zwischen Elbe und Saale, 1896.

[2] Cod. diplom. Saxoniae regiae I 2 Nr. 240. 254. 512. v. Heinemann, Albrecht der Bär im Anhang S. 469 f.

[3] Ausführlich handelt davon E. O. Schulze a. a. O. S. 154 f.

das Schulzenamt als Vorsteher und Richter im Dorfe. Auch die Kirche wird mit einer Hufe Land ausgestattet. Die Colonen zahlen dem Grundherrn den Zins für ihre Hufen und entrichten den Zehnten an die Kirche.

Dies vorausgeschickt betrachten wir die erste Stadtgründung des 12. Jahrhunderts, die von Freiburg im Breisgau. Konrad von Zäringen, der Gründer dieser Stadt, spricht sich hierüber in seinem Stiftungsbrief wie folgt aus[1]:

Notum sit omnibus tam futuris quam praesentibus, qualiter ego Conradus in loco mei proprii juris, scilicet Friburg, forum constitui anno ab incarnatione Domini MCXX. Mercatoribus itaque personatis circumquaque convocatis quadam conjuratione id forum decrevi incipere et excolere. Unde unicuique mercatori haream in constituto foro [ad] domos in proprium jus aedificandas distribui, atque de unaquaque harea solidum publice monete mihi et posteris meis pro censu annuatim in festo beati Martini persolvendo disposui. Singule vero haree domorum in longitudine centum pedes habebunt, in latitudine quinquaginta.

Also einen Marktplatz auf seinem eigenen Grundbesitz in Freiburg zu errichten hat Konrad im J. 1120 unternommen. Zu diesem Zweck hat er angesehene Kaufleute aus der Umgegend unter einer gewissen Zusammenschwörung herbeigerufen und jedem eine Hausstätte, 100 Fuß lang und 50 breit, zugeteilt, wofür ihm und seinen Nachkommen alljährlich ein Schilling als Zins zu entrichten ist. In diesen Sätzen ist nicht alles gleich verständlich. Wir fragen zuerst: wer sind die aus der Umgegend herbeigerufenen mercatores? Kann man eine Stadt bloß mit Kaufleuten gründen? Daran ist natürlich nicht zu denken. Vorerst waren Handwerker und Gewerbetreibende nötiger als Kaufleute: Maurer, Zimmerleute, Schmiede und andere, um Häuser zu bauen und Wohnungen herzurichten, Bäcker, Metzger und andere, um den täglichen Lebensbedarf zu beschaffen. Aber es waren mercatores personati, die Konrad aus der Umgegend herbeirief, das heißt, angesehene und vermögende Handel- und Gewerbetreibende. Denn, um einen Marktplatz dauernd

---

[1] Ich folge dem Text mit Paragrapheneinteilung bei Gaupp, D. Stadtrechte II und berücksichtige die Verbesserungen von Schulte (abgesehen von den unrichtigen Emendationen G. Maurers) in Zsch. f. Gesch. des Oberrheins N. F. I S. 193. Vgl. meinen Aufsatz über das erste Stadtrecht von Freiburg in derselben Zeitschrift N. F. XI S. 277 f.

einzurichten, mußte wenigstens ein Teil der künftigen Einwohner die erforderlichen Mittel mitbringen, um sich anzubauen und ihren Haushalt zu bestreiten; dann fanden sich auch unbemittelte Handwerker und Arbeiter von selbst ein, wo es an Arbeit und Lohn nicht fehlte.

Was aber bedeuten weiter die Worte: quadam conjuratione id forum decrevi incipere et excolere? Conjuratio heißt Zusammenschwörung; es ist der Gründungsvertrag zu verstehen, den Konrad und die mercatores personati gegenseitig beschworen. Letztere waren die Unternehmer, die sich dazu verpflichteten, andere Einwohner des Forum heranzuziehen und das neue Gemeinwesen einzurichten und zu leiten. Dafür wurden ihnen, gleich wie es bei den Dorfkolonisationen geschah, gewisse Vorrechte nicht bloß auf ihre Lebenszeit, auch für ihre Erben zugestanden. Denn man wird nicht bezweifeln, daß es dieselben Personen sind, die im Stiftungsbrief (§ 4) als die 24 conjuratores fori vorkommen, denen es obliegt, unbeerbte Hinterlassenschaften aufzubewahren, und die weiterhin im Stadtrecht (§ 20) als die 24 consules der Stadt erscheinen, und dieselben conjuratores fori, denen Konrad, wie der Schluß seines Stiftungsbriefs sagt, mit 12 seiner Ministerialen die Aufrechthaltung der den Bürgern bewilligten Freiheiten für sich und seine Nachkommen gelobte[1]. Auch erfahren wir aus dem späteren Stadtrodel, daß den 24 Ratmännern von der Gründung der Stadt her gewisse erbliche Vorrechte zustanden, wonach sie vom Hauszins befreit waren und jeder eine Bank unter den Kaufhallen besaß[2].

Es ist hier noch einer anderen Überlieferung zu gedenken, wonach nicht Konrad von Zäringen, sondern Herzog Berthold Freiburg gegründet haben soll, wobei es im Zweifel bleibt, ob Berthold II (gest. 1111) oder Berthold III, der Bruder Konrads, der bis 1122 regierte, gemeint sei. Auf den ersteren gehen die Straßburger Annalen, welche das Gründungsjahr Freiburgs 1091 angeben[3], auf

---

[1] Ne igitur burgenses mei supradictis promissionibus fidem minus adhibeant, cum duodecim nominatissimis ministerialibus meis ... securitatem dedi. Atque ne hoc juramentum aliqua necessitate infringerem, manu mea dextra hujus rei fidem libero homini et conjuratoribus fori inviolabiliter dedi. Unter liber homo ist vermutlich ein freier Herr vom Lande zu verstehen, dem die Bürger Vertrauen schenkten und der sie im Notfall beim Herzog vertreten konnte.

[2] Stadtrodel bei Gaupp S. 38 §§ 76 und 77.

[3] Böhmer Fontes II S. 98, Annales Argentinenses: Hic preterito anno in proprio allodio Brisgaugie Friburg civitatem initiavit.

den letzteren das Vorwort des Stadtrodels. Die Straßburger Annalen (J. 631 bis 1272) sind eine unzuverlässige Compilation aus dem 13. Jh., und ihre Nachricht ist unglaubwürdig, denn einen Ort Freiburg hat es früher als 1120 nicht gegeben[1], und an der bestimmten Aussage Konrads: Friburg forum constitui a. 1120 ist nicht zu zweifeln[2]. Anders verhält es sich mit dem Vorwort des Stadtrodels, das die Gründung der Stadt Freiburg dem Herzog Berthold von Zäringen zuschreibt[3]. Da kann nur Berthold III gemeint sein und es wird diesem, der zur Zeit der Gründung Freiburgs 1120 noch als Herzog regierte, das zugeschrieben, was in der That das Werk seines Bruders Konrad war. Dem Stadtrodel ist noch eine andere nicht unwichtige Nachricht zu verdanken, nämlich daß die Gründung Freiburgs mit Genehmigung des Königs (Heinrichs V) und der Reichsfürsten erfolgt ist, was der Stiftungsbrief Konrads nicht erwähnt[4].

Wurde nun in Freiburg nur ein forum, d. i. Marktort, oder eine Stadt gegründet? Nur von einem forum ist im Stiftungsbrief Konrads wie in der königlichen Genehmigung die Rede; die Vorsteher des Ortes hießen, wie erwähnt, conjuratores fori, aber burgenses sind die Einwohner und schon ist die Erbauung der Stadt im Werke[5]. Im Stadtrecht, das dem Stiftungsbrief angehängt und, wie später gezeigt werden wird, in nachfolgender Zeit entstanden ist, wird Freiburg urbs und civitas genannt, das Recht der Bürger als jus civile bezeichnet[6]. Das forum ist urbs und civitas geworden; es war dies nicht von Anfang an, was es dazu gemacht hat, war allein das Stadtrecht. Nur darum ist die Gründung Freiburgs als Stadtgründung anzusehen. Dasselbe gilt von den anderen nach dem Vorbild Freiburgs erfolgten Stadtgründungen

---

[1] Heyck, Gesch. der Herzoge von Zähringen S. 253.

[2] Stälin, Wirtemberg. Gesch. II S. 286 versucht beide Nachrichten so zu vereinigen, daß Konrad „die Schöpfung seines Vaters Berthold II zur Reife brachte".

[3] Notum sit quod Bertholdus dux Zaringie in loco proprii fundi sui, Friburc videlicet, secundum jura Colonie liberam constituit fieri civitatem.

[4] Stadtrodel § 3: Cum autem juxta consensum ac decreta regis et principum ejusdem constitutio fori confirmata fuisset.

[5] Ein Drittel der unbeerbten Hinterlassenschaften, sagt Art. 4 des Stiftungsbriefes, soll ad edificationem civitatis aut ad ornatum oratorii verwendet werden.

[6] Art. 18: Nullus de ministerialibus vel hominibus domini in civitate habitabit vel jus civile habebit nisi de communi consensu burgensium.

an Orten, die nicht einmal ein forum waren, sondern wie Freiburg im Üchtlande eine villa und wie Bern ein burgus[1].

Die Nachfolger Konrads, der seinem Bruder Berthold III als Herzog folgte, schritten auf dem von ihm angebahnten Wege fort. Berthold IV, Herzog von Zäringen und Rektor von Burgund, war der Gründer des andern Freiburg im Üchtlande 1178[2], Berthold V, mit dem der Mannesstamm des Hauses Zäringen im Februar 1218 zu Ende ging, war der Gründer von Bern, das Kaiser Friedrich II zur Reichsstadt erhob.

Mit den Zäringern wetteiferten andere Landesherren. Im Vorwort des Stadtrechtes, das Kaiser Friedrich I 1164 an Hagenau im Elsaß verlieh, ist gesagt, daß sein Vater (Herzog Friedrich II von Schwaben) die villa que dicitur Hagenowe zur Zeit des Kaisers Heinrich (V) gegründet habe[3]. Dies muß also vor dem Todesjahre dieses Kaisers 1125, ungefähr um dieselbe Zeit wie die Gründung Freiburgs i. B. geschehen sein.

Für die Fürsten der Marken in Norddeutschland eröffnete sich durch die Eroberung slavischer Länder ein weites Gebiet für deutsche Kolonisation und Städtegründung. Markgraf Albrecht der Bär gewann 1150 Brandenburg, das 1170 zur Hauptstadt der Mark erhoben wurde[4], und gründete um 1151 Stendal in der Altmark. Im Stiftungsbrief von Stendal[5] verleiht er den Einwohnern das Magdeburger Recht und bestimmt, daß sie ihre Hausplätze mit erblichem Recht und freier Verfügung gegen jährlichen Zins von vier Den. besitzen und alle gleichen Anteil an Wasser, Wald und Weide haben sollen; zugleich setzt er seinen Lehnsmann Otto als Richter ein. Markgraf Otto von Meißen erbaute Leipzig und verlieh ihm (zwischen 1156—1170) das Recht von Halle und Magdeburg[6], setzte auf Verlangen der Einwohner die Grenzen des Weich-

---

[1] Handfeste von Freiburg i. Ü. im Vorwort: Nos igitur ... comites de Kiburg eadem jura eisdem burgensibus de Friburgo in Burgundia et eidem ville confirmamus. Handfeste von Bern: Quem Berchtoldus dux Zeringie burgum de Berno construxit. Art. 2: Promittimus etiam vobis ... quod ipsum burgum de Berno ... in nostro et imperii tenebimus dominio.

[2] Heyck a. a. O. S. 398.

[3] Gaupp, Stadtrechte I S. 95: a nostro patre duce Friderico sub Henrico Romanorum imperatore fundata.

[4] v. Heinemann, Albrecht der Bär S. 160.

[5] Riebel, Codex diplom. Brandenb. XV Nr. 3.

[6] Cod. dipl. Saxoniae regiae I 2 Nr. 372 im Vorwort: quod dominus Otto d. g. Misnensis Marchio Lipz edificandam distribuit sub Hallensi et Magedeburgensi jure ...

bildes fest und gewährte ihnen einen Wald mit Nutzung an Weide, Holz und Fischerei[1]. Der Ruhm der Gründung des deutschen Lübeck gebührt dem Grafen Adolf II von Holstein, der es 1158 dem Herzog von Sachsen, Heinrich dem Löwen, abtreten mußte. Dieser richtete, wie Helmold erzählt, Markt und Münze daselbst ein und eröffnete den Einwohnern den Handel nach den überseeischen Ländern; auch begabte er sie mit den ansehnlichsten Rechten[2]. Derselbe hochgesinnte Fürst gründete auf seinem Allod in Braunschweig das Weichbild Hagen[3] und erbaute die Burg Schwerin 1160[4]. Bei der Errichtung der Neustadt Hamburg durch Graf Adolf III von Holstein um 1188 ist das Verfahren in der Urkunde über die Privilegienverleihung beschrieben[5]. Zum Zweck der Erbauung des neuen Stadtteils an der Alster bestellte der Graf den Wirad von Boizenburg als Unternehmer (locator), und verlieh ihm den Grund und Boden zu erblichem Besitz mit Marktrecht (sub jure fori), um daselbst mit den Einwohnern, die er hineinführen würde, einen Hafenplatz zu errichten[6]. Diesen gewährte er den Besitz ihrer Hausplätze nach lübischem Recht und dazu Feld-, Weide- und Waldnutzung, Befreiung vom Grundzins, Zollfreiheit und Märkte. Für sich selbst verlangte der Stadtherr nichts als die Gerichtsbußen nach lübischem Recht, auf die er auch in den ersten Jahren zu gunsten der Ansiedler, außer wenn es an Hals oder Hand gehe, verzichtete.

Ich folge hier nicht der Reihe der Städtegründungen in den slavischen Ländern über das J. 1200 hinaus und wende mich in der zweiten Abteilung dieser Schrift zur Entstehung der Stadtverfassung.

[1] Vgl. über die Gründung von Leipzig v. Posern-Klett in Einl. zum UB. der Stadt Leipzig, Cod. dipl. Sax. II S Nr. 2.

[2] Helmoldi Chron. Slavorum I c. 58. MG. XXI.

[3] Die Zeit ist nicht sicher bekannt; spätere Chronisten geben das Jahr 1172 an. Botho bei Leibniß SS. III S. 349. Tabula Blasiana ebend. S. 148. Im Herbst 1172 kam Heinrich der Löwe von der Wallfahrt nach dem gelobten Lande zurück.

[4] Helmold a. a. O. c. 87.

[5] Hamburg. UB. Nr. 285 und Schlesw. Holst. Lauenburg. Regesten von Hasse) I Nr. 162.

[6] ut ibidem ab eo suisque cohabitatoribus, quos ille adduxerit, aptus satis portus hominibus de multis circumquaque locis venientibus efficiatur.

Zweite Abteilung.

Die Entstehung der deutschen Stadtverfassung.

Jede Stadt hat einen Herrn, sei es der König oder ein geistlicher oder weltlicher Fürst. Der König besitzt die Herrschaft von sich aus, den andern ist sie von ihm verliehen. Auf den Herrschaftsrechten beruht die Stadtverfassung im Anfang, auf den Rechten der Stadtgemeinde im Fortgang. Beide stehen im umgekehrten Verhältnis zu einander, wie die ungleich beschwerten Schalen einer Wage. Die Stadtherrschaft erreicht ihren Höhepunkt; dann findet sie sich immer mehr eingeschränkt durch die aufsteigende Stadtgemeinde; was diese gewinnt, verliert jene. Wir betrachten beide nach einander.

Erstes Kapitel.

Die Stadtherrschaft.

Wer ist der Stadtherr? Zuerst ist es der König und allein der König. Alle Städte waren ursprünglich königliche oder was gleichbedeutend ist, civitates publicae[1]. Dann sind es die Bischöfe und Reichsäbte, denen die Hoheitsrechte durch königliche Privilegien übertragen waren. Und drittens sind es die geistlichen und weltlichen Landesherren. Wir unterscheiden demgemäß königliche oder Pfalzstädte, die der königlichen Herrschaft unmittelbar untergeben blieben, zweitens bischöfliche und Abteistädte, drittens landesherrliche.

[1] S. Abt. I S. 19.

Diese Unterscheidung nach der Art der Stadtherrschaft ist nicht gleichgiltig und wertlos. Sie bezeichnet nicht nur die verschiedene äußere Stellung der Städte im Reiche, auch für die innere Entwickelung der Stadtverfassung ist sie von Bedeutung[1].

Bei der Stadtherrschaft kommt zuerst in Betracht

Die Grundherrschaft und die Immunität.

Der Stadtherr ist Grundherr. Doch ist er nicht der alleinige Grundherr in der Stadt. Neben der königlichen Pfalz, neben dem Bischofshof gibt es andere herrschaftliche Höfe geistlicher Stifter und Klöster, des Adels, der freien Leute. Der Grundbesitz in der Stadt ist ein geteilter. Nur in den neuen von den Landesherren auf ihrem Grund und Boden gegründeten Städten war der Stadtherr auch der alleinige Grundherr[2].

Von den Königen wurde das Recht der Immunität an geistliche und weltliche Grundherren verliehen[3]. Dieses Institut war nur dem Namen nach römischen Ursprungs. Die römische Immunität befreite die kaiserlichen Domänen und die Güter der Unterthanen, denen sie verliehen war, insbesondere die der Kirche, von gewissen außerordentlichen Leistungen und Fronden (munera sordida). Die fränkische Immunität war anderer Art. Eine Immunität des Königsgutes konnte es im fränkischen Reiche nicht geben. Der Ausdruck selbst, königliche Immunität, ist ein Widerspruch im Beiwort. Das fränkische Reichsrecht kennt keinen Unterschied zwischen öffentlichem oder Staatsgut und königlichem Gut, als ob letzteres nur ein Privatbesitz wäre[4]. Es kann daher nicht die Rede sein von

---

[1] Vgl. meine Geschichte der italienischen Städteverf. im Anhang Bd. II S. 417 und R. Schröder, Lehrbuch S. 606 (2. A.). Mit Unrecht nennt v. Below (Hist. Zsch. XXII R. 239) diese Einteilung eine „unglückliche"; sie kann nicht unglücklich sein, weil sie wahr ist.

[2] Nur in diesem Sinne kann man die Unterscheidung v. Maurers, Gesch. d. deutschen Städteverf. I S. 71 ff., zwischen freien, grundherrlichen und gemischten Dörfern und Städten gelten lassen, nicht in dem, daß „die freien Städte ursprünglich bloß von freien Bürgern, die grundherrlichen bloß von Hörigen" bewohnt gewesen seien.

[3] Vgl. die treffliche Ausführung über die Immunität von Brunner, D. Rechtsgeschichte II S. 287 f., von der ich jedoch in einigen Punkten abweiche, so schon bezüglich der Gleichstellung der fränkischen Immunität mit der römischen.

[4] Sohm, Fränkische Reichs- und Gerichtsverfassung S. 27. Waitz IV² S. 5. Schröder, Rechtsgeschichte (2. Aufl.) S. 194.

irgendwelcher Befreiung der königlichen Domänen von öffentlichen Leistungen[1]. Die Naturallieferungen der königlichen Villen für den Unterhalt des Hofs, die gewerblichen Arbeiten und persönlichen Dienste der Dominialeingesessenen für den König und die Königin waren Staatsleistungen. Ob der König seine Güter von außerordentlichen Leistungen, Heerbann, Burg- und Brückenbau befreien wollte, war lediglich seine Sache; an sich waren sie nicht davon befreit[2]. Gab es also im fränkischen Reiche keine königliche Immunität im Sinne der Befreiung der königlichen Güter von öffentlichen Leistungen, so konnte sie auch nicht das Vorbild bei Verleihung des Immunitätsrechtes sein.

Was die fränkische Immunität bedeutet, ist aus Marculfs Formeln in der merovingischen Zeit zu entnehmen[3]. Der König spricht: „Um der ewigen Vergeltung willen, um teilzunehmen an dem Lohne, verleihen wir mit frommem Sinn dem Bischof jener Stadt die folgende Wohlthat: kein öffentlicher Richter soll die Güter der Kirche betreten, um darin gerichtliche Verhandlungen vorzunehmen oder Friedensgelder zu erheben oder Einquartierung und Bewirtung zu fordern oder Bürgschaften zu nehmen[4], sondern was dem Fiscus an Friedensbußen oder sonst von den Freien oder Hörigen oder Fremden, die auf dem Gute wohnen, gebührt, das soll, um Unseres Seelenheils willen, die Kirche für die Lichter (des Gottesdienstes) empfangen[5]." Wesentlich denselben Inhalt hat auch die Formel für die Verleihung der Immunität an weltliche Grundherren[6], nur daß hier der Beweggrund ein anderer ist, nämlich die Belohnung für bewiesene Treue (pro respectu fidei suae).

In diesen Formeln ist zweierlei enthalten, erstens das an die öffentlichen Beamten gerichtete Verbot sich aller gerichtlichen und

---

[1] Meine Auffassung, daß dem Königsgut nicht die Immunität zugeschrieben werden könne, hat noch Waitz IV[2] S. 707 als richtig anerkannt.

[2] Nach dem Capitulare de villis c. 30. 64. 68 sollen Wägen, Tragbahren und große Fässer für den Heerdienst bereit gehalten werden.

[3] MG. Formulae ed. Zeumer S. 43 Nr. 3 und 4.

[4] So übersetzt Waitz IV[2] S. 301 treffend die Ausdrücke: ad audiendas altercationes (oder ad causas audiendum) aut freta de quaslibet causas exigere, nec mansiones aut paratas vel fidejussores tollere.

[5] sed quicquid exinde aut de ingenuis aut de servientibus ceterisque nationibus, qui sunt commanentes, fiscus aut de freta aut undecumque potuerat sperare, ex nostra indulgentia pro futura salute in luminaribus ipsius ecclesiae ... proficiat in perpetuum.

[6] Formulae Nr. 17 S. 54: Confirmatio ad secularibus viris.

anderer Handlungen in den Gütern der Immunität zu enthalten, und zweitens die Überlassung der Einkünfte des Fiscus an den Immunitätsherren. Das erste paßt nicht auf die Domänen des Königs; es hätte keinen Sinn, die Amtshandlungen des öffentlichen Richters von ihnen auszuschließen, da der Oberamtmann der Domänen, der judex im Capitular de villis, selbst ein öffentlicher Beamter war[1]. Das andere aber, worauf es hauptsächlich ankommt, die Überlassung der Einkünfte des Fiscus, ist allein dasjenige, was mit dem Ausdruck cum immunitate nostra gemeint sein kann, wenn gesagt wird, daß der mit einem königlichen Gut beschenkte es ebenso besitzen soll wie vorher der Fiscus, das heißt, dieselben Einkünfte beziehen soll wie dieser[2]. Die Verleihung der Immunität war ein Opfer, das der König auf Kosten des Fiscus aus Frömmigkeit um des Seelenheils willen der Kirche brachte, ein Geschenk, das er zur Belohnung bewiesener Treue weltlichen Großen vergönnte.

Eine andere Frage ist die, ob mit der Verleihung der Immunität auch die Übertragung einer Gerichtsbarkeit an den Beliehenen verbunden war. Gewöhnlich wird dies aus der Überlassung der Friedensgelder — quicquid fiscus aut de freta aut undecumque potuerat sperare — geschlossen. Denn der die Friedensgelder erhob, war der Gerichtsherr oder der Richter[3]. Dies ist richtig. Die Überlassung der Friedensgelder war eine Folge der Übertragung der Gerichtsbarkeit, aus der die Friedensgelder flossen. Daraus scheint hervorzugehen, daß die ganze innere Gerichtsbarkeit dem Immunitätsherrn übertragen war; keine Beschränkung auf die niedere Gerichtsbarkeit ist ausgesprochen. Das öffentliche Gericht hatte sich nur einzumischen in den Fällen, wenn Klagen der Immunitätsleute gegen Auswärtige oder Klagen von diesen gegen jene

---

[1] S. vorher S. 21 und 22. Gleichwie der Graf wurde er zum Heere, zur Grenzwacht, zu Gesandtschaften berufen. Cap. de villis c. 16.

[2] Marculfi formulae S. 52 Nr. 14d: villa nuncupante illa ... sicut ab illo aut a fisco nostro fuit possessa ... visi fuimus concessisse. S. andere Stellen bei Waitz IV² S. 302 und Brunner II S. 290 A. 19 und 20.

[3] Waitz II 2 S. 376 sagt: „Die Folge des Rechts auf die Friedensgelder war die, daß nun die Immunitätsherren eine gerichtliche Gewalt über die von ihnen abhängigen Leute, auch die persönlich Freien, ausübten." Brunner II S. 296: „Die Zuweisung der Friedensgelder setzt die Anerkennung oder Übertragung der niederen Gerichtsbarkeit über die freien Hintersassen der Immunitätsherrschaft voraus." Warum nur die Anerkennung der niederen Gerichtsbarkeit, da doch Friedensgelder nicht bloß für geringe Vergehen, sondern zumeist für schwere Friedensbrüche bezahlt werden mußten?

an dasselbe gebracht wurden[1]. Sicherlich war die Formel der Immunitätsverleihung dieser Auslegung fähig und hat sie in der That auch so gefunden. Sehen wir die Urkunden in Deutschland!

Zuerst begegnen uns die Privilegien Karls des Großen für die Kirchen von Trier 772[2] und Metz 775[3]. Der Kaiser bestätigt ihnen die Privilegien seiner Vorgänger, namentlich seines Vaters, des Königs Pippin. Die öffentlichen Richter, heißt es darin, sollen die Höfe, Dörfer, Castelle der Kirche nicht betreten und deren Leute nicht vor das öffentliche Gericht fordern, sondern die Beamten der Kirche sollen in privaten Gerichtsversammlungen jedem nach Stand der Sache Recht erteilen und von andern die Wahrheit vernehmen[4]. Hier ist das Immunitätsgericht ausdrücklich anerkannt und unbestimmt gelassen, wie weit seine Competenz reicht.

Das Privileg Karls des Großen für Speier 782[5] bestätigt

[1] So hat dies in der That Sohm, Fränkische Reichs= und Gerichtsverfassung S. 351 verstanden: „Im gefreiten Sprengel wird die öffentliche Gerichtsgewalt anstatt durch die öffentlichen Beamten durch die Beamten des Immunitätsherrn ausgeübt." Ebenso Fustel de Coulanges, Histoire des institutions politiques de l'ancienne France, der in dem Bande bet. Les origines du système féodal (bearb. von Cam. Jullian) 1890 S. 336 ff. eine treffliche Erklärung der Immunität gibt, abschließend mit dem Satze (S. 419): Le propriétaire, dépossédant le fonctionnaire public, est devenu un maitre absolu sur ses domaines, il est tout ce qu' avait été le comte etc. Als Beweise für die niedere Gerichtsbarkeit der Immunitätsherren werden gewöhnlich folgende Urkunden angeführt. Die Constitutio de Hispanis Ludwigs des Frommen (Capit. ed. Boretius I S. 261) gewährt den in Aquitanien und Septimanien eingewanderten Spaniern nur die niedere Gerichtsbarkeit mit Ausnahme von Kriminalsachen (c. 3). Das ist die gewöhnliche Patrimonialgerichtsbarkeit, die schon in römischer Zeit der Kirche und den großen Grundherren zustand (Brunner II S. 285). Von Immunitätsverleihung und Überlassung der Einkünfte des Fiscus ist hier keine Rede. Der Abtei Novalese (in Piemont) wurde von Karl dem Großen 773 die Immunität verliehen (Muratori Antiq. V S. 967 Mühlbacher 153). Lothar I bestätigte 845 diese, doch die Gerichtsbarkeit nur mit Ausnahme von Kriminalsachen, über die Priestern und Mönchen zu urteilen nicht gebühre ebend. S. 971 Mühlb. 1088). Der Grund der Ausnahme ist hier also nicht aus der Beschränkung der Immunität hergenommen, sondern lediglich aus der geistlichen Würde des Abtes. Diese Beweise sind also nicht zutreffend.

[2] Mittelrhein. UB. (von Beyer) I Nr. 24.

[3] Bei Sauerland, Die Immunität von Metz S. 126. Die Echtheit beider Urkunden hat Löning a. a. O. bestritten, Mühlbacher Regesten 142 und 174 anerkannt.

[4] nec homines eorum pro mallobergiis nullus (judex publicus) deberet admallare ... sed in eorum privatas audientias agentes ipsius ecclesiae unicuique de repudiantis (?) traditionibus directum facerent. Statt repudiantis ist reputatis zu lesen, vgl. die Formel Marculfs I Nr. 21 S. 56: et unicuique pro ipsum vel hominibus suis de reputatis conditionibus et directum faciat et ab alii simili modo veritatem recipiat. Unrichtig deutet Heusler, Ursprung S. 18: directum facere als zu Recht stehen.

[5] Remling UB. Nr. 6. Mühlb. 245.

gleichfalls die Bewilligungen seiner Vorgänger, namentlich Pippins. Alles Gewicht ist hier gelegt auf die Überlassung der Einkünfte des Fiscus in den zerstreuten Gütern der Kirche[1]. Als Einkünfte des Fiscus sind genannt das Friedensgeld, die Stofa (Naturalabgaben)[2] und das Heerbanngeld.

Die Immunitätsbriefe Ludwigs des Frommen für Worms und Halberstadt 814, Salzburg 816, Paderborn und Würzburg 822 sind in der gewöhnlichen Form abgefaßt ohne besondere Erwähnung der Gerichtsbarkeit[3]. Dagegen ist von dieser die Rede in den Privilegien Ludwigs des Deutschen für das Kloster S. Emmeram in Regensburg 853[4] und für das von Altaich 857[5].

Im ersteren bestätigt der König die Güterschenkungen des Bischofs Erchamfrid an S. Emmeram, und zwar so, daß in dessen Gütern alle dort wohnenden sowohl Baiern als auch Slaven, Freie und Unfreie dem Kloster gehören sollen, mit dem Zusatz: falls jemand gegen diese Leute eine Klage anstellen oder eine Forderung erheben würde, sollen die Vögte und Beamten des Klosters die Sache untersuchen und bessern[6], und so lange ihnen diese das Recht erteilen wollen, sollen sie nicht vor das öffentliche Gericht gezogen werden[7].

Kürzer, aber um so prägnanter, drückt sich das andere Privileg Ludwigs des Deutschen für Altaich aus. Dem Kloster wird Immunität und Königsschutz in der gewöhnlichen Form bestätigt, mit dem Zusatz: es solle das Kloster nicht beunruhigt werden durch irgend eine richterliche Gewalt und Appellation des Volks, sondern die Vögte der Kirche sollen alle Sachen untersuchen und entscheiden[8].

Im Immunitätsbrief, den Karl der Dicke 887 dem Kloster

---

[1] Dreimal ist dies gesagt, zum drittenmal am Schluß: sed quantumcumque ad partem fisci nostri reddere debuerunt, ipse pontifex suaeque ecclesiae ex nostra munificiencia valeat habere concessum atque indultum.

[2] Waitz II 2 S. 254.

[3] Mühlb. Nr. 516. 517. 586. 728 und 742.

[4] Mon. Boica XXVIIIb S. 45.

[5] Ebend. XI S. 115.

[6] tunc advocati et ministri ipsius monasterii illud. pro justum est, diligenter rei veritatem inquirere studeant et emendent.

[7] sed neque ad placitum ullum vel in hostem ire compellant. quamdiu advocati ejusdem sedis justitiam facere voluerint.

[8] remota totius judiciariae potestatis inquietudine et vulgari appellatione ... et advocati ipsius ecclesiae omnem causam inquirendam et discutiendam ipsi dijudicent et finiant.

Reichenau erteilte¹, heißt es: die zinspflichtigen Leute, wo sie auch wohnen mögen, sollen keinerlei Bann an den Grafen entrichten, noch in einer weltlichen Sache vor ihm zu Gericht stehen, sondern allein vor dem Abt oder dem Vogt des Klosters². Was dies bedeutet, bezeichnet mit anderem Ausdruck das Privileg Arnulfs I. 892 für dasselbe Kloster³: kein Graf, Königsbote oder Richter soll richten über die Leute des Klosters im Gau Untersee, sondern der Abt allein soll die Rechte der Regierung über sie ausüben⁴.

Ein seltenes Beispiel von einem Immunitätsprivileg für einen weltlichen Grundherrn ist das von König Arnulf seinem Mundschenk Heimo erteilte, I. 888⁵. Dieser hatte die Bitte gestellt, daß ihm auf seinem Grundbesitz in der Ostmark, wo Arbo Grenzgraf (terminalis comes) war, die Gerichtsbarkeit verliehen würde⁶. Der König gewährte ihm die Bitte und zwar erblich auch für seine Nachkommen, unter der Bedingung, daß er gemeinschaftlich mit dem Grafen eine Burg erbaue. Wenn dann weiter gesagt ist: Heimo oder sein Stellvertreter soll das öffentliche Gericht des Grafen besuchen, um dort das Recht zu verlangen oder zu erwirken⁷, so wird sich dies auf das Recht beziehen, das Heimo für sich und seine Leute gegen andere, die seinem Gericht nicht untergeben waren, zu fordern hatte.

Man gewahrt in dieser Reihe der Immunitätsbriefe eine Veränderung der Formel etwa seit Mitte des 9. Jh. War früher das Gewicht auf die Ausschließung des öffentlichen Richters und die Überlassung der Einkünfte des Fiscus gelegt, die Competenz des Immunitätsgerichts aber unbestimmt gelassen, so erscheint später das Gericht des Immunitätsherrn über die ihm unterthänigen Leute als die Hauptsache, und zwar das Gericht mit unbeschränkter Competenz.

Die Immunitätsverleihung an die Kirche hatte für die Stadt

---

¹ Wirtemberg. UB. IV S. 326.   Mühlb. 1699.

² coram nullo comite aut bannum persolvant aut saeculare negotium habeant, nisi coram abbate vel ipsius monasterii advocato.

³ Mühlb. 1817.

⁴ sed jura regiminis super eos (solus abbas) illius loci secure exerceat.

⁵ Mühlb. 1751. Die Urkunde bei Kleinmayern, Juvavia im Anhang S. 118, nennt den Heimo einen ministerialis. Dümmler, Ostfränk. Reich III² S. 487, hat ihn als Mundschenk des Königs und Sohn eines Grafen nachgewiesen.

⁶ ut super proprietatem suam legalem rectitudinis potestatem concessissemus.

⁷ Ad publicum jus fati comitis mallum scilicet idem Heimo seu vicarius ejus legem ac justitiam exigendam vel perpetrandam pergat.

Hegel, Deutsches Städtewesen.

als solche keine Bedeutung. Sie bezog sich nicht auf die Stadt, sondern auf die innerhalb oder außerhalb der Stadt gelegenen Güter der Kirche[1].

Wir kommen jetzt zu den eigentlichen Regalien, das ist nutzbaren Hoheitsrechten, die den Stadtherren und anderen Grundherren von dem Könige verliehen wurden. Markt, Münze und Zoll gehören zusammen. Denn der Markt bedarf der Münze für den Geldverkehr und im Zoll liegt das Haupterträgnis des Marktes. Daher werden in der Regel alle drei zusammen bewilligt, und wenn Zoll und Münze allein verliehen werden, ist das Dasein des Marktes vorausgesetzt. Dazu kommt viertens der Bann, der in Verbindung mit den genannten Regalien die zwingende Gewalt bedeutet, sie in Kraft zu setzen und Übertretungen zu strafen. Wird der königliche Bann nicht mitverliehen, so kann der Marktherr nur mit eigenem Rechte zwingen und strafen.

Das Marktrecht[2].

Das Recht einen Markt zu errichten und zu halten wurde im fränkischen und deutschen Reiche von den Königen und Kaisern verliehen. Nur ein vom Könige bestätigter oder verliehener Markt heißt ein mercatum publicum oder legitimum[3]. Es fragt sich, ob das Marktrecht schon ursprünglich Regal war oder ob es jedem Grundherrn freistand, einen Markt zu halten[4]. War das Marktrecht schon ursprünglich ein Regal, so gehörte es zu den anderen Titeln und Rechten, welche die merovingischen Könige aus der römischen Kaiserzeit übernahmen. Doch ist nur bekannt, daß in römischer Zeit der Markt des neunten Tages (nundinae) vom Senate bewilligt wurde[5]. Daraus läßt sich ein fränkisches Marktregal schwerlich ableiten. Auch sind sichere Marktprivilegien weder

---

[1] Es ist daher nicht zutreffend, wenn R. Schröder, Rechtsgesch. (2. Aufl.) S. 603 die Immunität unter den Attributen der Stadt aufführt.

[2] Hier kommt nächst der älteren verdienstlichen Schrift von Rathgen, Erstehung der Märkte in Deutschland, 1881, besonders S. Rietschel, Markt und Stadt in ihrem rechtlichen Verhältnis, 1897, in Betracht.

[3] Rathgen S. 34. Waitz VII S. 381.

[4] Letzteres behauptet v. Maurer, D. Städteverf. I S. 287. Derselben Meinung ist Rietschel, Markt und Stadt S. 7 f., der das Regal erst in der späteren Karolingerzeit aus dem Zollrecht entstehen läßt.

[5] Th. Mommsen, Röm. Staatsrecht III 2 S. 1181.

aus der Merovinger- noch aus der ersten Karolingerzeit vorhanden[1]. Indessen ist nicht zu bezweifeln, daß schon früh neben königlichen Märkten auf Pfalzgütern[2] auch andere öffentliche Märkte bestanden. Ein Capitular Pippins vom J. 744 befiehlt den Bischöfen für den rechtmäßigen Markt und die Maße in den Städten zu sorgen[3]. Bestanden demnach schon rechtmäßige Märkte (legitima fora) in den bischöflichen Städten allgemein, so erklärt es sich, daß es Marktprivilegien für die alten Bischofssitze Köln, Mainz, Straßburg und andere nicht gibt. Ein anderer Beweis von dem Bestehen anerkannter öffentlicher Märkte außer den königlichen ist zu entnehmen aus dem Edictum Pistense J. 864 Karls des Kahlen[4]. In diesem erließ der westfränkische König an die Grafen seines Reiches den Befehl, sämtliche bestehende Märkte zu verzeichnen und anzugeben, welche zur Zeit Karls des Großen bestanden und welche von Ludwig dem Frommen bewilligt waren und welche nicht, ferner welche erst zu seiner Zeit begonnen hatten und welche Märkte und mit wessen Genehmigung an einen andern Ort verlegt waren. Hieraus ergibt sich, daß es zur Zeit sowohl privilegierte wie nicht privilegierte Märkte gab und daß das Marktregal, das Karl der Kahle selbst übte, schon von seinen Vorgängern geübt worden war[5].

Die Frage, ob das Marktrecht Regal oder Recht der Grundherren war, ist nicht richtig gestellt. Die Grundherren übten es früher wie später und Marktprivilegien wurden von den Königen früher wie später verliehen. Die Frage, auf die es allein ankommt, ist, was das Marktrecht als Regal und dessen Verleihung bedeutete? Dies läßt sich allein aus den Urkunden feststellen.

Aus dem Zeitraum vom 9. bis ins 12. Jh. liegt eine lange Reihe von Urkunden über Markt-, Münz- und Zollverleihungen vor. Anfangs, unter den Karolingern, gering an Zahl, mehren sie sich unter den sächsischen und fränkischen Kaisern, nehmen ab unter den Staufern und verschwinden zuletzt fast ganz, da die geistlichen und

---

[1] Den Beweis hat Rietschel a. a. O. gründlich geführt.

[2] Von einem Capitular Karls des Großen de mercato palatii nostri ist nur die Überschrift vorhanden. Capit. a. 808 c. 8 (ed. Boretius I S. 139).

[3] Capit. Suessionense c. 6 (Boretius) S. 30: Et per omnes civitatis legitimus forus et mensuras faciat (unusquisque episcopus) secundum habundatia temporis.

[4] Capit. II S. 317 c. 19.

[5] Marktprivilegien sind von ihm und Kaiser Lothar vorhanden. Bouquet, Recueil VIII S. 370. 376. 450. 548. 647. Waitz IV² S. 52 f.

weltlichen Territorialherren schon im 12. Jh. anfingen Märkte zu errichten ohne nach der kaiserlichen Bewilligung zu fragen[1].

Eine Auswahl von Urkunden der karolingischen und sächsischen Könige und Kaiser wird uns über die Bedeutung des Marktregals belehren.

Ludwig der Fromme bewilligte 833 dem Kloster Corvey eine Münze zu errichten um des Marktes willen, dessen die Gegend bedürfe[2]. Der Markt war also schon da, die bewilligte Münze diente für den Geldwechsel.

Lothar I gestattete 833 der Abtei Saint-Denis bei Paris einen Markt im Veltlin zu errichten[3]. Ludwig der Deutsche bestätigte 866 derselben ihren Güterbesitz in Alemannien und dazu den Markt zu Eßlingen[4]. Diese Märkte an weit entlegenen Orten konnten dem Kloster ohne das königliche Privileg keinen wirklichen Nutzen bringen.

Lothar II verlieh der Abtei Prüm 861 Markt und Münze in dem nahe gelegenen Orte Romersheim; weder Marktzoll, noch eine andere Abgabe soll von einer öffentlichen Behörde dort verlangt werden[5].

Der lothringische König Zwentibold erlaubte, zu seinem und seines Vaters Arnulf Seelenheil, dem Kloster Münstereifel Markt und Münze daselbst zu errichten und überließ ihm zwei Drittel vom Marktzoll[6].

Ludwig IV gestattete im J. 900 der Abtei Corvey Markt und Münze in der Villa Horohusen einzurichten und verlieh ihr den Zoll, den der Klostervogt unter Königsbann von den auswärtigen Käufern erheben soll[7].

Dem Bischof von Eichstädt erlaubte derselbe 908 Markt und

---

[1] Rathgen S. 15 unterscheidet die Marktprivilegien nach drei Perioden; erst in der zweiten (seit etwa J. 900 bis Mitte des 13. Jh.) sei die Gerichtsbarkeit über den Markt in der Form des Königsbanns hinzugekommen. Dies ist richtig.

[2] Wilmanns, Westf. Kaiserurkunden I S. 40: quia locum mercationis ipsa regio indigebat.

[3] Bouquet Recueil VIII S. 370.

[4] Wirtemberg. UB. I S. 166.

[5] Mittelrhein. UB. I S. 100: nulla pars publica inde teloneum vel aliquam exactionem exigat.

[6] Ebend. I S. 212: et de teloneo ipsius mercati duas partes concessimus.

[7] Wilmanns I S. 266: telonenm quod ipsorum advocatus nostro exigat banno ab his qui illuc causa emendi veniunt intra marcam memorate ville.

Erstes Kapitel. Die Stadtherrschaft. 53

Münze zu errichten und wies ihm den Zoll an wie er an anderen Marktorten üblich ist[1].

Der Kirche von Würzburg verlieh Konrad I 918 den Zoll, den bisher Graf Wicbold als Lehen besaß, welchen die aus allen Ländern und Städten den dortigen Markt mit ihren Waren besuchenden entrichten müssen[2].

Otto I schenkte dem Kloster S. Moritz in Magdeburg gleich bei dessen Stiftung 937 den ganzen Zoll am Orte[3]. Der Zoll setzt den Markt voraus. In Urkunde J. 965 bestätigte der Kaiser dem Kloster den Markt zu Magdeburg, die Münze und die Zölle von den zu Schiff oder zu Land herbeigeführten Waren[4].

Erzbischof Adaldag von Hamburg erhielt von Otto I 965 die Erlaubnis, einen Markt am Orte Bremen (in loco Bremun nuncupato) zu errichten, und alles, was der königliche Fiscus aus Bann, Zoll und Münze gewinnen könnte[5].

Die gleiche Bewilligung, Markt und Münze zu errichten, Zoll und Bann zu besitzen, wurde dem Bischof von Minden durch Otto II 977, dem von Verden durch Otto III 985 und dem von Halberstadt 989 erteilt[6].

Otto II hatte 974 dem Bischof von Halberstadt die öffentliche Münze und den Zoll in Seligenstadt bewilligt[7]. Otto III bestätigte demselben 992 den Markt mit Zoll, Münze und Königsbann in Halberstadt wie in Seligenstadt[8].

Otto III bewilligte 994 dem Nonnenkloster zu Quedlinburg Münze, Zoll und Marktrecht, gleichwie seine Vorfahren sie Köln, Mainz, Magdeburg und anderen königlichen Orten bewilligt hatten[9],

---

[1] sicut in ceteris mercationum locis mos est. Mon. Boica XXXIa S. 178; wiederholt von Konrad I J. 918, DD. I S. 33.

[2] DD. I S. 32: thelonei debitum quod ad eundem locum Wirciburg dictum debet persolvi a cunctis, qui cum mercatus sui mercimonio ab universis provinciis et civitatibus illuc perveniunt.

[3] DD. I S. 103: teloneum omne quod in Magdeburg constitutum est vel constituetur.

[4] Ebend. S. 416

[5] Ebend. I S. 422: Bannum et theloneum nec non monetam totumque quod inde regius rei publicae fiscus obtinere poterit.

[6] DD. II S. 165. 422. 460.

[7] Ebend. S. 84. Die Lage des Ortes westlich von Quedlinburg ergibt sich aus Urk. Ottos III J. 994 S. 567.

[8] Ebend. S. 516.

[9] omnique in mercatorio jure, quod antecessorum nostrorum industria

mit der Bestimmung, daß keine öffentliche Gewalt, außer dem erwählten Vogt, sich darin einmischen dürfe, sowie daß niemand einen andern Markt zwischen Saale, Ocker und Bode halten dürfe, abgesehen von den in diesen Grenzen schon bestehenden Märkten[1].

Bei Stiftung neuer Klöster gehörte das Marktprivileg zu ihrer Ausstattung, um ihnen ein sicheres Einkommen zuzuwenden. Die Witwe Imma stiftete ein Kloster zu Lieding in Kärnten. Otto II bewilligte ihr, dort auch Markt und Münze zu errichten und den Zoll davon zu nehmen[2]. Die Kaiserin Adelheid erbaute auf ihrem Hof zu Selz am Rhein Burg und Kloster; Otto III gewährte 992 und 993 dem Kloster Immunität, Münz- und Marktrecht[3].

Selten kommen Marktverleihungen an weltliche Grundherren vor; in der Zeit der Ottonen, so viel ich finde, nur zwei: Otto I bewilligte 950 seinem Vassallen Ansfrid Markt, Münze und Zoll zu Kessel im Maasgau[4]; Otto III J. 999 dem Grafen Berthold zu Villingen Markt, Münze, Zoll und Reichsbann mit dem Zusatz: wer diesen Markt verletzen würde, der solle den königlichen Bann an den Grafen oder an den, dem er ihn verleihen würde, bezahlen, gleichwie die den Markt in Konstanz oder in Zürich frevelhaft stören[5].

Aus vorstehenden Urkunden ist ersichtlich, was die königliche Verleihung des Marktrechtes bedeutete. Sie gewährte dem Markte öffentliches Recht und öffentlichen Schutz, dem Beliehenen den Zoll und andere Einkünfte aus dem Markte, die sonst dem königlichen Fiscus zufielen, und sicherte ihn gegen die Concurrenz unberechtigter Märkte. Das wichtigte für den Marktherrn war der finanzielle Ertrag, den ihm das Privilegium zusicherte. Das ist der Brauch auf allen durch königliche Privilegien bestätigten Märkten, sagt Abt Erkenbert von Corvey in Urkunde vom J. 1115 von seinem Markt

---

Coloniae, Magontiae, Magadaburch similibusque nostrae dicionis in locis antea videbatur esse concessum.

[1] Ebend. S. 566 Nr. 155.

[2] DD. II S. 123.

[3] DD. II S. 485 und 541. Dabei wird das Gepräge der Münze vorgeschrieben: monetam publicam [imagine] et superscriptione utriusque monetae Argentinensis et Spirensis praefiguratam.

[4] DD. I S. 210: potestatem habeat sine ullius contradictione mercatum agendi usumque monete possidendi theloneumque illuc sumendi.

[5] DD. II S. 738: qualem ille componeret debitus (?) qui illud merkatum Constanciae aut illud Turegum aliqua temeritate frangeret aut contaminaret.

Erstes Kapitel. Die Stadtherrschaft. 55

zu Höxter, daß die Marktleute (mercatores) unserer Kammer die Gebühr für die Benutzung der Marktstände bezahlen[1].

Das Marktprivilegium erteilt einer Kirche, einem Kloster, einem Grundherrn die Erlaubnis an dem bestimmten Orte einen Markt zu errichten oder zu halten[2]. Was für einen Markt? Es gab verschiedene Arten von Märkten, einen täglichen, einen Wochenmarkt, einen Jahrmarkt. Wenn nun der Markt schlechthin bewilligt wird, welche Art Markt ist dabei zu verstehen? Man hat an ein bloßes Verkehrsrecht, das Recht überhaupt am Orte Handel zu treiben, gedacht[3]; doch dazu bedurfte es keines Privilegs, das Verkehrsrecht ist ein natürliches Recht, das so alt ist wie das Recht des Eigentums. Man hat an den Jahrmarkt gedacht, auf den der Zoll von fremden Besuchern hinweise[4]; allein der Zoll gehörte zu jedem Markt und Jahrmärkte wurden immer besonders bewilligt, auch wo schon ein privilegierter Markt da war[5]. Es ist deshalb auch nicht anzunehmen, daß es dem mit dem Marktrecht schlechthin Beliehenen völlig frei gestanden hätte, den Markt beliebig als Tages-, Wochen- oder Jahrmarkt einzurichten[6], sondern der Gegenstand der Verleihung ist der privilegierte Markt mit den schon erwähnten Rechten. Es ist nicht zu denken, daß die Bischofssitze Bremen, Minden, Verden, Halberstadt vorher ohne einen inneren täglichen Markt gewesen sein könnten, bis ihnen von den Ottonen gestattet wurde einen Markt zu errichten. Dies kann nur verstanden werden von einem privilegierten Markt, bei dem mit dem Marktrecht Zoll und Münze verbunden waren.

Das Mittelalter kannte schon früh die verschiedenen Arten von Märkten, den täglichen innerstädtischen Markt, den Wochenmarkt für den Verkehr von Stadt und Land, den Jahrmarkt für weitere

---

[1] Erhard, Reg. Westfal. Codex dipl. Nr. 184: sicut mos est et consuetudo in omnibus locis in quibus mercatus regio privilegio firmati sunt.

[2] Annuentes construendi mercatum in loco Bremum ... licentiam ist der Ausdruck in Urk. Ottos I für Bremen, ut monetam macellumque publicum ibi construi liceret in Urk. Ottos II für Minden, concessimus mercatum et monetam facere in Urk. Ottos III für Verden, ut dehinc teneat et faciat mercatum ac monetam in Urk. desselben für Halberstadt.

[3] Varges, Zur Entstehung der b. Stadtverf. in Jbb. f. Nationalök. u. Statistik, 1893, S. 197.

[4] Philippi, Zur Verfassungsgesch. der westfäl. Städte, 1894, S. 5.

[5] Z. B. in Würzburg von Konrad II 1030, in Bremen von demselben 1035, s. nachher.

[6] So meint Rietschel S. 45.

Kreise[1]. Es finden sich Marktprivilegien aus der sächsischen und fränkischen Kaiserzeit, in denen teils der Wochentag für den Markt bewilligt wird, teils dem Beliehenen überlassen wird, den Tag des Wochenmarkts selbst zu bestimmen, und andere, die den täglichen Markt bewilligen.

Otto III gewährte dem Abte von Reichenau einen Wochenmarkt zu Allensbach am Donnerstag[2], dem Kloster S. Maximin bei Trier einen zu Wasserbillich am Donnerstag[3], dem Kloster Lorsch einen zu Weinheim am Mittwoch[4]. Den Kirchen von Freising und Salzburg gestattete derselbe an jedem Tage der Woche Markt zu halten[5]. Konrad II bestätigte 1030 dem Bischof von Würzburg einen täglichen Markt[6]. Heinrich IV erlaubte 1067 der Abtei Lorsch einen öffentlichen Markt zu Wiesloch an jedem beliebigen Wochentage zu halten[7].

Jahrmärkte oder große Märkte im Jahr wurden außer dem täglichen oder Wochenmarkt immer besonders bewilligt.

Heinrich II schenkte 1019 dem Nonnenkloster Kaufungen in Hessen die Kirche zu Wolfsanger und gestattete ihm dort einen Wochenmarkt am Samstag und einen Jahrmarkt an drei Tagen und auch einen zu Kaufungen an drei Tagen zu halten[8].

Konrad II bewilligte der Kirche von Würzburg 1030 außer dem täglichen Markt auch einen Jahrmarkt im August während acht Tagen[9].

Seinem Vassallen Manigold bestätigte Konrad II in demselben Jahre Markt, Münze und Zoll in Donauwörth und bewilligte ihm dazu als Belohnung für seine treuen Dienste einen Jahrmarkt[10].

---

[1] Urk. Kaiser Lothars I J. 841 für Kl. Flavigny, Bouquet VIII S. 376: Forum venalium rerum ... tam anniversarium quamque hebdomadarium. Karl der Kahle J. 843 ebend. S. 450: Insuper etiam petiit (der Abt), ut in omni hebdomada absolute mercatum juxta idem monasterium possit habere et aliud mercatum annuale in festivitate conversionis b. Pauli.

[2] DD. II S. 705 ohne Jahr.

[3] Ebend. S. 793 ohne Jahr.

[4] Ebend. S. 799 J. 1000.

[5] Ebend. S. 605 und 619: mercatum omni die legitimum.

[6] Mon. Boica XXIXa S. 30: mercatum cottidianum.

[7] Cod. Laureshamense I S. 190: mercatum publicum quacunque feria sibi placuerit.

[8] St. 1736. Ledderhose, Schriften II S. 287.

[9] Mon. Boica XXIXa S. 30.

[10] Ebend. XXXI S. 309.

Erstes Kapitel. Die Stadtherrschaft.

Dem Erzbistum Hamburg-Bremen hatte Otto I gestattet, einen Markt am Orte Bremen zu errichten[1]. Konrad II J. 1035 fügte die Erlaubnis hinzu, zweimal im Jahr daselbst Jahrmarkt zu halten[2].

Der Krönungsstadt Aachen bewilligte Kaiser Friedrich I J. 1166 ebenfalls zwei jährliche Hauptmärkte[3].

Der Markt, welcher Art er auch sei, täglicher oder Wochenmarkt oder Jahrmarkt, besitzt einen besonderen Frieden, den Marktfrieden. Was dieser ist und welche Wirkung er hat, erklären die Marktprivilegien. Hier ein paar Beispiele.

„Wir haben", sagt Otto I in Urkunde vom J. 946, „dem Kloster Corvey den Bann über die beiden Dörfer Meppen mit Münze und Zoll mit immerwährendem Recht zu eigen bewilligt und befehlen in dieser geschriebenen Verordnung, daß kein öffentlicher Richter in den vorerwähnten Orten irgend eine richterliche Gewalt ausübe außer dem rechtmäßigen Vogte des Abtes. Es ist ihnen (den Mönchen) gestattet, einen öffentlichen Markt zu errichten, wo es dem Abte gefällt, und vollkommenen Frieden sollen genießen die ihn besuchen, auf der Hin- und Zurückreise und bei ihrem Verweilen am Orte auf gleiche Weise, wie es von unsern Vorgängern andern öffentlichen Marktorten bewilligt wurde[4]."

Im Privileg Ottos III vom J. 1000 für die Kirche und den Abt von Helmarshausen (an der Diemel in Niederhessen) sagt Otto III: „Wir haben ihnen Macht und Erlaubnis erteilt am genannten Orte Markt und Münze zu errichten, den Zoll einzunehmen und alle öffentlichen Geschäfte auszuüben[5]. Daher befehlen wir mit kaiserlicher Macht, daß alle Kaufleute sowie die andern, die den Markt benutzen, dort verweilen, hin- und zurückreisen den gleichen Frieden und das gleiche Recht besitzen sollen, wie die, welche zu Mainz, Köln und Dortmund ihre Geschäfte betreiben[6], und daß

---

[1] S. vorher S. 53.
[2] Bremisches UB. I S. 18.
[3] Lacomblet, Niederrhein UB. I S. 283.
[4] DD. I S. 157: pacemque firmissimam teneant aggredientes et regredientes et ibi manentes eodem modo, sicuti ... jam pridem aliis publicis mercatorum locis concessum erat.
[5] DD. II S. 786: ibique totius publice functionis negotium decrevimus colendum. Es sind die richterlichen Funktionen zu verstehen, die im Gerichtsbann begriffen sind.
[6] ut omnes negotiatores ceterique mercatum excolentes commorantes euntes et redeuntes talem pacem talemque justitiam obtineant...

die denselben Bann bezahlen sollen, die dort den Markt zu beunruhigen oder zu stören sich herausnehmen."[1]

Ebenso heißt es in der Urkunde, wodurch Konrad II im J. 1030 seinem getreuen Manigold den Wochenmarkt bestätigt und den Jahrmarkt in Donauwörth verlieh: „wenn einer sie (die Marktbesucher oder den Markt selbst verletzt und vereitelt, der soll den gleichen Bann bezahlen, wie die den Markt zu Regensburg oder Augsburg beunruhigen."[2]

Es ergibt sich hieraus als allgemeine Regel, die auf öffentlichen Märkten besteht, daß den Marktbesuchern, sowohl den auswärtigen auf ihrer Hin- und Rückreise und beim Verweilen am Orte, wie auch den einheimischen Frieden und Sicherheit gewährt ist, und daß auch der Markt selbst und insoweit auch der Marktort durch den kaiserlichen Bann geschützt wird[3].

Der Marktfriede erstreckt sich auf einen weiteren Umkreis zu gunsten der Marktbesucher. Heinrich II bewilligte im J. 1004 dem Nonnenkloster Andlau im Elsaß einen Wochenmarkt zum Nutzen der Schwestern und verordnete, daß alle Marktleute des Ortes (omnes homines in ejusdem loco mercati invicem negotiantes) Frieden und Sicherheit unter dem kaiserlichen Bann und Schutz genießen sollten im Umkreis von einer Meile gleich wie die Besucher der öffentlichen Märkte in andern Städten, Kastellen und Dörfern[4]. Und Friedrich I im Stadtrecht, das er 1164 an Hagenau im Elsaß verlieh, erweiterte den Umkreis des Friedens für die Marktbesucher auf drei Meilen[5].

Der Marktfriede hat aber noch eine Rechtswirkung anderer Art. Die Urkunde vom J. 1166, wodurch Friedrich I der Stadt Aachen zwei Hauptmärkte im Jahr bewilligte, enthält die Bestimmung, daß auf diesen Märkten weder Schuldner noch Missethäter gerichtlich verfolgt, wohl aber die auf ihnen selbst verübten Ver-

---

[1] talemque bannum persolvant qui ibidem mercatum inquietare vel infringere praesumant.

[2] Mon. Boica XXXI S. 309.

[3] Unzutreffend ist daher Rietschels Behauptung S. 202: „Dieser Marktfriede ist ein Personalfriede, kein örtlich begrenzter Lokalfriede. Der Markt ist überhaupt kein abgegrenzter Raum, sondern ein abstracter Begriff." Wir haben es hier nicht mit einem bloß gedachten Markt zu thun, sondern mit dem wirklichen, der an einem bestimmten Orte ist, und in Bezug auf diesen ist der Friede auch ein lokaler, so lange der Markt dauert.

[4] Schöpflin, Alsatia diplom. I S. 148.

[5] Gaupp, D. Stadtrechte I S. 97 Art. 10.

gehen bestraft werden sollen¹. Derselbe Grundsatz findet sich in einzelnen Stadtrechten des 13. Jh. auf ähnliche Weise nicht bloß für Jahrmärkte, auch für Wochenmärkte ausgesprochen².

Der privilegierte Markt und seine Besucher stehen unter dem Schutz des königlichen Bannes, damit ist gesagt, daß die ihn oder sie verletzen, in die Strafe des königlichen 60 Schill. Bannes verfallen. Dies gilt nicht bloß für den Markt, auch für die andern Regalien, Zoll und Münze³. Wird der Bann für sich allein verliehen, so bedeutet er die Gerichtsbarkeit. Otto I verleiht 946 dem Kloster Corvey den Bann an beiden Orten Meppen mit Münze und Zoll⁴ und befiehlt, daß kein öffentlicher Richter an den genannten Orten richterliche Gewalt ausüben soll, außer dem Vogte des Abtes. Derselbe verleiht 965 dem Moritzstift zu Magdeburg den Bann in der Stadt Magdeburg⁵ und in einer andern Urkunde von demselben Tage Markt, Münze und Zoll. Beide Verleihungen sind dem Inhalte nach verschieden. Der Bann bedeutet die öffentliche Gerichtsbarkeit in der Stadt und wird so erklärt, daß kein Graf oder andrer öffentlicher Richter oder Beamter Macht haben soll in der Stadt außer dem Vogt des Klosters⁶.

Ebenso verlieh Otto III im J. 990 der Äbtissin von Gandersheim Markt, Münze und Zoll und dazu den königlichen Bann, dessen Bedeutung so erklärt wird, daß die Äbtissin die volle richterliche Gewalt am Orte besitzen soll⁷.

Der Marktbann hat die specielle Bedeutung als Gerichtsbarkeit über den privilegierten Markt; er war erforderlich, um den Markt-

---

[1] Lacomblet, UB. I S. 283.

[2] S. die Citate bei Sohm, Entstehung S. 51 und Rietschel S. 204. Ich füge noch eines hinzu, das Stadtrecht betreffend, das Graf Theoderich von Cleve 1277 an Wesel verlieh (bei Wigand, Westfäl. Archiv IV S. 410), worin bei den Wochenmarkt besuchenden Kaufleuten Befreiung von jeder Verfolgung verheißen wird, außer wenn sie wegen Totschlags oder Räuberei verbannt wären oder bei Diebstahl ergriffen würden.

[3] S. die vorher angeführten Urkunden.

[4] DD. I S. 157.

[5] DD. I S. 416 Nr. 300: bannum nostrae vel imperatoriae dignitatis in urbe Magadaburg.

[6] Prescripti vero nostri banni ... a nobis oblati nullus vel comes ... in eadem civitate ... potestatem habeat ...

[7] DD. II S. 473: et regium nostrum bannum illuc dedimus, ut omnis causa quaecumque in eodem loco contra legem oborta fuerit, per jussionem abbatissae nostro regio banno ad suas manus recipiendo emendetur et legaliter corrigatur, nullaque persona judiciaria etc.

frieden gegen Störungen aufrecht zu erhalten. Das Marktgericht ist ein Sondergericht, das nicht bloß die einheimischen, auch die auswärtigen Marktleute betrifft. Es ist verschieden von dem Immunitätsgericht des Marktherrn, als ein außerordentliches Gericht, das nur für die Zeit des Marktes besteht, dem alle Marktbesucher unterworfen sind[1]. Darin liegt die besondere Bedeutung des Marktbanns, der zumeist für die Jahrmärkte galt, auf denen sich zahlreiche Marktbesucher aus der Nähe und Ferne einfanden. So verlieh Konrad II im J. 1035 dem Erzbischof Bezelin von Hamburg-Bremen zwei Jahrmärkte in Bremen mit dem Bann, so daß der Erzbischof über allerlei Frevel, die von den Marktbesuchern in den für jene Märkte festgesetzten Zeiten begangen würden, Macht haben soll zu richten[2]. Und derselbe verlieh im J. 1038 dem genannten Erzbischof einen Jahrmarkt am Orte Heßlingen, bei dem der Kirchenvogt Macht haben soll alle Marktbesucher mit dem königlichen Bann zum Rechte zu zwingen[3]. Und in derselben Urkunde gestattete der König dem Erzbischof, wenn es notwendig oder nützlich wäre, einen Markt am Orte Stade zu errichten und bewilligte ihm dazu Bann, Zoll und Münze mit allem, was daraus der Fiscus erhalten könne. Aber, heißt es weiter, die Leute, die auf dem genannten Orte sich mit Wohnungen ansiedeln, sollen unter dem Bann und Gericht des erzbischöflichen Vogtes verbleiben[4]. Das herrschaftliche Ortsgericht oder Immunitätsgericht wird hier bestimmt unterschieden von dem an demselben Orte dem Erzbischof verliehenen Marktgericht.

Von dem Marktgericht handelt ein Reichsgesetz Friedrichs II vom J. 1218, das einer näheren Erklärung bedarf[5]. Darin ist

---

[1] Gegen die Meinung Rietschels (S. 157), daß das Marktgericht auf dem Immunitätsrecht beruhe, hatte sich schon zum voraus Keutgen, Untersuchungen S. 93 erklärt.

[2] Bremisches UB. I S. 18: eundemque bannum nostrum praedicto archiepiscopo ... concedimus ut si in hoc statuto tempore ex illuc venientibus aliqua temeritas evenerit, inde justitiam faciendi neque dux ... preter ipsum suosque successores licentiam habeant.

[3] Hamburg. UB. (Lappenberg) I S. 70: ut advocatus ejusdem ecclesiae iis diebus, quibus annualis mercatus inibi celebrari et confluentia populi maxima solet fieri ... potestatem habeat banno nostro constringendi omnes qui illuc convenerint ad omnem justitiam faciendam.

[4] Homines vero, qui in predicto praedio quoquo modo sibi habitacula faciunt, sub banno et constrictione advocati episcopalis nec alicujus alterius manere decrevimus.

[5] Keutgen, Untersuchungen S. 96, der es ein Reichsweistum nennt —

Erstes Kapitel. Die Stadtherrschaft. 61

verordnet, daß an dem Orte, wo durch kaiserliche Verleihung jemand ein Jahr- oder Wochenmarkt bewilligt ist, kein Graf oder anderer Richter der Provinz Macht haben soll Vergehen zu strafen; wenn aber ein Dieb oder Räuber oder Missethäter zum Tode verurteilt wird, soll er dem Grafen oder Provinzialrichter zur Vollstreckung ausgeliefert werden[1]. Die Art des Marktgerichts auf Wochen- und Jahrmärkten als außerordentliches Gericht ist hier dadurch bezeichnet, daß es Bluturteile zwar fällen aber nicht vollstrecken kann; die Vollstreckung steht dem ordentlichen Richter zu. Selbstverständlich ist hier nur von Verleihung des Marktrechtes und Marktgerichtes an Grundherren die Rede, die nicht selbst die hohe Gerichtsbarkeit besaßen, denn sonst würde ihnen auch die Vollstreckung der Bluturteile zustehen. Die großen Herren des Reiches, Fürsten, Bischöfe und Äbte bedurften zu dieser Zeit keines kaiserlichen Marktprivilegiums mehr; sie gründeten Märkte aus eigenem Recht.

Von dem bürgerlichen Marktgericht in Sachen des feilen Verkaufs wird später im Kapitel über Markt und Stadt gehandelt werden.

Das Zollrecht.

Das Zollrecht und die Zollgesetzgebung war ursprünglich Regal. Als ein römisches Institut überkamen es die merovingischen Könige; ihre Nachfolger haben es fortdauernd geübt und behauptet[2].

Teloneum bedeutet nicht bloß Zoll von Waren, sondern Handelsabgaben aller Art: Weggeld, Thorgeld, Brückengeld und andere. Schon in merovingischer Zeit war dieses Zollsystem vielseitig ausgebildet, um die finanziellen Erträge des Fiscus zu vermehren[3]. Auch Zollbefreiungen zu gunsten geistlicher Stifter finden sich schon in dieser Zeit[4]. König Pippin gewährte der Abtei Prüm allgemeine

---

es ist ein Reichsgesetz nach Fürstenspruch vom Kaiser verkündigt — hat es unrichtig verstanden.

[1] MG. Constitutiones (ed. Weiland, II S. 75: sed si forte latro vel fur aut alius maleficus ad mortem fuerit condempnatus, comiti sive judici provinciali de loco illo erit presentandus ad sententie in illum late executionem.

[2] Dieses Thema ist in der Schrift von E. Wetzel, Das Zollrecht der deutschen Könige von den ältesten Zeiten bis zur goldenen Bulle, 1893, ausgeführt.

[3] Waitz II 2 (3. Aufl.) S. 302. E. Mayer, Zoll, Kaufmannschaft und Markt zwischen Rhein und Loire, 1892, zeigt die Übereinstimmung von Zöllen und Marktabgaben in den deutschen und französischen Ländern.

[4] Waitz a. a. O.

Zollfreiheit im Reiche[1], Karl der Große befreite die Kirche von Straßburg 775 von Weg-, Fluß-, Hafen- und anderen Zöllen[2]. Gegen mißbräuchliche Vermehrung der Zölle eifern schon die Capitularien Karls des Großen: nur die alten und gerechten Zölle sollten von den Handeltreibenden gefordert werden[3]. Ludwig der Fromme verordnete im J. 820: Zölle sollen nur erhoben werden auf Märkten, keine Brückenzölle außer den althergebrachten, keine auf Flüssen und Straßen, in Wald oder Feld, sondern allein bei Kauf und Verkauf von Sachen des gemeinen Gebrauchs[4]. Den Handel, besonders mit Salz, den Baiern, Böhmen und Slaven auf der Donau betrieben, betrifft die Zollordnung zu Raffelstätten, welche die bairischen Großen im Auftrag Ludwigs IV um J. 904 festsetzten[5].

Besonders wichtig war der Marktzoll, der mit dem Marktrecht verbunden war. Was alles darin begriffen sein konnte, zeigt die von Heinrich IV im J. 1104 bestätigte Zollrolle von Koblenz zu gunsten des Stiftes S. Simeon, dem der Erzbischof Poppo von Trier den Zoll geschenkt hatte[6]. Die Sätze dieses Zolltarifs bestimmten die Schöffen von Koblenz in Naturalabgaben und Geld: Zölle von Waren, die aus genannten Städten der Niederlande, des Rheins, der Mosel, des Mains, der Donau, auf Schiffen oder zu Lande herkommen, Zölle von Saumtieren und zum Verkauf gebrachten Sklaven[7], Abgaben von Handwerkern, Schwertfegern, Bäckern, Schustern.

Im Straßburger Stadtrecht ist ein bestimmter Wertzoll für den Marktverkauf angegeben: was weniger wert als fünf Schillinge ist, zahlt keinen Zoll; von fünf Schillingen beträgt er einen Pfennig, von einem Pfund (de talento) vier, das ist $1^{2}/_{3}$ Procent des Wertes[8]. Einige Zölle werden vom Zöllner erhoben, andere vom Burg-

---

[1] Mittelrhein. UB. (von Bayer) I S. 23.

[2] Straßburger UB. I S. 10.

[3] Capit. in Theodonis villa c. 13 (Boretius I S. 124). Andere Citate bei Waitz IV S. 55 Nr. 2.

[4] Capit. (Boretius) I S. 294 c. 1: nec alicubi nisi tantum ubi aliquid emitur aut venditur qualibet causa ad communem usum pertinens.

[5] MG. Leges III S. 480. Dümmler, Ostfränk. Reich (2. Ausg.) III S. 532. Waitz IV S. 70.

[6] Mittelrhein. UB. I S. 467.

[7] De uno quoque somario dantur IV denarii, de sclavo empticio IV denarii.

[8] Art. 53. 54. Ein Pfund = 20 Schill. = 240 Pf.

grafen, andere von beiden gemeinsam[1]. Die Angehörigen der Kirche brauchen beim Verkauf von eigenem Gewächs und eigenen Fabrikaten keinen Zoll zu entrichten, auch nicht beim Kauf zum eigenen Gebrauch, wohl aber wenn sie durch Wiederverkauf Gewinn beabsichtigen[2].

Der Marktzoll wurde nur vom Kauf und Verkauf auf dem öffentlichen Markte erhoben, nicht vom privaten Kauf und Verkauf außer dem Markte. Demgemäß verordnete Friedrich I 1165 über das Marktrecht zu Staffelstein, das Lothar III 1130 dem Domkapitel von Bamberg verliehen hatte, daß die Einwohner des Ortes beim Kauf und Verkauf von Haus zu Haus frei sein sollen von Zoll und Marktabgaben, nicht aber wenn sie auf öffentlichem Markt kaufen oder wie Marktleute dort Waren feil bieten[3].

Das Reichszollrecht wurde vielfach durchbrochen durch kaiserliche Verleihungen der Zollfreiheit an geistliche Stifter, sowie an Kaufleute oder Bürger der Städte. Ausgenommen jedoch von der allgemeinen Zollfreiheit wurden früher und später einzelne besonders einträgliche Zollstätten des Reiches, deren Einkünfte nicht geschmälert werden sollten. So schon im Privileg Karls des Großen für die Kirchenleute von Straßburg J. 775 die niederländischen Plätze Quentowic, Durstede und Sluis[4], und dieselben im Privileg Ludwigs des Frommen und Lothars I J. 828 für die Getreuen in der Pfalz zu Aachen[5].

Nach dem Privileg Ottos II 975 für Magdeburg sollten dessen Kaufleute nicht befreit sein vom Reichszoll in Mainz, Köln, Tiel und Bardewik[6]. Den Einwohnern von Passau gewährte derselbe Kaiser die Zollfreiheit auf allen Flüssen des Reiches[7]. Von welcher Bedeutung die Zollfreiheit für die Bürger von Worms war, beweist, daß sie ihnen von Heinrich IV 1074 als große Belohnung

---

[1] Art. 47. 48.

[2] Art. 52: Et si quid emerit ad opus suum, quod gracia lucri vendere noluerit, similiter theloueum non dabit.

[3] Urk. Lothars III Mon. Bo. XXIX^a S. 255, Friedrichs I ebend. S. 374: Si vero in mercato emerint vel in publico more forensium tabulam vel aliquam stationem habere voluerint et merces suas in platea exposuerint, jure forensi exinde respondeant.

[4] UB. von Straßburg I S. 10.

[5] MG. Formulae ed. Zeumer Nr. 37 S. 315.

[6] MG. DD. II S. 126, bestätigt von Konrad II J. 1025, Stumpf 1871.

[7] Ebend. II S. 155: nullum teloneum per omnes aquas in nostro regno sursum neque deorsum.

ihrer Treue an sechs Plätzen geschenkt wurde: in Frankfurt, Boppart, Hammerstein, Dortmund, Goslar, Angern[1]. Noch weiter ausgedehnt ist das Privilegium Heinrichs V 1111 für Speier, das sich sowohl auf das ganze Bistum wie auf die kaiserlichen Zollstätten überhaupt erstreckte[2].

War es bei derartigen Privilegien die Absicht den Handel der Städte auf fremden Märkten zu begünstigen, so konnte es auch kein besseres Mittel geben, um neue Märkte emporzubringen, als wenn auf diesen den fremden Kaufleuten Nachlaß von Zöllen gewährt wurde. So sicherte Friedrich I bei Bewilligung von zwei Jahrmärkten für seine geliebten Bürger der Königs- und Krönungsstadt Aachen (1166) allen Kaufleuten den zollfreien Handel zu[3].

Im Freiheitsbrief Friedrichs I für Lübeck 1188 wurde nicht nur den Lübeckern selbst der freie Verkehr mit ihren Waren ohne Zoll und Hanse (Handelsabgabe) im Herzogtum Sachsen, ausgenommen Artlenburg an der Elbe, bewilligt, sondern auch den Kaufleuten von Rußland und Skandinavien und aus den östlichen Ländern; nur andere Kaufleute sollten dort den Wertzoll von vier Denaren vom Ferto (einer viertel Mark) entrichten[4].

Der Zöllner (thelonearius) war nicht bloß Zolleinnehmer, sondern ein Finanzbeamter, der das Zollwesen verwaltete. In einer fränkischen Formel über Zollbefreiung ist das Ausschreiben des Königs an Patrizier, Grafen und Zöllner gerichtet[5]. In Straßburg war das Zollamt eines der vier Ämter, auf denen die gesamte Stadtverwaltung beruhte[6]. Der Vogt verlieh ihm die richterliche Gewalt, die Macht mit dem Schwerte zu strafen, die er selbst von dem Kaiser hatte[7]. Als ein sehr beschwerliches, weil verantwort-

---

[1] Wormser UB. I S. 48, bestätigt durch Heinrich V, 1112 Oct. 16, wo noch Nürnberg hinzugefügt ist.

[2] Speirer UB. S. 19: nullus ab eis theloneum in toto episcopatu aut in locis fiscalibus, id est ad utilitatem imperatoris singulariter pertinentibus, extorqueat.

[3] Lacomblet I S. 284: ab omni theloneo sint immunes et liberi et sua commercia vendant et emant prout ipsi voluerint.

[4] Lübecker UB. I S. 9: Rutheni Gothi Normanni et cetere gentes orientales absque theloneo et absque hansa ad civitatem veniant et libere vendant et libere recedant.

[5] Formulae (ed. Zeumer) S. 111: Ille rex Francorum viris inlustribus, patriciis, comitibus, teloneariis vel omnibus curam publicam agentibus.

[6] Stadtrecht Art. 7: in quibus urbis gubernatio consistit.

[7] Ebend. Art. 12.

liches, Amt erschien das des Weinzöllners zu Worms. Heinrich V machte im Privileg vom J. 1114 den Bürgern von Worms das Zugeständnis, daß keiner von ihnen von der Stadtobrigkeit (a magistratibus urbis) gezwungen werden solle, jenes Amt zu übernehmen; um es aber angenehmer zu machen, besoldete er es mit dem Zoll von groben Tüchern[1]. In Köln zählten die erzbischöflichen Zöllner zu den angesehensten Bürgern. In einer Urkunde von 1152 erscheinen zwei Zöllner unter den optimates civitatis als Zeugen[2]. In einer andern von 1171 sind zwei Zollmeister (magistri telonearii) und zwei Unterzöllner (subtelonearii) unter den Schöffen (senatores) genannt, und einer von ihnen, Gerhard, ist als Schöffenmeister unterzeichnet[3]; es ist vermutlich derselbe Gerhard, dem Erzbischof Philipp vor seiner Heerfahrt nach Italien 1174 gegen ein Darlehen von 600 Mark den ganzen Zoll auf drei Jahre verpfändete[4].

Das Münzrecht.

Mit dem Marktrecht wurde auch das Münzrecht verliehen. Seit dem Aufhören einer durchgreifenden Centralverwaltung trat unter den Karolingern eine große Verwirrung im Münzwesen ein[5]. Die trefflichen Verordnungen Karls des Großen über Einheit und Reinheit der Münzen und deren Beaufsichtigung waren gänzlich in Vergessenheit geraten. Durch die vielen Verleihungen des Münzregals an geistliche und weltliche Herren wurde die Verwirrung des Münzwesens im höchsten Grade gesteigert. Es entstanden immerfort neue Münzstätten, deren Betrieb keiner Kontrole unterlag. Der Nutzen des Regals bestand teils im Schlagschatz, der dem Münzherrn zufiel, teils im Gewinn aus dem Geldwechsel. Zum Vorteil des Münzherrn wurde die Münze oft verändert, neue gegen alte ausgegeben[6]. Doch ist nicht anzunehmen, daß überall an den

---

[1] UB. von Worms I S. 53.
[2] Quellen zur Gesch. der Stadt Köln I S. 539.
[3] Gerardus telonearius magister senatorum.
[4] Vgl. meine Stadtverf. von Köln, Städtechroniken XIV S. XLIX Anm. 2.
[5] Ich verweise auf Soetbeer in Forschungen zur D. Gesch. IV und V für die fränkische Zeit und auf Eheberg, Über das ältere deutsche Münzwesen und die Hausgenossen (1879) für das spätere Mittelalter. Belehrend über Geldwesen und Preise ist auch Jnama Sterneggs Deutsche Wirtschaftsgeschichte II S. 377 f.
[6] Waitz VIII S. 342. Eheberg S. 68 f. gibt Beispiele, wie dies alljährlich oder sogar von einem Markttage zum andern geschah.

kleinen Orten, wo Markt und Münze einem Herrn verliehen waren, auch Münzstätten eingerichtet wurden. Man prägte auf großen wie kleinen Märkten Münzen nach Bedarf und wo sich keine Münzstätten befanden, berief man Münzer aus anderen Orten[1].

Für die Stadtverfassung kommen das Amt des Münzmeisters und die Genossenschaft der Münzer in Betracht.

Von dem Amte des Münzmeisters und der Münzer handelt das Straßburger Stadtrecht[2]. Es war eines der vier Stadtämter, die der Bischof aus der Kirchenfamilie besetzte. Der Münzmeister richtet über Münzfälschungen, wozu ihm die Strafgewalt von dem Vogte des Bischofs verliehen ist. Ihm sind die Münzer und Geldwechsler, die gleichsfalls der Familie der Kirche angehören, untergeben. Sie verrichten ihre Geschäfte im Münzhause öffentlich, „damit jedermann ihr Werk sehe". Mit dem ihnen vorgesetzten Münzmeister bilden sie zusammen eine Genossenschaft; wer in sie aufgenommen werden will, hat Eintrittsgeld an den Bischof, den Münzmeister und die Münzer zu entrichten[3].

Als eine mit besonderem Recht bevorzugte Genossenschaft der Bürger erscheinen die Münzer in Worms in einem Privileg Friedrichs I J. 1165, wonach sie bei Anwesenheit des Kaisers in der Stadt, im Falle der Bischof nicht genug Diener hätte, die Hofdienste bei ihm verrichten sollten[4]. In Köln waren die Münzer, genannt „Hausgenossen", zu Anfang des 13. Jh. bereits eine Erbgenossenschaft, in der der Sohn auf den Vater folgte, indem sie sich selbst ergänzte; nur den Münzmeister ernannte der Erzbischof[5]. Später kommen die Münzer-Hausgenossen auch in Speier, Basel, Trier, Augsburg, Regensburg, Wien, Erfurt und anderen Orten vor[6].

---

[1] Friedrichs II Privileg für Nürnberg 1219 Nov. 8 (Mon. Bo. XXX a S. 82 verordnet, daß Nürnberger Münze auf den Jahrmärkten zu Donauwörth und Nördlingen gebraucht werden soll, et magister Nurembergensis monetae illuc ibit si voluerit et denarios sue monete ibi formabit.

[2] Art. 59—79: De officio magistri monetariorum.

[3] Art. 77: Quicumque jus monetariorum habere desiderat, dimidiam marcam auri dabit episcopo, monete magistro quinque denarios auri. monetariis viginti solidos gravis monete. Im ganzen eine beträchtliche Summe, die nur reiche Leute aufbringen konnten.

[4] UB. von Worms I Nr. 80 S. 65.

[5] Stadtverf. von Köln in Städtechron. XVI Einl. S. XLVII und Anm. 4 und 5.

[6] Eheberg S. 115 f. Vgl. meine Abhandlung über die Münzerhausgenossen in der Beilage zur Verf.-Gesch von Köln a. a. O. S. CCLX.

Die Benennung „Hausgenossen" wird verschieden erklärt, entweder als Genossen des Münzerhauses[1] oder als zur Familie des Herrn gehörige Hofgenossen[2]. Für beide Erklärungen finden sich Belege, so daß anzunehmen ist, es sei dieser Name schon in alter Zeit verschieden verstanden worden[3].

Unzweifelhaft standen die Münzer im Dienstverhältnis zu dem Münzherrn und dieses hörte auch dann nicht auf, wenn der Münzherr die Nutzung des Regals zeitweise veräußerte[4]. Die Münzerhausgenossenschaft bestand fort als eine selbständige Korporation der Reichen, die bisweilen auch eine besondere Vertretung im Rate hatte, so in Speier nach der Ratsordnung von 1304[5]. In Mainz führten sie den Ehrentitel „Omel" d. i. Oheim[6].

Die Ordnung von Maß und Gewicht.

Zur Ordnung von Maß und Gewicht gehört erstens die Regelung und Feststellung von beiden, sodann die Aufsicht über ihren Gebrauch und drittens das Richten über den falschen Gebrauch. Notwendig waren diese Befugnisse und Geschäfte mit dem Markt-, Münz- und Zollrecht verbunden, denn die Münze ist auf Gewicht und Feinheit zu prüfen, der Zolltarif hängt von Maß und Gewicht der Waren ab und bei Kauf und Verkauf auf dem Markte kommt es auf beides an. In der Verleihung jener Rechte war daher auch die Ordnung von Maß und Gewicht mit inbegriffen[7].

---

[1] So die ältere Erklärung, vgl. meine Abhandlung S. CCLXI.

[2] So v. Maurer, Gesch. der Städteverfassung in D. I S. 300: „Sie gehörten nämlich als Haus- und Hofdiener zum Hause und zur Familie ihrer Herren." Ebenso Gierke, Genossenschaftsrecht I S. 189.

[3] Zu den in meiner Abhandlung citierten Stellen füge ich hinzu ein Bamberger Statut vom J. 1275 (Pfeuffer, Beyträge zu Bambergs Geschichte, 1791, S. 423): illi qui in emunitatibus habitant et huschegenossen vocantur nec in moneta cudunt nec mutuant ... sunt liberi et soluti, qui vero praedicta fecerint, cum aliis civibus sturas solvent. Hier gab es also zweierlei Hausgenossen in den Immunitätsbezirken, solche die Münzer waren und mit den Bürgern steuerten, und solche, die nichts mit der Münze zu thun hatten und steuerfrei waren. Münzer und Hausgenossen sind demnach hier nicht identisch und letztere können nicht so von der Münze her heißen.

[4] Der Bischof von Straßburg Konrad von Lichtenberg verpachtete 1296 die Münze an ein Consortium von 8 Bürgern auf die Zeit von vier Jahren. Städtechron. IX S. 990.

[5] Lehmann (Fuchs) Chronik S. 588.

[6] Geschlechterverzeichnis von 1411 in der Mainzer Chronik, Städtechroniken XVII S. 46.

[7] Über die Frage, ob die Verwaltung und Ordnung des Maß- und Gewichts-

Unstreitig war die Ordnung von Maß und Gewicht Sache der Reichsregierung unter Karl dem Großen und seinen Nachfolgern im west- und ostfränkischen Reiche[1]. In der königlichen Pfalz wurden die Normalmaße und Gewichte aufbewahrt, nach denen sich die Gutsverwalter des Fiscus richten sollten[2]. Die Königsboten hatten darauf zu sehen, daß keiner anders kaufe und verkaufe und andere Maße gebrauche als nach der Vorschrift des Kaisers[3]. Das edictum Pistense Karls des Kahlen 864 verordnet, daß die Grafen die richtigen Maße aus der königlichen Pfalz empfangen sollen[4]. Eine Reihe von Verboten Karls des Großen wurde veranlaßt durch die Habsucht der Großen, welche die Maße der Naturalabgaben zu ihrem Vorteil vergrößerten und die Preise der Erzeugnisse zur Zeit der Ernte und Weinlese herunterdrückten[5]. Wie wenig aber mit ihnen ausgerichtet war, beweist die Beschwerde der Bischöfe auf dem Tage zu Worms 829, daß in allen Provinzen verschiedene Maße gebraucht würden, womit sie die Mahnung an die Grundherren verbanden, wenigstens nicht doppelte Maße anzuwenden[6].

Die Regelung von Maß und Gewicht gehörte zu den Grafenrechten. Dies ist gesagt im Weistum über die Rechte des Grafen von Namur in Dinant 1070[7]. Über falsche Maße und Gewichte

---

wesens ursprünglich Regal oder aber Gemeinderecht gewesen sei, hat sich ein litterarischer Streit erhoben. v. Maurer (Gesch. der Fronhöfe II S. 470, III S. 65, Gesch. der Dorfverfassung II S. 14) und v. Below (Entstehung der d. Stadtgemeinde S. 57, Ursprung der Stadtverfassung S. 57) erklärten sie für Gemeinderecht, Schmoller Jb. für Gesetzgebung Jg. XVII Heft 1 S. 289, für Regal. Die neue Untersuchung von G. Künzel (Forschungen von Schmoller XIII Heft 2) hat den Ausschlag gegeben; das Resultat ist hier so formuliert (S. 92): „Ursprünglich erscheint die Maß- und Gewichtsregelung als Regal. Dieses Recht wurde auch in der ganzen Folgezeit niemals ganz von der öffentlichen Gewalt aufgegeben, wenn auch bei der thatsächlichen Ohnmacht der staatlichen Gewalt die geistlichen und weltlichen Grundherrschaften, alsdann auch die Landgemeinden in dieses Recht neben der öffentlichen Gewalt eindringen." Auch v. Below hat nachträglich zugegeben, daß „im ganzen der öffentlichen Gewalt im M. A. die Ordnung von Maß und Gewicht zugestanden hat". Meine folgende Darstellung ist unabhängig von Künzel geschrieben.

[1] Waitz IV² S. 74 f. Schmoller a. a. O.
[2] Capit. de villis c. 9 (Boretius I S. 84). Brevium exempla (I S. 255): mensuram modiorum et sestariorum ita invenimus sicut in palatio.
[3] Cap. missorum c. 10 (S. 146).
[4] MG. Leges I S. 492 c. 20.
[5] Soetbeer, Forsch. zur d. Geschichte IV S. 338 und Waitz IV² S. 48 geben die Citate.
[6] Episcoporum relatio ad imperatorem c. 20. MG. Leges I S. 344.
[7] Waitz, Urkunden, 2. Ausg. S. 22: Omnium potuum mensurae ... ipsius sunt. Omnia genera ponderum ... sua sunt.

zu richten, war ein Recht der Grafschaft, das sich Wibold, Abt von Stablo, bei Gründung einer Villa 1138 vorbehielt[1].

Das gleiche Recht wurde Bischöfen und Äbten zuteil. Daher nahm der Bischof Udo von Toul 1069 es gegenüber dem Grafen für seinen Amtmann und die Schöffen der Stadt in Anspruch[2]. Die Aufsicht über Maße und Gewichte war in den Hoheitsrechten des Bischofs von Straßburg begriffen und wurde durch seine Beamten geführt: der Zöllner hatte sie über die Maße des Trockenen wie des Flüssigen, der Münzmeister über die Gewichte[3]. Nach dem Hofrecht von Basel gehörten dem Bischof die Wage, Maße, Ellen und Gewichte und das Gericht über sie[4]. Nach dem Augsburger Stadtrecht fielen die Bußen für unrechte Maße und Gewichte an die bischöfliche Kammer[5].

Von den Bischöfen wurde bisweilen dasselbe Recht den Stadtgemeinden überlassen. So bestätigte der Bischof von Halberstadt 1105 den Bürgern seiner Stadt das hergebrachte Recht, beim Verkauf von Lebensmitteln die Maße zu prüfen, wobei er sie ermahnte, das Maß gleich zu machen, wie sie es vor Gott verantworten könnten[6].

In Worms hatten die von dem Fronboten (pedellus) aus den vier Pfarrsprengeln der Stadt gewählten „Heimburgen" die Maße zu prüfen und ungerechte bei dem bischöflichen Kämmerer zu rügen[7]. In Soest bestraften die Bürger auf dem Rathause die unrechten Maße von Wein und Öl, die Burrichter in den Stadtbezirken die von Korn und Bier[8]. Dagegen gewährte das Privileg Friedrichs I 1182 dem Bischofe von Trient, daß Gewichte und Maße nicht von den Bürgern, sondern von dem Bischofe sollten geregelt werden[9].

In den neugegründeten Städten gehörte die Aufsicht über Maß und Gewicht zu den Befugnissen der bürgerlichen Obrigkeit, d. i. des

---

[1] Martene Coll. II S. 108: nisi pro his quae ad comitatum pertinent ... pro dolo et falsitate in mensuris et ponderibus manifesta.

[2] Waitz, Urkunden S. 18 § 9: mensuras quascunque faciat villicus et scabini absque comite.

[3] Stadtrecht Art. 56. 57.

[4] Bischofs- und Dienstmannenrecht von Basel, hg. von W. Wackernagel, § 3.

[5] Gaupp, Stadtrechte II S. 203 Art. 7 und 12.

[6] UB. von Halberstadt S. 3 ... et mensuram aequam faciant quae non sit abhominabilis apud Deum.

[7] Böhmer, Fontes II S. 212.

[8] Stadtrecht von Soest Art. 36 und 37 (Städtechron. XXIV Einl. S. 136).

[9] Stumpf 4335. Ughelli, Italia sacra V S. 600.

Rates. So in Freiburg im Breisgau und den mit dessen Stadtrecht begabten anderen Städten[1], sowie in der Neustadt Hamburg[2].

In allen diesen Fällen ist das in Rede stehende Recht als Ausfluß der öffentlichen Gewalt anzusehen. Nicht so in den Privatgrundherrschaften und den von ihnen abhängigen Landgemeinden. Bei den Naturalabgaben der Zinsleute und Hörigen kam es wesentlich auf die Maße und Gewichte an. Die Grundherrschaft und die Hofgenossenschaft mußten sich darüber verständigen und es bildete sich ein Herkommen nach Hofrecht aus; war so eine beständige Norm gegeben, so konnte der Grundherr die Aufsicht über Maß und Gewicht und das Gericht darüber der Hof- oder Dorfgemeinde überlassen. Beispiele von dieser Gewohnheit geben die Weistümer[3]. Daher stellte der Sachsenspiegel (II 13. 3) es als Regel auf, daß dem Bauermeister das Gericht über unrechte Wage und falschen Verkauf zustehe.

Die Gerichtshoheit.

Die Verleihung der Gerichtshoheit war der letzte Schritt zur Vollendung der Stadt- und Territorialherrschaft, welche die Kirchenregenten, Bischöfe und Reichsäbte, anstrebten. Die Immunität hatte ihnen die Befreiung vom Eintritt der öffentlichen Richter und Beamten auf ihren Gütern und die Gerichtsbarkeit über ihre Gutsangehörigen gewährt; durch die Verleihung des Marktes, der Münze und des Zolls war die Verwaltung und Nutzung dieser Regalien in ihre Hände gelegt, es blieb noch übrig die öffentliche Gerichtsgewalt, die das eigentliche Wesen der Herrschaft ausmacht. Judicare heißt im Mittelalter nicht bloß richten und Gericht halten, auch verwalten und regieren[4].

---

[1] Stadtrecht von Freiburg i. B. Art. 38: Omnis mensura vini, frumenti et omne pondus auri et argenti in potestate consulum erit.

[2] Hamburg. UB. (Lappenberg) I S. 253, Friedrichs I Freibrief J. 1189.

[3] J. Grimm, Weistümer I S. 622: Ober-Hammerstein (bei Andernach): Item alle gewicht und maßen hat die gemeinde Oberhammerstein zu besehen. Niederhammerstein S. 623: Item uf den forsttag erkennet man auch u. gn. heren maß und gewicht, sofern u. gn. h. die darstellt, sonst hat die gemeindt die maß und gewicht. Schwelm in der Grafschaft Mark III S. 28: Item be buimester soll licken (gleich machen) alle maten, scheppel, verdel, becker und ellen, vort alle gewichte, und sall die brennen mit dem gewontlicken teken.

[4] S. meinen Aufsatz: Lateinische Wörter und deutsche Begriffe, im Neuen Archiv f. d. Geschichtskunde XVIII S. 221.

Man bezeichnet gewöhnlich diesen letzten Abschluß der Hoheitsrechte mit dem neu erfundenen Kunstausdruck „Exemption". Das ist jedoch nicht der richtige Begriff der Sache. Eine Exemption von der öffentlichen Gewalt war die Immunität. Das neue was hinzukam, war die Übertragung der öffentlichen Gewalt an Bischöfe und Äbte, so daß nun diese selbst an die Stelle der Grafen traten. Es entstanden geistliche Grafschaften.

Den Zeitgenossen erschien diese Neuerung nicht so wichtig wie nach unserer Auffassung. Sie sahen darin nur die Immunität. Daher ließ man es meist nur bei dem Wortlaut der früheren Immunitätsbriefe bewenden, die man sich fort und fort bestätigen ließ, ohne etwas anderes hinzuzufügen. Dem Stifte S. Moritz in Magdeburg hatte schon Otto I 965 den Bann in der Stadt verliehen[1], was Otto II aufs neue bestätigte[2]. Dennoch gebrauchen die späteren Privilegien Ottos III 985, Konrads II 1025, Heinrichs III 1040 nur die hergebrachte Formel der Immunität[3]. Otto I bewilligte dem Erzbischof Adaldag 937 die Gerichtsbarkeit über die Angehörigen der Kirche in Bremen sowie in anderen Kirchen der Diöcese[4], und später 965 den Bann, den Zoll und die Münze[5]; die Privilegien Ottos II, Ottos III und der nachfolgenden Kaiser bis auf Friedrich I 1158 herab wiederholen immer nur jenes erste Privileg Ottos I von 937[6].

Die Geschichtschreiber gebrauchen für die Gerichtsgewalt der Kirchenregenten keinen andern Ausdruck als Immunität. Adam von Bremen rühmt den Erzbischof Adelbag, daß er seine Kirche durch den König habe befreien und gleichwie andere (Bischofs-) Städte mit der Immunität beschenken lassen[7].

Durch die Übertragung der öffentlichen Gerichtsbarkeit wurde die alte Immunität keineswegs, wie man gemeint hat, beseitigt[8]. Eine zweifache Jurisdiction, die öffentliche und die der Immunität

---

[1] S. vorher S. 59.
[2] J. 973 DD. II S. 38; J. 979 S. 225.
[3] DD. II. S. 406. Stumpf 1874 und 2198.
[4] DD. I S. 98.
[5] Ebend. S. 422.
[6] Vgl. Bremisches UB. I Nr. 12—16 und 48.
[7] Gesta II c. 2: Adaldagus ... Bremam praecepto regis absolvi et instar reliquarum urbium immunitate simulque libertate fecit donari.
[8] So nach Arnold Heusler, Ursprung S. 45, dem schon v. Below, Zur Entstehung der d. Stadtverf. Aufsatz 1 S. 235, widersprochen hat.

waren in eine Hand gelegt, aber beide Gerichte wurden nicht mit
einander vereinigt. Wir werden sehen, wie die Bischöfe und Äbte
ihr Immunitätsgericht auch gegenüber den von ihnen selbst bestellten
öffentlichen Richtern, Vögten und Burggrafen, nachdrücklich wahrten
und behaupteten[1].

Die Gerichtshoheit oder die Grafschaft — beides ist wesentlich
dasselbe — wurde den Kirchenregenten zunächst nur in einem eng
begrenzten Gebiet verliehen, in der Stadt ihres Sitzes und deren
Umgebung. Denn daran war ihnen am meisten gelegen, daß an
ihrem Wohnort keine fremde Gewalt Macht haben sollte.

Wie bereits erwähnt, verlieh Otto I seiner Stiftung, dem Kloster
S. Moritz 965 königlichen und kaiserlichen Bann in der Stadt Magde=
burg[2]. Es ist dies wohl das früheste Beispiel von Verleihung der
öffentlichen Gerichtshoheit an eine Kirche. Denn das Wort bannus
bedeutet hier eben dies, wie aus den erklärenden Worten der Ur=
kunde hervorgeht, daß alle in der Stadt wohnenden Juden und
Kaufleute keiner andern Gerichtsgewalt unterworfen sein sollen als
allein der des Vorstehers der Kirche oder seines mit Zustimmung
des Kaisers ernannten Vogtes. In den Bestätigungsurkunden Ottos II
von 973 und 979 wurde das Gebiet des erzbischöflichen Bannes
über die Stadt hinaus auf deren Umgebung ausgedehnt und die
Wahl des Vogtes dem Erzbischof frei gegeben[3].

Der Kirche von Speier verlieh Otto I 969 die Gerichtbarkeit
in der Stadt und außerhalb der Mauern in der Villa und Mark:
kein andrer als allein der Vogt der Kirchenfamilie soll dort öffent=
liche Gerichte halten[4].

Ebenso heißt es im Privileg Ottos II für Straßburg 982:

---

[1] Hier vorläufig nur ein Beispiel. Urk. Heinrichs IV J. 1101 für Speier
(UB. Nr. 13): ut si forte vel urbis prefectus vel tribunus vel alius aliquis
edes vel curtem alicujus fratris (Kanonikers) vel violenter irruperit vel aliquem ibi ceperit ... secundum legem immunitatis episcopo sexcentis
solidis cum episcopali triplici banno emendet. Der Bischof von Speier be=
saß durch Privileg Ottos I J. 969 die volle Gerichtsbarkeit in der Stadt und
Umgebung, dennoch wird gegenüber den ihm untergebenen Stadtrichtern die
Immunität der Kirche durch die schärfsten Strafen geschützt. Vgl. weiterhin
Toul, Straßburg, Basel, Augsburg.

[2] DD. I S. 415: bannum nostre regiae et imperatoriae dignitatis in
urbe Magadeburg.

[3] DD. II S. 38 und 225.

[4] DD. I S. 520: in civitate Spira vel Nemeta vocata aut foris murum
ejusdem civitatis, id est in villa Spira et marca, quae eidem urbi adjacens
est, nullus (judex) publicus placitus (lies: -tum) presumat habere.

Erstes Kapitel. Die Stadtherrschaft.

kein andrer als der von dem Bischof erwählte Vogt soll in der Stadt und Vorstadt Gericht halten und Gerichtsgewalt haben[1]. Und in dem Ottos II für Worms 979: fortan sollen alle Einkünfte aus Bann und Zöllen in der Stadt und dem umliegenden Gebiet ganz an die Kirche fallen, gleichwie die Kirchenvorsteher von Mainz und Köln sie mit vollem Rechte besitzen, und kein anderer Richter soll in der Stadt Gewalt haben, als allein der Vogt, den der Bischof ernennt[2], was Otto III 985 mit gleichem Wortlaut bestätigte[3].

Die Stadtherrschaft der Bischöfe wird hier schon als Regel aufgestellt. Doch war sie keineswegs überall eingeführt. Otto I bewilligte der Kirche von Trier 947 nur die gewöhnliche Immunität mit der Gerichtsbarkeit über die Kirchenfamilie. Es soll dem Grafen gefallen, sagt die Urkunde, daß der Vogt der Kirche deren Familie sowohl in privaten wie öffentlichen Angelegenheiten Recht erteile oder von ihr fordere an den Gerichtsstätten der Grafschaft, denn dem Erzbischof allein steht die Gewalt über die Kirchenfamilie zu[4].

Der Kirche von Chur schenkte Otto I 958 die Hälfte der Stadt mit dem Bann und den Abgaben der zinspflichtigen und freien Leute auf dem Lande und im J. 960 auch den königlichen Hof, den bisher der Graf zu Lehen hatte[5]. Daraus entstand ein sonderbares Zwitterverhältnis zwischen dem Bischof und dem Grafen von Chur, dem nachher Otto III 988 dadurch ein Ende machte, daß er der

---

[1] DD. II S. 311: intra praefatam Argentinam civitatem ... vel in suburbio ipsius civitatis aliquod placitum vel districtum habere praesumat, nisi ille quem ejusdem civitatis episcopus sibi advocatum elegerit.

[2] DD. II S. 226: nullaque judiciaria persona in predicta civitate ullam deinceps exerceat potestatem praeter ipsam, quam pastoralis dignitatis sollertia prefecerit advocatum.

[3] DD. II S. 408.

[4] DD. I S. 168. Hiernach ist der im Privileg Zwentibalds, Königs von Lothringen, vom J. 896 enthaltenen Aussage: es sei aus dem Bistum Trier eine Grafschaft gemacht worden (Mittelrhein. UB. I S. 209: quia comitatum de eo factum esse dinoscitur) nicht zu glauben oder es ist nicht dabei geblieben. Ebenso wenig ist in Urkunde Ludwigs des Kindes J. 902 (Mittelrhein. UB. I S. 214), worin er der Kirche von Trier Münze, Zoll und andere Einkünfte der Grafschaft bewilligt, der Angabe Glauben zu schenken, daß diese Regalien schon früher der Kirche gehört hätten, aber zur Zeit Wiomads ihr seien entzogen und der Grafschaft zugewendet worden. Waitz IV² S. 157 und nach ihm Schoop, Verf. Gesch. von Trier (Westd. Zsch. Ergänzungsheft) S. 77 denken an die Säcularisation Karl Martells, doch wurde Wiomad erst 753 Erzbischof von Trier, zwölf Jahre nach Karl Martells Tode.

[5] DD. I S. 272 und 287.

Kirche von Chur die ganze Stadt mit Zoll, Münze und Bann schenkte[1].

Die kaiserlichen Privilegien für die Bischöfe hielten sich unter Otto I und Otto II ungefähr auf gleicher Linie in Deutschland wie in Italien. Den deutschen Bischöfen wurde die Gerichtshoheit verliehen in der Stadt und deren Umgebung ohne genaue Abgrenzung; in den italienischen Urkunden wird der Umkreis, wo die bischöfliche Hoheit und Gewalt gelten soll — districtus et omnis publica functio ist hier der Ausdruck — nach Miglienzahl (eine Miglie gleich einer römischen Meile ungefähr $1^1/_2$ km) bestimmt, so in Asti zu zwei, dann vier Miglien[2], in Novara zu 24 Stabien gleich drei Miglien[3], in Cremona zu 5[4], in Lodi zu 7 Miglien[5].

Otto III ging weiter in Deutschland und noch weiter in Italien. Der Kirche von Lüttich, die bereits Münze, Zoll, Einkünfte und volle Gerichtsbarkeit auf ihren Besitzungen zu Lüttich, Huy, Namur, Dinant besaß, schenkte er 983 noch alle übrigen königlichen Rechte in der Grafschaft Huy[6]. Der Kirche von Passau gewährte er 993 Befreiung von allen Leistungen an Herzöge und andere Machthaber[7] und 999 in der Stadt Münze, Zoll und Gerichtsbarkeit, alle öffentlichen dem Kaiser gehörenden Rechte[8]. Der Kirche von Paderborn verlieh er 1001 die Grafschaft in fünf Gaubezirken zum Entgelt für die dem Kloster Corvey schuldigen Zehnten[9].

Italienische Bistümer wurden in Stadtgrafschaften und Fürstentümer, die mehrere Grafschaften umfaßten, umgewandelt, so Vercelli im J. 999, Vicenza 1001[10].

Wie gestaltete sich nun in Deutschland das Verhältnis zwischen den Bischöfen, auf die die Gerichtshoheit in ihren Städten übertragen

---

[1] DD. II S. 449.
[2] DD. I S. 354 und 513.
[3] DD. I S. 565.
[4] DD. I S. 582.
[5] DD. II S. 298: omne publicum districtum ipsius civitatis, vectigalia, teloneum tam intra ipsam civitatem quam extra in suburbio ejusdem civitatis ad septem miliaria in circuitu.
[6] DD. II S. 413. Noch andere Schenkungen fügte er später hinzu, ebend. S. 445.
[7] DD. II S. 527.
[8] Ebend. S. 733: omnem publicam rem hactenus nobis in eadem civitate Bataviensi pertinenti (l. pertinentem) habeat.
[9] Ebend. S. 817.
[10] Ebend. S. 752. 839.

Erstes Kapitel. Die Stadtherrschaft. 75

wurde und den Grafen, die sie bisher besessen hatten? Ließen sich die Grafen so ohne weiteres durch eine bloße kaiserliche Urkunde aus dem althergebrachten, zum Teil erblich gewordenen Besitz verdrängen? Mit nichten! Es gab harte Konflikte und schwierige Auseinandersetzungen, bei denen entweder die kaiserliche Entscheidung angerufen wurde oder allein die Macht entschied. Einige Beispiele werden dies darthun.

Nach den erwähnten Privilegien Ottos II und Ottos III für die Kirche von Worms sollte man meinen, daß in Worms von vorbehaltenen Grafenrechten nicht mehr die Rede sein könne. Dennoch waren Grafen da und die Gewaltthätigkeiten, die sie begingen, veranlaßten Heinrich II im J. 1014 eine Entscheidung über die Gerichtsbarkeit zu treffen.[1] Er bestimmte, daß der bischöfliche Vogt über die Familie der Kirche auch in Kriminalsachen richten, bei Streitigkeiten der Kirchenleute mit andern Personen aber sie bei dem Grafen vertreten solle. Dies kommt, wie man sieht, ganz auf die alte Immunität zurück. Und weiter bestimmte der Kaiser: bei Diebstahl sollen auch die Kirchenleute dem öffentlichen Gericht unterstehen, wo der Graf nach dem Urteil der Schöffen und dem Zeugeneid freier Leute richtet[2]. Endlich wird noch die Beschwerde der Kirchenleute, daß der Graf von ihnen bei leichten wie schweren Vergehen den 60 Schillingbann forderte, abgestellt; der Kaiser erklärt dies für ungerecht und unvernünftig und verbietet den 60 Schillingbann, außer in den öffentlichen Städten. Was heißt das, nisi in civitatibus publicis? Civitas publica ist gleichbedeutend mit civitas regia[3]. Es scheint also ein Unterschied gemacht zwischen den königlichen und andern Städten, nämlich den bischöflichen, wie Worms[4]. Doch die Beschwerde war eine gemeinsame des Bischofs von Worms und der andern Bischöfe und Äbte der rheinischen Kirchenprovinz[5] und bezog sich auf die Grafengerichte überhaupt und die Anwendung des 60 Schillingbanns in diesen; hierauf erfolgte die königliche Entscheidung:

---

[1] UB. von Worms I S. 32.

[2] Comites autem nullam penitus habeant potestatem super familiam, nisi in legali placito cum judicio scabinorum et juramento liberorum hominum aliquis in ea fur esse convincatur.

[3] Vgl. oben S. 19.

[4] So habe ich dies früher verstanden, womit Waitz (Bd. VII S. 376) sich einverstanden erklärte.

[5] Burchardus episcopus communi lamentatione pontificum et abbatum ejusdem provinciae.

der Königsbann soll nur stattfinden in den Städten, das heißt nicht auf dem Lande, weil der Stadtfriede als der höhere galt[1]. Und hiermit stimmt überein, daß in dem Dienstrechte des Bischofs Burchard von Worms, von dem später die Rede sein wird, in der That der 60 Schillingbann wiederholt vorkommt[2].

Zu einer Auseinandersetzung über die Grafenrechte kam es in Toul. Schon Heinrich I hatte im J. 927 der Kirche von Toul die Einkünfte der Grafschaft aus den Zöllen des Wochen- und Jahrmarktes bewilligt[3], und später gestaltete sich das Verhältnis so, daß der Stadtgraf in die Abhängigkeit von dem Bischof geriet. In welchem Maße dies der Fall war, zeigt das Weistum über die Grafenrechte, das Bischof Udo im J. 1069 auf Grund des Herkommens nach den eidlichen Aussagen der angesehensten Personen aufschreiben ließ[4]. Die Veranlassung dazu gab die Absetzung des Stadtgrafen Arnulf, dem die Bedrückung der geringen Kirchenleute zum Vorwurf gemacht wurde. Das Weistum stellte die Bedingungen fest, unter denen der Bischof dem nachfolgenden Grafen Friedrich die Stadtgrafschaft verlieh[5]. Hiernach hat der Graf keine Gerichtsgewalt in der Stadt und ihrer Umgebung; dagegen hält er in der Villa die jährlichen drei Dinge als Vicedominus, doch sind diesem Gerichte die Dienstleute und Pfründenbesitzer des Bischofs und der geistlichen Stifter nicht untergeben[6]. Von den Bußen bei Straffällen erhält der Graf ein Drittel, während zwei Drittel dem Bischof gehören (Art. 3 und 7). Der Graf hat die Aufsicht über die Weinberge, die öffentlichen Straßen und die Thorwache (7 und 11) und bezieht gewisse Abgaben von den Kirchenleuten in den sieben alten Bezirken, die zur Küche des Bischofs gehören[7]. So haben sich auch

---

[1] So Heusler, Ursprung S. 120 f. und Keutgen, Untersuchungen S. 58 f. Auffallend bleibt dabei nur das überflüssige Prädikat in publicis; um den Gegensatz von Stadt und Land zu betonen, sollte man nisi in ipsis civitatibus erwarten.

[2] Leges et statuta familiae s. Petri c. 27. 28.

[3] DD. I. S. 52.

[4] Waitz, Urkunden der d. VG. 2. Aufl. S. 15.

[5] Am Schluß: Hac igitur conditione Friderico comiti, qui loco superius dicti Arnulphi est subrogatus, comitatum dedimus.

[6] Dies ist ein anderes Beispiel von der Bewahrung der kirchlichen Immunität auch unter der Gerichtshoheit des Bischofs. Art. 5: ad quae placita non venient milites nec prebendarii episcopi et congregationum s. Stephani etc.

[7] Art. 8 und 12: in VII antiquis potestatibus quae pertinent ad coquinam episcopi.

hier noch einzelne Reste der Grafschaft erhalten, obwohl der Bischof die Stadtherrschaft besaß.

Nachdem durch die Ottonischen Privilegien die öffentliche Gerichtsgewalt auf die Bischöfe übertragen war, wie übten diese sie in ihren Städten? Die Antwort lautet ganz einfach in dem kaiserlichen Privilegien: es soll kein Herzog, Graf oder andere richterliche Gewalt in den Städten und deren Umgebung sein als allein der Vogt, den der Bischof ernennt. Also insoweit nicht der Bischof selbst die Gerichtsgewalt ausübte oder bei dem Blutbann nicht ausüben konnte, war sein Vogt der oberste weltliche Richter. Nun aber finden sich seit dem 11. und 12. Jh. in einer Reihe von Bischofsstädten Burggrafen statt der bischöflichen Vögte, in anderen aber nicht. Woher kamen diese und was hatten sie zu bedeuten? Hierüber gibt es verschiedene Meinungen und Hypothesen. Einige halten die Burggrafschaft für eine neue Institution, die aus politischer Absicht in der sächsischen, ja vielleicht schon in der karolingischen Zeit eingeführt worden sei[1]. Doch abgesehen davon, daß diese Hypothese jedes historischen Beweises ermangelt, ist zu fragen: was hätten die Kaiser mit der Einsetzung von Burggrafen in den Bischofsstädten bezweckt? Das Wesen eines Reichsamtes zu bewahren, indem ihm der Kaiser den Blutbann verlieh[2]? Allein dazu bedurfte es keines neuen Amtes; das einfachste und natürlichste war, dem Vogte des Bischofs den Blutbann zu leihen, wie es wirklich in Straßburg geschah. Oder war es der Zweck, die altfreien Gemeinden vor weiteren Bedrückungen sicher zu stellen[3]? oder, vorsichtiger ausgedrückt, weil die altfreien Gemeinden selbst problematisch sind, die freien Immunitätsleute nicht in hofrechtliche Hörigkeit fallen zu lassen[4]? Allein über die Immunitätsleute hatten weder Grafen noch Burggrafen eine Gewalt.

Der Titel Burggraf bedeutet ursprünglich den Befehlshaber einer Burg. Die Stadt ist eine Burg im Sinne des Mittelalters: die lateinischen Ausdrücke praefectus urbis, urbanus comes, burgi-

---

[1] So Arnold, Gfrörer (Gregor VII Bd. VII S. 259) und Nitzsch, der die Burggrafen für Stadtkommandanten erklärt (Ministerialität und Bürgertum S. 207 ff.).

[2] So Heusler, Ursprung S. 80.

[3] So Arnold I S. 125 f.

[4] So Heusler, Ursprung S. 49.

comes, burcgravius bedeuten ein und dasselbe[1]. Die Dichter des Mittelalters denken sich überall Burggrafen als Herren von Burgen und Städten, und Bürger als Einwohner; auch der römische Kaiser wird in der Kaiserchronik Burggraf der Römer genannt[2].

Die Burggrafen in den Bischofsstädten waren aber nicht bloß Stadtkommandanten, sondern Grafen. In ihnen setzte sich das alte Grafenamt fort, sei es unmittelbar oder durch neue Einsetzung; in beiden Fällen war es ein neues Amt, verschieden von dem alten Grafenamt darin, daß es der bischöflichen Hoheit untergeben war: von dem Bischof wurde der Burggraf eingesetzt und unter Umständen auch abgesetzt[3].

Doch nicht überall in den Bischofsstädten hatte das Burggrafenamt die Bedeutung als Grafenamt. Wo der bischöfliche Vogt mit der öffentlichen Gerichtsgewalt betraut war, wie in Straßburg, war für den Burggrafen kein Raum mehr, und wenn es doch daneben ein Amt gab, das diesen Titel führte, so war es ein anderes, und umgekehrt, wenn ein Burggraf das hohe Gericht verwaltete und neben ihm ein Vogt der zweite Stadtrichter war, wie in Köln, so war dessen Amt ein anderes.

Der Grund, weshalb in manchen Bischofsstädten Burggrafen mit Grafenrechten vorkommen, in anderen aber fehlen, kann nur in äußeren Umständen gelegen haben, wenn nämlich das Grafenamt sich in solchem Ansehen erhalten hatte, daß die Bischöfe es nicht beseitigen, einem mächtigen Edelgeschlecht nicht entziehen konnten, oder wenn sie es wiederherstellten, weil sie eines starken Armes gegenüber ihren Vassallen und Ministerialen bedurften; immer behielten sie sich das Ernennungsrecht vor.

Sehr verschieden hat sich hiernach die Organisation der Gerichte in den Bischofsstädten gestaltet. Dies soll hier bei einer Anzahl von diesen näher dargelegt werden, um teils das gemeinsame, teils das andersartige der Richterämter erkennen zu lassen.

Die Metropolitanbischöfe von Mainz und Köln übertrafen durch Würde, Ansehen und Einfluß auf die Reichsregierung alle anderen

---

[1] Citate bei Waitz VII S. 41 Note.

[2] Denkmäler von Müllenhoff und Scherer (3. Ausg. von Steinmeyer S. 137); Judith 6. Str.: „Do sprach der burcgravi." Kaiserchronik (hg. von E. Schröder) V. 6345: „Valerianen, der was Romaere burcgrave"; V. 7710: „si sageten groziu niumaere, daz Kapua besezzen waere, Milius der burcgrave."

[3] Beispiele nachher.

Bischöfe Deutschlands. Es gibt kein kaiserliches Privileg, wodurch ihnen die weltlichen Hoheitsrechte wären übertragen worden, auch hat sich keiner von beiden jemals auf ein solches berufen; sie waren anerkanntermaßen die Herren in ihren Bischofssitzen. In den Privilegien, worin Otto II und Otto III dem Bischof von Worms alle Hoheitsrechte in seiner Stadt übertrugen, ist ausdrücklich Bezug genommen auf das Vorbild von Köln und Mainz[1]. Dennoch hat es in beiden erzbischöflichen Städten selbständige Burggrafen oder Stadtpräfekten gegeben. Sehen wir zuerst Köln!

Einst hatte Bruno, der Bruder Ottos I, das Erzbistum Köln und das Herzogtum Lothringen in seiner Hand vereinigt. Eine von ihm unabhängige Grafengewalt konnte es in Köln nicht geben. Dem entspricht die Behauptung des Erzbischofs Konrad von Hochstaden, als er im J. 1258 mit den Bürgern seiner Stadt in Streit geriet[2]: er sei der oberste Richter sowohl in weltlichen wie in geistlichen Sachen und niemand dürfe in seiner Stadt Gerichtsbarkeit ausüben, er habe sie denn von ihm[3]. Die von beiden Seiten bestellten Schiedsrichter nahmen das zwar nicht in Abrede, bemerkten aber dazu, es gebe doch unter dem Erzbischof von ihm bestellte Richter sowohl in geistlichen wie in weltlichen Sachen[4].

Die obersten weltlichen Richter in Stadt und Land waren der Burggraf und der Vogt. Über deren Competenzen handelt ein Weistum vom J. 1169[5], das zwar in der vorliegenden Fassung unecht ist, dessen regulative Bestimmungen jedoch zu keinem Bedenken Anlaß geben[6].

Hiernach hat der Burggraf gemeinschaftlich mit dem Erzbischof den Gerichtsbann vom Reiche erhalten[7]. Er allein führt den Vorsitz in den drei ungebotenen Dingen des Grafengerichts, das Wizzigbing heißt; er prüft die Schöffenwahlen und setzt die Gewählten ein; er hat das Recht der Räumung, d. i. die Vorbauten der Häuser in den Straßen zu brechen; ihm steht das Judengeleit zu; er besitzt

---

[1] S. vorher S. 73.
[2] Meine Verf. Gesch. von Köln in Städtechron. XII Einleitung S. 41.
[3] Quellen zur Gesch. der Stadt Köln II S. 381 Art. 2.
[4] Sunt tamen tam in temporalibus sub ipso et ab ipso judices jurisdictiones habentes.
[5] Quellen I S. 554.
[6] S. meine Verf. Gesch. in Städtechron. XIV Einl. S. 31 f.
[7] Dies anerkennt der Erzbischof im Weistum, Qu. I S. 556: Item continebatur in eodem privilegio, quod una nobiscum bannum judicii ab imperio tenet.

das Burgthor der Stadt als Erblehen von der Kirche. Der Vogt ist der erzbischöfliche Richter; er hat den Bann von dem Erzbischof und ist der erste seiner Ministerialen; er führt den Vorsitz gemeinschaftlich mit dem Burggrafen im Gericht auf dem Bischofshofe und teilt mit ihm die Gefälle[1]; er verwaltet die bischöflichen Gutshöfe und setzt die Meier ein, während der Kämmerer die Erträge aus Zoll und Münze erhebt.

Beide, Burggraf und Vogt, haben ihre Vikare, der Burggraf den Untergrafen (subcomes), der Vogt den Untervogt (subadvocatus), die sie regelmäßig in ihren Ämtern vertreten, und daher auch selbst Graf und Vogt genannt werden[2].

Burggrafen von Köln kommen urkundlich seit dem 11. Jahrhundert vor[3]. Später war das Amt erblich bei den edlen Herren von Arberg, Vassallen des Erzbischofs; im J. 1279 verkaufte der letzte von diesem Geschlecht seine Rechte an Erzbischof Sigfrid[4].

Auch die Vogtei war erblich, seitdem Erzbischof Philipp 1169 den Ritter Gerhard von Eppendorf und dessen Nachkommen in sie eingesetzt hatte; sie kam später nicht wieder an den Erzbischof zurück, sondern der Edelvogt war ein Bürger und Diener der Stadt[5].

In Mainz wird zuerst ein Graf Erkenbald als Stadtpräfekt unter Erzbischof Bardo (1031—1051) genannt[6]. Was ein solcher vermochte, zeigt die Lebensbeschreibung Bardos von seinem Kaplan Vulculd[7]. Nach dessen Erzählung war Erkenbald ein sehr unwürdiger Stadtpräfekt; er ließ einen von den Stadtrichtern (ex judicibus civitatis) mit Ruten auspeitschen, verklagte den Schultheiß (tribunum plebis), gegen den er nichts ausrichten konnte, bei dem Kaiser, worauf der hochbejahrte Mann sich der Wasserprobe unterziehen mußte, erwirkte gegen einen Bürger den kaiserlichen Befehl, ihn in Ketten zu legen u. s. w.; selbst den Diener Gottes Bardo, seinen Herrn, besudelte er mit dem Gifte seiner Verleumdung.

---

[1] A. a O.: quod dictus burgravius et advocatus questum judicii, quod situm est in curia nostra episcopali, excepto questu wizzeht dinc et hereditatum, quod specialiter ad burgravium et suos successores spectare dinoscitur.

[2] Städtechron. XIV Einl. S. 39.

[3] Ebend. XII Einl. S. 23 Anm. 5.

[4] Ebend. XIV Einl. S. 36.

[5] Ebend. XIV Einl. S. 38.

[6] Vgl. meine Verf. Gesch. von Mainz, Städtechron. XVIII Abt 2 S. 20.

[7] Jaffé, Monum. Mog. S. 526.

Endlich verlor der sanftmütige Erzbischof die Geduld; er ließ dem Stadtpräfekten durch das Vasallengericht sein Lehen absprechen, worauf der Übermütige zu Kreuz kroch und seinem Herrn aufs neue die Treue gelobte. Die Stellung des Burggrafen ist in dieser Erzählung klar bezeichnet, auf der einen Seite die Selbständigkeit seines Gerichts unmittelbar unter dem Kaiser, auf der andern seine Abhängigkeit von dem Erzbischof durch das Vasallenverhältnis.

Wir kennen aus den Urkunden die Reihe der Burggrafen von Mainz vom 11. bis ins 13. Jahrhundert. Im 12. war das Amt erblich im Hause der Grafen von Rieneck und Looz oder Loon (bei Lüttich)[1]. Nach 1221 wird keiner von diesen mehr als Burggraf genannt. Zu Ende des Jahrhunderts führte ein niederer Gerichtsbeamter den leeren Titel des Burggrafen.

Als zweiter Stadtrichter erscheint der Schultheiß, scultetus, der auch villicus und centurio heißt, dessen wichtige Bedeutung sich dadurch bekundet, daß Urkunden auch mit seinem Namen, nach denen des Kaisers und des Stadtpräfekten, datiert sind[2]. Zu erwähnen sind außerdem der Waltpot d. i. Gewaltbote, der die Polizeigewalt übte, und der Stadtkämmerer, camerarius urbis, der Stellvertreter des Erzbischofs bei der Stadtregierung und im Stadtgericht[3].

Von der Auseinandersetzung über die Rechte des Grafen von Worms durch die Urkunde Heinrichs II 1014 war bereits die Rede[4]. Die Stellung des Grafen als des öffentlichen Richters ist darin ebenso bestimmt bezeichnet, wie die des Vogtes als des Immunitätsrichters. Als Graf von Worms wird mit Namen zuerst 1106 Werner genannt. Auf seinen und anderer angesehener Personen Antrag errichtete Bischof Adelbert eine Innung der Fischhändler[5]. Später kommt in Urkunden von 1144 bis 1166 Graf Simon von Zweibrücken als Burggraf von Worms und zugleich Vogt der Hauptkirche (advocatus majoris domus Wormatiensis ecclesiae) vor. Von da an gab es keinen Burggrafen mehr in Worms[6]. Den Titel

---

[1] S. meinen Aufsatz: Die Grafen von Rieneck und Looz in Forsch. zur d. Geschichte Bd. XIX S. 571 f.

[2] Böhmer-Will, Regesten, Urk. Adelberts I J. 1124: Arnoldo urbis prefecto, Ernesto sculteto. J. 1158: ... Dudone sculteto.

[3] Vgl. über diese meine Verf. Geschichte in Städtechron. XVIII 2 S. 30. 52 ff.

[4] S. vorher S. 75.

[5] UB. von Worms I S. 50.

[6] Arnold I S. 116.

„Greve" (comes) führte später ein untergeordneter Gerichtsbeamter, der die Hinrichtungen vollstreckte und die Verhaftung von Verbrechern vollzog. Der Schultheiß und zwei Amtmänner wurden jährlich in der Bürgerversammlung gewählt[1].

Das Dasein eines Stadtpräfekten in Speier ist seit Anfang des 12. Jahrhunderts urkundlich bezeugt. In der Urkunde des Bischofs Johann von 1104 für das Kloster Schwarzach erscheint der Stadtpräfekt Heinrich als Zeuge an der Spitze der freien Herren[2]. Später im Zeitraum von 1109—1164 werden zwei Grafen Ecbert als Stadtpräfekten (comes Spirensis, de Spira) und auch als Vögte der Kirche genannt[3].

In den Urkunden von Straßburg kommen im 11. Jh. noch Grafen vor. Eine Schenkungsurkunde vom J. 1039 ist von der Zeit des Königs Konrads II und seines Sohnes Heinrichs III und des Grafen Hugo datiert[4]. In einer andern von 1061 erscheinen unter den Zeugen zuerst der Vogt und nach ihm zwei Grafen[5]. Wie vordem von der Zeit des Grafen ist die Urkunde vom J. 1116 von der Zeit des Vogtes datiert[6]. Im Privileg Lothars III vom J. 1129, das den Bürgern den eigenen Gerichtsstand gewährte, finden sich die Richter und Beamten der Stadt unter den andern Zeugen beisammen: in der Reihe der Grafen der Stadtvogt (advocatus civitatis), unter den Ministerialen der Stadtpräfekt, der Schultheiß, der Vicedom, der Zöllner[7].

Von den Richterämtern der Stadt handelt das älteste Stadtrecht von Straßburg aus dem 12. Jh.[8] Der Vogt ist der oberste Richter. Er hat sein Amt von dem Bischof zu Lehen[9]; der Bischof setzt ihn ein mit Zustimmung der Kanoniker, der Ministerialen und Bürger (43). Die Teilnahme aller Stände an seiner Wahl beweist

---

[1] Böhmer Fontes II S. 213 und 214.

[2] Remling UB. I S. 66: Henricus urbis prefectus, Hartmannus aliique ingenui viri.

[3] Köhne, Stadtverf. in Worms, Speier und Mainz S. 181.

[4] UB. der Stadt Straßburg I S. 46: imperante Chuonrado secundo et filio ejus tercio Henrico, comite Hugone.

[5] UB. I S. 48: Heinrich advocatus, Eberhard comes, Cuono comes und andere unbetitelte Personen.

[6] Ebend. S. 57: Regnante Heinrico anno X regni sui, Cuonone episcopo, Friderico duce 'von Schwaben, Sigefrido advocato.

[7] Ebend. S. 61.

[8] UB. I S. 467 f.

[9] Art. 12: episcopus de quo tenet advocatiam.

Erstes Kapitel. Die Stadtherrschaft. 83

die hohe Stellung und Wichtigkeit des Amtes für Bistum und Stadt. Sie zeigt sich auch darin, daß er seine richterliche Gewalt, die „Rache des Schwertes", unmittelbar von dem Kaiser hat, der ihm den Blutbann leiht[1]. Von diesem Ursprung her stammen alle untergeordneten Gerichtsgewalten, die der Vogt den Ministerialbeamten des Bischofs, dem Schultheißen, dem Zöllner, dem Münzmeister leiht (12). Der Vikar des Vogtes vollzieht die körperlichen Strafen mit eigener Hand, wobei ihn der Stockwart (cipparius) unterstützt[2].

Wie der Vogt an die Stelle des Grafen getreten ist, nimmt der Schultheiß, scultetus, auch causidicus genannt, die des Centenars als Unterrichter des Grafen ein. Er richtet über Diebstahl, Frevel und Geldschuld. Zwei Richter, schlechthin judices genannt, die er bestellt, stehen ihm zur Seite[3].

Zu den Ministerialbeamten gehört auch der Burggraf; doch ist er nicht unter denen genannt, welchen der Vogt die Richtergewalt leiht. Zwar setzt er die Meister, die Vorsteher der meisten Handwerkerämter ein[4] und richtet über ihre Vergehen auf der bischöflichen Pfalz, aber weil ihm die zwingende Gewalt gebricht, bringt er die Ungehorsamen zum Bischof (45. 46). Außerdem sind sehr verschiedenartige Befugnisse und Pflichten mit seinem Amte verbunden: Erhebung von Handelsabgaben, Aufbewahrung der Münzproben (47. 48. 74), Unterhaltung der Brücken in der Altstadt (58), Bewachung der Stadtmauern und Wälle, Beseitigung von Überbauten in den Straßen (80. 81), Verpachtung der Mühlen mit Zustimmung der Bürger (84).

---

[1] Art. 11: Illam enim potestatem, quae spectat ad sanguinis effusionem ... ecclesiastica persona nec habere nec dare debet. Unde postquam episcopus advocatum posuerit, imperator ei bannum, id est gladii vindictam ... tribuit.

[2] Bemerkenswert ist die Härte der Strafen sowie die Art ihrer Execution Art. 19 und 23: Wenn einer gehängt werden soll, richtet der Stockwart den Galgen her, und bringt den Verurteilten auf die Leiter; der Vicar des Vogts knüpft ihm das Seil um den Hals und hängt ihn. Wenn einer zum Verlust der Hand verurteilt ist, hält der Stockwart die Barte (Axt) und der Vicar haut mit einem hölzernen Hammer die Hand ab. In anderen Fällen sticht der Vicar die Augen aus, schneidet die Hoden ab, schlägt das Haupt ab. Nur das Scheren und Schinden an Haut und Haar besorgt der Stockwart allein.

[3] Art. 8: Causidici jus est, duas sub se ordinare personas vicarias, quas judices appellare solet, adeo honestas, quod burgenses cum honore suo coram eis in judicio stare valeant.

[4] Art. 44: ad officium burcgravii pertinet ponere magistros omnium officiorum fere in urbe.

Wie ist diese sonderbare Vermengung verschiedenartiger Befugnisse und wie die Benennung des Amtes, das sie vereinigte, als Burggrafenamt zu erklären? Der Titel weist auf den Ursprung von dem alten Grafenamt zurück; nachdem aber die eigentliche Grafengewalt im hohen Gericht auf den Vogt des Bischofs übergegangen war, wurde alles was sonst noch zu den Verwaltungsbefugnissen des Grafen gehörte, davon abgezweigt und mit dem Burggrafentitel einem Ministerialbeamten zugeteilt.

Hervorzuheben ist noch der Unterschied von Hofrecht und öffentlichem Recht. Das auf der kirchlichen Immunität beruhende Hofrecht ist in Straßburg so wenig wie in andern Bischofsstädten aufgegangen im Stadtrecht. Der Schultheiß, heißt es im Art. 10, richtet nicht über die Ministerialen der Kirche und nicht über die Familie des Bischofs und dessen Beamten. Und an anderer Stelle (37 und 38): der Schultheiß hat Recht und Gericht nur in den Höfen der Domherren und Ministerialen, in denen sie selbst nicht wohnen und über die Diener der Geistlichen nur in Handelssachen, wenn sie Kaufleute sein wollen[1]. In der Regel also standen die Angehörigen der Kirche, die Ministerialen und Beamten des Bischofs unter dem Hofgericht, sei es des Bischofs selbst oder der Hofbeamten, des Vicedominus, des Marschalls, des Truchseß, des Schenks, des Kämmerers, von denen jeder mit seinen Dienern die ihm zugewiesenen Verrichtungen des bischöflichen Hof- und Haushalts besorgte[2].

Die Vogtei von Straßburg war erblich in verschiedenen Adelsgeschlechtern, die sie als Lehen des Bischofs besaßen. Im Zeitraum von 1016—1219 kehren die Vornamen Heinrich und Anselm abwechselnd wieder, die schon ein unbenanntes Geschlecht vermuten lassen[3]. Seit Mitte des 13. Jh. waren die Herren von Lichtenberg bis zum Aussterben ihres Hauses (1480) die Erbvögte[4].

Mit der Gerichtsverfassung von Straßburg zeigt sich nahe verwandt die von Basel. Das um J. 1260 geschriebene bischöfliche

---

[1] Art. 38: scilicet in causis pertinentibus ad mercaturam, si volunt esse mercatores.

[2] Als necessarii et cotidiani ministri episcopi sind diese bezeichnet Art. 111.

[3] Kruse, Verf. Gesch. der Stadt Straßburg, Westd. Zsch. Ergänzungsheft I S. 14.

[4] In Urk. vom J. 1249 gelobten Ludwig von Lichtenberg, advocatus Argentinensis, und seine Söhne, die Vogtei mit allen ihren Besitzungen und Rechten niemals zu veräußern. Straßb. UB. 1 S. 249.

Dienstmannenrecht[1] beginnt, fast gleichlautend mit dem Straßburger Stadtrecht, mit den Worten: „Dies ist das Recht des Bischofs Twinch[2], alle Gerichte sind sein und derer, die sie von ihm haben." Und weiter: „der Schultheiß richtet um Schuld, Geld, Unrecht und andere Sachen; der Vogt um Diebstahl und Frevel, und die Bußen gehören nach altem Recht zu zwei Teilen dem Bischof und zu einem Drittel dem Vogte." Zuletzt ist gesagt: „der Bischof richtet über alle Sachen, über die er richten will oder die man an ihn bringt, geht es aber an die blutige Hand, so läßt er den Vogt darüber richten" (Art. 14).

Von den Rechten des Vogtes besonders handelt eine Urkunde des Bischofs Heinrichs von Horburg[3]: Bischof und Vogt sitzen zusammen zu Gericht; ist aber der Vogt nicht anwesend, so richtet der Bischof allein über alles. Der Vogt empfängt ein Drittel nicht bloß von den Bußen, auch von den Steuern, die der Bischof fordert.

Vögte von Basel waren im 12. Jh. die Grafen von Homberg; der letzte, Werner mit Namen, kommt 1184 vor. Später gab es nur Ministerialenvögte[4]. Der Schultheiß findet sich in Urkunden des 12. Jh. mit andern Ministerialen unter den Zeugen angeführt[5].

Die Gerichtsverfassung von Augsburg ist aus dem Stadtrecht zu entnehmen, das Kaiser Friedrich I 1156 bestätigte[6]. Hiernach steht dem Bischof die Gerichtshoheit zu. Alle Friedensstörungen werden ihm mit Geld oder Haut und Haar gebüßt. Ausgenommen von den Bußen, die ihm zufallen, sind die für Frevel und Ungericht und die Vergehen, auf denen Tod oder Gliedverstümmelung steht[7]. Das sind eben die Vergehen, über welche der Vogt an den drei ordentlichen Dingen des Jahres, die er in der Stadt hält, zu richten hat[8]; sonst soll er in der Stadt nur richten, wenn er dazu gerufen wird.

[1] Hg. von W. Wackernagel 1853, der die Abfassungszeit zwischen 1260 bis 1262 setzt.

[2] Twing = districtio, Bann.

[3] UB. der Stadt Basel (von R. Wackernagel und Thomann) Nr. 55. Heusler setzt sie in die Zeit zwischen 1180—1190.

[4] A. Heusler, Verf. Geschichte der Stadt Basel S. 54 f.

[5] Zeugen de familia Basiliensis ecclesiae in Urk. K. Konrads vom J. 1141. Trouillat I S. 284.

[6] Monum. Bo. XXIX S. 327, wonach der Abdruck bei Gaupp II S. 199. S. später über die Beschaffenheit der Urkunde im Kapitel: Stadtrechte.

[7] Art. III § 13: excepta temeritate et injusticia et his etiam exceptis, qui morte plectendi sunt vel truncandi.

[8] Art. V § 1 und 2: Ad justiciam advocati pertinet temeritas, injusticia,

Daneben besteht das Gericht des Stadtpräfekten, von dem nichts weiter gesagt ist, als daß er täglich zu Gericht sitzen und nach dem Rechte der Bürger richten soll[1]. Da über Friedensstörungen der Bischof, über Frevel der Vogt zu richten hatten, so war das tägliche Gericht des Stadtpräfekten auf Civilsachen und geringe Vergehen beschränkt. Er steht hierin dem Schultheiß von Straßburg gleich, aber auch dem Burggrafen von Straßburg ist er darin verwandt, daß er die Aufsicht über die Gewerbe führt, welche Lebensmittel bereiten oder mit ihnen handeln, Bäcker, Metzger, Schenkwirte, Wurstmacher, von denen er gewisse Einkünfte bezieht[2]. Vogt und Stadtpräfekt sind der bischöflichen Hoheit untergeben. Wenn allgemeine Klage über sie geführt wird, wird der Bischof ihnen die Gewalt entziehen[3]. Das Recht der Absetzung setzt auch das der Ernennung durch den Bischof voraus[4].

Die Vogtei von Augsburg war erblich bei den Grafen von Schwabeck. Als der letzte von diesen, Adalgoz, im J. 1168 starb, zog Kaiser Friedrich I sowohl die Vogtei, wie andere Güter des Verstorbenen ein[5]. Gegen hundert Jahre später (1266) übertrug Bischof Hartmann die Vogtei an Herzog Konradin von Schwaben, durch den sie an Ludwig von Baiern kam, wahrte aber dabei seine, seiner Ministerialen, des Domkapitels und des Klerus Immunität, sowie seine Rechte an Zoll, Münze, Stadtpräfektur, Schenkwirtschaften, Burgfrieden[6].

Der Stadtpräfekt war ein Ministerial des Bischofs. Er kommt zuerst in Urkunden von 1067 vor[7].

monomachia. Über die verschiedenen Erklärungen dieser Ausdrücke vgl. Berner, Zur Verfassungsgesch. der Stadt Augsburg S. 51, der damit auch nicht ins reine kommt.

[1] Art. VI § 1: cottidie in judicio sedere secundum urbanorum justiciam.

[2] Art. VI § 1—6. Den Wurstmachern war nach § 7 die Pflicht auferlegt, die Gefangenen zu bewachen; man ersparte damit den Stockwart.

[3] Art. VI § 10.

[4] Dies hebt Berner S. 89 hervor um zu beweisen, daß der Vogt von Augsburg ein bischöflicher Beamter war, gegen Arnold, der ihn für einen königlichen erklärte. Beides erscheint nicht unvereinbar: der Vogt von Augsburg hatte dieselbe doppelte Stellung wie der von Straßburg, den Blutbann konnte er nur vom Könige haben.

[5] Chron. Ursperg. SS. XXIII S. 356. Der Chronist läßt es zweifelhaft, ob dies geschehen sei, sive ex concessione episcopi qui tunc erat, sive successione fiscali aut hereditaria.

[6] Mon. Boica XXXa S. 346. Über die späteren Schicksale der Vogtei s. Frensdorff in Städtechron. IV Einl. S. 26 f.

[7] Mon. Bo. XXXIIIa S. 6: Hiltebrant urbis praefectus. Die ganze Reihe der urkundlich genannten Präfekten gibt Berner a. a. O. S. 51 Anm. 22.

Bestimmter als anderswo gibt sich der Zusammenhang der Burggraffchaft mit dem alten Grafenamt in Regensburg zu erkennen. Der zuerst genannte Stadtpräfekt Burchard war Markgraf in der Ostmark um 971[1]. Der auf ihn folgende Pabo (980—1000) besaß eine Grafschaft im Donaugau, zu der Regensburg gehörte[2]. Die Burggraffchaft vererbte sich auf seine Nachkommen, die Grafen von Riebenburg, die vor Ende des 12. Jh. ausstarben[3]. Hierauf wurde sie an Herzog Ludwig von Baiern als Reichslehn übertragen. Zwischen ihm und dem Bischof entstand Streit über die mit der Burggraffchaft verbundenen Regalien, der im J. 1205 durch Vertrag beigelegt wurde[4].

Darin ist folgendes bestimmt: beide, der Herzog und der Bischof, wollen sich gegenseitig Hülfe leisten, ausgenommen gegen König Philipp und seine Nachfolger im Reiche. Der Herzog schenkt dem Bischof genannte Burgen (castra) auf beiden Seiten der Donau. Dafür belehnt ihn der Bischof mit der Landgraffchaft im Gebirg (in montanis), doch soll die Festung Kufstein, die zu dieser gehört, gemeinsam bleiben oder zerstört werden (Art. 12). Ihre beiderseitigen Rechte sollen, wie bisher, durch ihre Beamten gewahrt werden[5]. Das Recht des Geleites gehört beiden gemeinsam. Der Ertrag der allgemeinen Steuern in der Stadt (collectae super civitatem generales) ist gleichmäßig zwischen ihnen zu teilen. Die Marktabgaben bei Kauf und Kaufverträgen sind gemeinsam von ihnen zu ordnen[6]. Der Herzog wird keine Veränderung mit der Münze vornehmen ohne Rat und Zustimmung des Bischofs.

Die Stadtherrschaft war, wie man sieht, zwischen dem Bischof

---

[1] Dümmler, Otto der Gr. S. 493. 496.

[2] Urk. Ottos III J. 1000, DD. II S. 798: Schenkung eines Hofes in Regensburg in civitate Ratisbona nominata in comitatu Pabonis. Schenkung von einem liber et praedives urbis regiae negotiator ... in pago Tuonohowe in comitatu Paponis an Emmeram, Pez, Thes. anecdot. I 3, Cod. traditionum S. Emmeram. I Nr. 22. Papo urbis praefectus selbst kommt mehrfach als Schenker vor S. 103 Nr. 42, S. 106 Nr. 48.

[3] Ihre Genealogie bei Wittmann, Die Burggrafen von Regensburg in Abh. der bayr. Akademie VII 2 S. 363 und Th. Mayer im Archiv der österreich. Geschichtsquellen XII S. 252.

[4] Mon. Wittelsbac. in Quellen und Erört. V S. 41.

[5] Art. 5: ut quicquid juris in civitate vel ubique habere debemus, ab hominibus nostris, quos ad hoc disponendum ordinamus ... conservetur.

[6] Art. 9: De indicendo foro rerum venalium qualiumcumque at de omnibus unionibus quarumlibet venditionum modum simul statuemus, neuter sine altero ... de hiis statuet vel mutabit vel remittet.

und dem Herzog, als dem Rechtsnachfolger der Burggrafen, geteilt. Regensburg war keine bischöfliche Stadt oder sie war es nur zum Teil. In der Bestätigungsurkunde K. Philipps von 1205 ist zu Anfang gesagt: der Streit zwischen Herzog und Bischof sei daraus entstanden, daß beide die Münze, den Zoll und gewisse Gerichte gemeinsam vom Reiche hatten[1].

Über einzelnes wurden nachher noch genauere Bestimmungen im erneuerten Vertrag zwischen Bischof Konrad und Herzog Ludwig vom J. 1213 getroffen[2]. Bemerkenswert ist in diesem, daß der Bischof von den Lehen, die er dem Herzog zusagt, ausdrücklich die Vogtei der Kirche ausnimmt, sowie die Bestimmung, daß wenn gemischte Heiraten zwischen den beiderseitigen Ministeralen stattfinden, deren Kinder unter beide Herren geteilt werden sollen.

Durch seinen Vogt übte der Bischof die Gerichtshoheit in der Stadt an seinem Teil, sowie der Herzog die seinige durch den Burggrafen, den er einsetzte. In dem großen Stadtprivilegium, das Kaiser Friedrich II im J. 1230 den Bürgern von Regensburg erteilte[3], bezieht sich hierauf Art. 10, wo gesagt ist, daß der Obervogt, der gewöhnlich Domvogt heißt und die Gerichtsgewalt auf seiten des Bischofs übt, und der Burggraf auf seiten des Herzogs gegen keinen Bürger die Acht aussprechen sollen, außer im öffentlichen Gericht, das beide dreimal im Jahr halten[4],

Der Bischof von Würzburg erhielt von Konrad II 1030 mit den anderen Regalien auch die Gerichtshoheit in seiner Stadt (totius civitatis districtum)[5].

Ein Graf Eberhard wird zuerst 1057 als Vogt der Kirche und 1069 als Präfekt genannt[6]. Der Name des Präfekten, der zur Zeit in der Stadt regierte, ist hier und öfter in Urkunden des 12. Jh. dem Datum hinzugefügt. Mit dem Grafen Gotebold von

---

[1] M. Bo. XXIXa S. 524: quod cum Ratisponensis episcopatus cum ducatu Bawariae ab imperio monetam thelonea et quedam juditia habeat communia, super quibus dissensiones etc.

[2] Mon. Wittelsbac. S. 14.

[3] Gaupp, Stadtrechte I S. 167 und Gengler, Beiträge Hft. 3 S. 13 ff. mit Erläuterungen.

[4] nisi quando publicum habent placitum ex antiquo statuto, quod utrique illorum habere debent tantummodo ter in anno.

[5] M. Bo. XXIXa S. 30.

[6] An der Spitze der Laienzeugen: Eberhardus comes nostreque advocatus ecclesie, M. Bo. XXXVII S. 27 und in Urk. von 1069 ebend. S. 29: Facta est traditio ... Eberhardo prefecto.

Erstes Kapitel. Die Stadtherrschaft.

Hennenberg beginnt seit 1096 die Reihe der Burggrafen aus diesem Grafengeschlechte[1]. Die Vogtei der Kirche von Würzburg war, wie es scheint, fortdauernd mit dem Burggrafenamte verbunden[2].

In den Visionen des Othlo von Freising sind zwei Tribunen in Würzburg um 1032 erwähnt[3]. Es sind Schultheißen, Unterrichter des Stadtpräfekten[4]. So finden sich auch in Urkunden des 12. und 13. Jh. öfter zwei Schultheißen neben einander als Zeugen aufgeführt[5].

Die Gerichtshoheit des Bischofs wurde durch die nachfolgenden kaiserlichen Privilegien, deren Echtheit zum Teil bestritten wird[6], über das ganze Bistum ausgedehnt. In dem letzten großen Privileg vom J. 1168 übertrug Friedrich I dem Bischof und Herzog von Würzburg die volle Gerichtsbarkeit im ganzen Bistum und Herzogtum in allen darin belegenen Grafschaften; den Grafen wird nur ein herkömmliches Recht von den Bargilden, den freien Leuten in den Grafschaften, vorbehalten[7].

Über den Ursprung und die Bedeutung des Burggrafenamtes in Magdeburg gibt die Schöffenchronik die folgende nicht üble Erklärung[8]: „Magdeburg hatte von altersher zwei Richter, im weltlichen Gericht den Burggrafen nächst dem Kaiser, von dem er den Bann ohne Mittel hat, den er weiter dem Schultheißen leiht, im geistlichen Gericht den Bischof nächst dem Papste." Dazu macht der Chronist die schalkhafte Bemerkung: „Dies", d. i. solche Teilung

---

[1] M. Bo. a. a. O. S. 29 J. 1096: Goteboldus comes de Hennenberc und 1097 derselbe als praefectus, 1104 Gothebold comite, 1115 Gotheboldo urbis praefecto u. s. w.

[2] In Urk. vom J. 1140 (a. a. O. S. 51) bestätigt der Bischof Embricho eine Schenkung in generali placito ex consensu burgravii advocati Goteboldi.

[3] MG. SS. XI S. 379: fuere ibi duo tribuni sub uno tempore sua potestate potiti.

[4] Wie Fr. Braß, Verf. und Verwaltung Würzburgs bis Mitte des 13. Jh. (Diss. 1886) richtig bemerkt. Auch in Mainz wird der Schultheiß einmal tribunus plebis genannt, Bf. Gesch. von Mainz S. 20 A. 3.

[5] Mon. Bo. XXXVII S. 74. 87. 89. 91. Urk. von 1128 bei Gramich, Verf. und Verwaltung der Stadt Würzburg vom 13. bis 15. Jh. (1882) im Anhang S. 68, unter Abgaben der Schuster: tres solidi duobus scultetis.

[6] Stumpf, Die Würzb. Immunität-Urkunden im 10. und 11. Jh. Waitz VII S. 164.

[7] S. das Privileg in doppelter Ausfertigung Mon. Bo. XXIX S. 385 und 390: excepto quod comites de liberis hominibus, qui vulgo bargildi vocantur, in comitiis habitantibus statutam justitiam (das feststehende Recht) recipere debent Vgl. über die Bargilden Waitz V² S. 319.

[8] D. Städtechron. VII S. 210.

in zwei Gerichte, „geschah darum, weil die Bischöfe damals lieber das Meßgewand als den Harnisch anzogen, lieber predigten als zu Gericht saßen, lieber ins Schlafgemach als zu Felde gingen" u. s. w. „Deshalb wurde der Burggraf dem Gotteshause zum Vogt gesetzt und des Gotteshauses höchster Vogt genannt."

Der Burggraf war also zugleich der Obervogt der Kirche[1]. Graf Hermann von Spanheim wird in Urkunden von 1090—1112 Magdeburgensis advocatus und comes urbis oder urbis prefectus genannt[2]. Graf Wiprecht von Groitzsch, der auf ihn folgte, heißt in einer bischöflichen Urkunde von 1121 civitatis nostre comes et ecclesie nostre advocatus[3]. Heinrich, dessen Sohn und Nachfolger im Amte des Stadtgrafen, tritt bei Gelegenheit eines Volksaufruhrs im J. 1129 auf[4]. Sehr auffallend erscheint da sein Benehmen als Oberrichter gegenüber dem Erzbischof. Dieser war kein geringerer als der heilige Norbert, der Stifter des Prämonstratenser Ordens. Die Veranlassung zum Aufruhr gab sein Vorhaben, die Hauptkirche wegen eines in ihr begangenen Frevels reinigen und aufs neue einweihen zu wollen. In äußerster Bedrängnis mußte Norbert die Flucht aus der Stadt ergreifen. Da erschien mitten im Tumult, wie zufällig, der Stadtgraf und beruhigte die Menge durch Ankündigung eines Gerichtstags, wo er alle Klagen gegen den Erzbischof annehmen wolle[5]. Natürlich behielt der heilige Mann Recht; seine Feinde demütigten sich vor ihm und er kehrte mit allen Ehren in die Stadt zurück. Seit dem J. 1134 gehörte das Burggrafenamt den Grafen von Querfurt erblich.

Der zweite Stadtrichter war der Schultheiß, ein Ministerial des Erzbischofs. In Urkunde vom J. 1100 erscheint als Zeuge Alveric secundus advocatus ejusdem civitatis[6]. Derselbe führt in Urkunde von 1108 als Zeuge unter den Ministerialen den Titel

---

[1] Vgl. Frensdorff, Die älteren Magdeburger Burggrafen in Forsch. zur d. Gesch. XII S. 297 und Hageborn, Verf.-Gesch. der Stadt M. in Magd. Geschichtsbl. 1881.

[2] Citate bei Frensdorff S. 306.

[3] Regesta archiep. Magdeb. I Nr. 955 S. 369.

[4] Übereinstimmend berichten hierüber die Vita Norberti, MG. SS. XII S. 698 und Ann. Magdeb. SS. XVI S. 183.

[5] Vita a. a. O. c. 19: Comes urbis de via veniens et tanquam rei nescius inter medios tumultuantes cucurrit et ... diem indixit, quo venirent omnes justam adversus episcopum querimoniam habentes justiciam accepturi. Recesserunt illi ad praeceptum judicis.

[6] Hageborn, a. a. O. S. 65. Regesta Magd. I Nr 839.

praefectus, während in der Reihe der Grafen Hermann (Graf von Spanheim) als comes urbis genannt ist[1]. Eben dieser Titel praefectus wird dem Schultheißen Hademar in Urkunden aus den Jahren 1136—1152 gegeben[2]. Und als prefectura et regimen Magadeburgensis ist das Schultheißenamt bezeichnet in der Urkunde des Erzbischofs Wichmann vom J. 1159[3], worin dieser kundgibt, daß Sigfrid, der Sohn des Schultheißen Hademar, sein Amt als Erblehen in Anspruch genommen und trotz dem Fürstenspruch des Kaisers Friedrich behauptet habe, zuletzt aber sei er doch durch Krankheit und auf den Rat seiner Freunde bewogen worden, für sich und seine Erben auf sein vermeintliches Recht zu verzichten, worauf er (der Erzbischof) ihm aus Gnade und Erbarmen sowohl seine Lehen wie sein Amt, dieses aber nur auf Lebenszeit, überlassen habe[4]. Am Schluß der Urkunde spricht der Erzbischof eine Verwünschung gegen denjenigen von seinen Nachfolgern aus, der jemals die Präfektur irgend einer Person zu Lehen übertragen oder auf andere Weise veräußern würde. Nichts destoweniger vergab schon sein Nachfolger Erzbischof Ludolf das officium praefecturae civitatis nostrae, quod schulthedum vulgariter appellatur als Erblehen an einen Ministerialen und wiederum Erzbischof Albert im J. 1213 an einen andern Ministerialen, so daß das Amt sogar auf eine Frau prefectissa de Magdeburg überging, die gegen Entschädigung ihres Einkommens zu gunsten des Erzbischofs darauf verzichtete[5].

Im J. 1188 erließ Erzbischof Wichmann eine Verordnung über das gerichtliche Verfahren bei Streitigkeiten, insbesondere in Fällen von Verwundung und Totschlag, wodurch er den Bürgern nach einem großen Stadtbrande, wie er sagt, eine Wohlthat zu ihrem Troste erzeigen wolle[6]. Unter dringenden Umständen soll das Gericht des Burggrafen oder des Schultheißen sofort am Tage, da die Klage angebracht worden, stattfinden und, falls die Schöffen nicht anwesend sind, soll der Burggraf oder der Schultheiß das

---

[1] Regesta Magd. Nr. 886 S. 344. Vgl. über Graf Hermann, der zwischen 1090 bis 1112 als comes urbis, urbis praefectus und advocatus vorkommt, Frensdorff S. 304 f.

[2] UB. der Stadt Magdeburg (von Hertel) I S. 16.

[3] Ebend. I S. 17.

[4] ipsumque regimen suae procurationi non in beneficium, sed in officium et quasi quandam villicationem usque ad finem vitae suae commisi.

[5] Ebend. Urk. von 1213 und 1238, Nr. 75 und Nr. 101.

[6] Magd. UB. I S. 30.

Urteil von den anwesenden Bürgern verlangen und in Kraft setzen[1]. Hiernach konnte das hohe Gericht sowohl von dem Burggrafen wie von dem Schultheißen gehalten werden. Der Schultheiß hatte das Niedergericht in der Altstadt, der „Möllenvogt" des Erzbischofs das auf dem neuen Markte[2].

Mächtige Herren, als Vögte oder Burggrafen mit erblichem Rechte, bedrängten oft die Bischöfe und beherrschten sie eine Zeit lang. So in Cambrai, wo schon Heinrich II 1007 dem Bischof die ganze Grafschaft mit dem Rechte, sie für die Kirche zu nutzen und nach seinem Gefallen einzurichten, übertragen hatte[3], und dennoch im 11. und 12. Jahrhundert ein Geschlecht von Castellanen gewaltthätig regierte. „Es ist gar nicht zu sagen", ruft ein zeitgenössischer Geschichtschreiber aus, „wie viel übles die beiden Walter, Vater und Sohn, und zuletzt der Enkel Hugo vier Bischöfen nach einander angethan haben"[4]. Doch immer wieder wurde die weltliche Herrschaft der Bischöfe von den Kaisern anerkannt. So von Friedrich I in Urkunde von 1156 für Verdun, worin gesagt ist, daß der Bischof völlig frei über die Grafschaft zum Nutzen der Kirche verfügen, sie behalten oder einen Grafen wählen könne, denn ihm gehören Bann, Zoll, Münze und das Gericht in der Stadt in allen Kriminal- und Civilsachen[5].

Anders als wie die Bischofsstädte erfreuten sich die königlichen Pfalzstädte einer ungestörten Entwickelung. Die Regalien wurden in diesen fortdauernd von Grafen oder andern königlichen Beamten verwaltet. Innere Konflikte zwischen verschiedenen gleichberechtigten Gewalten konnten hier nicht leicht vorkommen. Wir betrachten die Richterämter, welche die städtische Obrigkeit bedeuten, auch in einigen Pfalzstädten. Von Aachen sagt Friedrich I im Privileg, das er den

---

[1] Verum quoniam hujusmodi causae non nisi per sentenciam scabinorum judicum terminari poterant ... ordinamus, ut si scabini judices presentes non sint, a burgravio vel a scultheto sentencia a civibus requisita justicie sortiatur effectum.

[2] Rietschel, Markt und Stadt S. 58, der diese Unterscheidung auf den Gegensatz der freien Marktgemeinde und der erzbischöflichen Hofgemeinde zurückführen will.

[3] Urk. vom 22. Oct. 1007 in Miraci Op. dipl. I S. 148.

[4] Chron. S. Andreae SS. VII S. 528; vgl. Gesta pontificum Cameracensium III c. 2 ebend.

[5] Mabillon, De re diplom. Suppl. S. 100: bannum teloneum monetam et districtum civitatis in omnibus causis criminalibus et civilibus pleno jure tibi et successoribus tuis habenda concedimus.

Bürgern im J. 1166 verlieh, daß ihre Stadt, in der die Könige gekrönt werden, alle andern des Reiches an Ehre und Würde übertreffe[1]. Die Hoheitsrechte besaßen die Pfalzgrafen im 10. und 11. Jahrhundert. Der namhafteste und letzte war Ezo, gest. 1034, Sohn des Pfalzgrafen Hermann und Gemahl der Schwester Ottos III Mathilde, beide berühmt als Stifter des Klosters Braunweiler[2]. Später erscheinen als Richter und Häupter der Stadt ein judex und ein advocatus[3]. Im judex ist der Nachfolger des Oberamtmanns zu erkennen, der im Capitular de villis eben diesen Titel führt. Eine Zuschrift Heinrichs VI vom J. 1192 ist an Schultheiß, Vogt und Schöffen gerichtet, worin er ihnen befiehlt, den Angehörigen des Adelbertstiftes die Mitbenutzung von Wald, Weide und Wiesen zu gestatten[4]. Vogt und Schultheiß waren Reichsministerialen[5]. Seit Ende des 13. Jh. finden sich beide Ämter in Einem Richteramt vereinigt, das regelmäßig der Herzog von Jülich durch Verkauf oder Verpfändung auf gewisse Zeit besetzte[6].

Dortmund nahm den Anfang von einem Reichshof. Über die Stadt war ein Graf gesetzt, der comes Tremoniensis heißt. Bekannt ist seit Anfang des 13. Jahrhunderts die Reihe der Grafen aus dem Ministerialengeschlechte von Lindenhorst, in dem sich das Grafenamt als Reichslehen vererbte[7]. Die Grafenrechte, die in Einkünften aus Gericht, Zöllen, Münze, Gülten und Renten, aus erblichem und Lehengut bestanden, wurden von ihnen nach und nach an die Stadt veräußert, zuletzt, 1320, auch die Gerichtsbarkeit zur Hälfte, so daß der Graf und die Stadt den Richter, der schlechthin judex heißt, in der Regel auf zwei Jahre gemeinsam bestellten[8]. Der Reichshof bestand, unabhängig von Stadt und Grafschaft, für

---

[1] Lacomblet, Niederrhein. UB. I Nr. 326.

[2] Von ihm und seinen Vorfahren handelt Usinger in einem Excurs zu S. Hirsch, Heinrich II Bd. I S. 447.

[3] In Urk. von 1160, Lacomblet I Nr. 259, Heribertus judex nuntius imperatoris, Rodulfus advocatus. In Urk. von 1135 Tiricus judex und Tiricus advocatus, Quix, Aachen Cod. dipl. Nr. 64.

[4] Quix Nr. 67: Sculteto advocato, scabinis et universis hominibus Aquensibus.

Loersch, Aachener Rechtsdenkmäler S. 251, gibt die Regesten der Vögte, Untergrafen, Meier, Schultheißen und Richter bis 1561.

Zuerst erscheint 1279: Nobilis vir dominus Wilhelmus advocatus et sculnetus, Loersch Nr. 58; vgl. Aachener Urkunden von demselben S. 10.

Frensdorff, Dortmunder Statuten Einl. S. 21 f.

Ebend. S. 28. 61.

sich fort. Zu diesem gehörten die Reichsleute, freie Hofbesitzer, unter denen der „Reichsschulze" die königlichen Rechte und Einkünfte verwaltete[1].

Die sächsische Pfalz Goslar kam als Stadt unter den fränkischen Kaisern empor[2]; sie verdankte ihr Aufblühen dem Bergbau[3]. Ein kaiserlicher Vogt war über das Gericht und die Dominialverwaltung gesetzt; mit Vogteigeldern wurden die Burgmannen der Harzburg belehnt[4]. Nachdem die Vogtei als Reichslehen an die Herzöge von Sachsen gekommen war, verliehen diese sie an die Grafen von Woldenberg und von ihnen erwarb sie 1290 die Stadt[5]. Seitdem war das Vogtgericht dem Rate untergeordnet; er ernannte den Vogt[6]. Der Vogt hat vier Unterrichter, judices civitatis, die er einsetzt und die Bürger wählen. Nicht klar ist das Verhältnis des Schultheißen zum Vogt. Denn es wird von ihm gesagt, daß er, nicht der Vogt, die drei ersten Dinge unter Königsbann halten soll[7]. Doch richtet er nur über Haut und Haar, also in geringen peinlichen Sachen, während das hohe Gericht fortdauernd dem Vogte zustand[8].

Frankfurt am Main entstand wie Aachen aus einer königlichen Pfalz und Villa[9]. Es war in der karolingischen Zeit eine königliche Domäne: villa indominicata, curtis imperialis, fiscus[10]. Ihr Vorsteher und Verwalter heißt in Urkunde Ludwigs des Frommen 823 actor dominicus[11], entsprechend dem judex im Capitular de villis. Zur Stadt erwuchs Frankfurt als wichtiger Verkehrsplatz und Hauptzollstätte des Reiches am Main[12].

[1] Städte und Gilden II S. 362.
[2] Ebend. S. 397.
[3] C. Neuburg, Goslars Bergbau, 1892.
[4] Weiland, Rats- und Gerichtsverf. von Goslar, in Hansischen Geschichtsbl. Jg. 1885 S. 15.
[5] Derselbe, Goslar die Kaiserpfalz, a. a. O. Jg. 1884 S. 28.
[6] Über die spätere Gerichtsverfassung vom Anfang des 14. Jh. handelt O. Göschen, Die Goslarschen Statuten, 1840.
[7] Statuten (Göschen) S. 110.
[8] Vgl. Weiland (Jg. 1885) S. 52 f., der die Schwierigkeit zu lösen versucht.
[9] S. über Frankfurt Abt. I S. 23.
[10] v. Fichard, Die Entstehung der Reichsstadt Frankfurt. 1819. S. 10 ff.
[11] Bochmer, Cod. Moenofrancofurt. S. 2: quod quidam actor dominicus nomine Nantcarius ex fisco nostro Franconoford . . .
[12] Friedrich I hob 1157 die Mainzölle auf, außer in Neustadt, Aschaffenburg und Frankfurt; Böhmer Codex S. 15.

Erstes Kapitel. Die Stadtherrschaft.

Der Schultheiß, scultetus, bisweilen auch noch villicus genannt, war der oberste königliche Beamte der Stadt[1]. Zuerst 1193 kommt als solcher Wolfram vor, dem Heinrich VI für die seinem Vater und ihm geleisteten Dienste den Riederhof schenkte[2]. In Urkunde von 1194 steht er unter den Zeugen dem Vogte voran, so auch in Urkunden des 13. Jh.[3] Nach dem J. 1219 wird der Vogt nicht mehr erwähnt, denn die Vogtei war, wie wir aus K. Richards Urkunde von 1257 erfahren, durch Friedrich II abgeschafft worden und ihre Einkünfte waren dem Schultheißenamt zugefallen[4]. Der Schultheiß wird auch einmal als Burggraf angesprochen[5], denn seine Stellung war die eines Grafen des Reiches.

Nürnberg war eine königliche Burgstadt; sie entstand im 11. Jh. durch Ansiedelungen unter dem Schutze der auf der Höhe gelegenen Veste[6]. Ihr Befehlshaber führte den Titel Burggraf. Wir kennen die Burggrafen aus dem Hause der schwäbischen Zollern seit Ende des 12. Jh.; das Gebiet ihrer Verwaltung erstreckte sich über das zur Burg gehörige Reichsland[7]. Der Richter der Stadt war der königliche Schultheiß[8]. Friedrich II gab in seinem Privileg von 1219 den Bürgern die Zusicherung, daß sie keinen andern Vogt haben sollen, als ihn und seine Nachfolger allein; wegen Vergehen sollen sie vom Schultheiß bestraft werden und seiner (des Kaisers)

---

[1] v. Fichard begeht den Irrtum, wie andere nach ihm, die Bedeutung der Richterämter nach der Norm des Straßburger Stadtrechts zu bestimmen, wenn er S. 58 dem Vogte von Frankfurt die hohe, dem Schultheißen die niedere Gerichtsbarkeit zuschreibt.

[2] Böhmer, Cod. S. 19.

[3] Ebend. S. 21—30.

[4] Ebend. S. 118: Insuper volumus atque permittimus, quod quemadmodum ibi advocacia per Fridericum olim imperatorem de consensu principum deposita fuit, permaneat ut nunc est, fructibus advocacie ipsius scultetatus officio deputandis.

[5] Ebend. S. 70 Urk. Konrads IV 1242 bestätigt den Bürgern von F. ihre Freiheiten: Precipimus autem tibi, burgravie, ac ceteris officiatis nostris postmodum existentibus, ut eosdem in predictis ... manuteneas et defendas.

[6] Städtechron. I Einleitung.

[7] Riedel, Über Ursprung und Natur der Burggrafschaft Nürnberg, 1854.

[8] Er findet sich erwähnt in Urk. Philipps von Schwaben J. 1199. Mon. Bo. XXIXa S. 491. Die Urkunde ist auch sonst interessant. Der König nimmt die Bürger von Lengirsheim auf ihr Verlangen in seinen Schutz, gestattet ihnen einen major (Reichsministerialen) in Nürnberg als Vertreter anzunehmen, gewährt ihnen Wochen- und Jahrmarkt und die eigene Wahl des Schultheißen, et electus post haec a sculteto nostro Nourenbergensi confirmetur. Lengirsheim (Lenkersheim) war ein winziger Ort im burggräflichen, später Ansbachischen Gebiet.

Gnade gewärtig sein[1]. Der Reichsschultheiß von Nürnberg hatte die gleiche Stellung wie der von Frankfurt, als Oberhaupt der Stadt[2].

Die Reichsstadt Ulm nahm, wie Frankfurt, von einer karolingischen Pfalz den Anfang. Oft hielten die staufischen Herzöge von Schwaben und Kaiser dort ihren Hof[3]. Die Vogtei in Ulm gehörte den Grafen von Dillingen, die auch das Marschallamt des Herzogtums besaßen, nach deren Abgang Konradin 1259 die Grafen von Wirtemberg mit denselben Würden belehnte[4]. Ein minister des Grafen, deutsch Amman genannt, war der Richter; doch gab es neben diesem auch einen Amman der Stadt; jener war der Landrichter, dieser der Stadtrichter. Über die gräflichen Vogteirechte schlossen 1255 minister, consules et universitas civium mit Graf Albert von Dillingen einen Vertrag[5]. Die Gerichtsbarkeit blieb geteilt zwischen dem Amman des Grafen und dem Amman der Stadt.

Die vorstehenden Beispiele von bischöflichen und königlichen Städten können genügen, um eine allgemeine Ansicht über die Richterämter zu gewinnen. Ihre verschiedenen Titel sind nicht als Definitionen zu gebrauchen, um danach die Bedeutung eines jeden Amtes zu ermessen. Der Burggraf ist in Köln, Mainz, Würzburg, Magdeburg der oberste Land- und Stadtrichter; er ist ein Graf oder Edelherr, ein Vassall des Bischofs mit erblichem Recht; in Straßburg ist er ein Verwaltungsbeamter und Ministerial des Bischofs. Reichsunmittelbare Burggrafen sind die von Nürnberg, Meißen und andern Orten. Der Vogt ist der oberste weltliche Richter, Edelherr oder Graf, ein Vassall des Bischofs in Straßburg, Basel, Augsburg; er ist der zweite Stadtrichter, erzbischöflicher Ministerial in Köln, kaiserlicher Ministerial in Aachen und Frankfurt. Der Schultheiß ist der Unterrichter, ein Ministerial, in Mainz, Straßburg, Worms, Speier, Basel, Magdeburg; er ist der oberste weltliche

---

[1] Mon. Bo. XXX S. 82: Item quicquid aliquis Norembergensis delinquit, pro quo delicto puniendus esset in persona aut in rebus, si satisfecerit sculteto nostro, nulli amplius respondere debet de hoc delicto et gratiam nostram percipiet.

[2] Meine Einleitung in Städtechron. I S. 18.

[3] C. Jäger, Schwäbisches Städtewesen im M. A. 1831 S. 84. Schwabenspiegel (Laßberg) § 137: er (der kunc) soll och sinen hof gebieten ze Frankenfurt und ze Nurenberc und ze Ulme, in ander stete die des riches sint.

[4] Ulmisches UB. (von Pressel) Nr. 87.

[5] Ebend. Nr. 73.

Erstes Kapitel. Die Stadtherrschaft.

Beamte in Trier[1], der kaiserliche Richter und das Haupt der Stadt in Frankfurt und Nürnberg.

Man kann wohl im allgemeinen die Titel Burggraf oder Vogt für das höhere und Schultheiß für das niedere Gericht, als dem ursprünglichen Begriff der Richterämter des Grafen und des Centenars entsprechend, gelten lassen, entschieden abzulehnen aber ist eine neue Theorie, wonach das Gericht des Burggrafen oder des Vogtes über peinliche Sachen kein Stadtgericht, sondern Landgericht gewesen wäre, und daß in diesem Gericht „grundsätzlich auch" über die Bürger nicht nach sonderlichem Stadtrecht, sondern nach Landrecht geurteilt" worden sei[2]. Dem steht entgegen, daß das Gericht des Burggrafen oder des Vogtes an erster Stelle Stadtgericht war, da wo es seinen Sitz hatte. Im Stadtgericht waren beide durch ihre Vikare vertreten, wie wir in Köln und Straßburg sahen. Denn selten haben die großen Herren und Dynasten, wie die Grafen von Rineck und Looz oder die Herren von Lichtenberg, jene in Mainz, diese in Straßburg, in Person den Vorsitz im Gericht geführt; das Richteramt, das sie von Rechts wegen besaßen, brachte ihnen Ehre und Einkünfte. In wie weit aber ihr Gericht sich auch außerhalb der Stadt über das Land erstreckte, hing lediglich von den Gerechtsamen ab, die ihnen in einzelnen Orten zustanden. Diese waren sehr verschieden. In Köln z. B. wird unter den Rechten der Burggrafschaft das Gericht in Brühl und andern zugehörigen Orten erwähnt[3]. In Augsburg hielten die Vögte ihre Gerichte auf dem Lande wie in der Stadt[4]. Dagegen hatte der Graf von Dortmund kein anderes Gericht als das in der Stadt, für das er den Richter bestellte[5]. Der Vogt von Soest hielt dreimal im Jahr sein Gericht in der Stadt, Gografen richteten auf dem Lande[6]. Hiernach waren das Burggrafen- und das Vogtgericht nicht bloß Landgericht, sondern auch und zuerst Stadtgericht. Und umgekehrt war das Schultheißengericht nicht überall bloß Stadtgericht, sondern nach besonderen Gerechtsamen auch Landgericht an einzelnen Orten[7].

[1] Schoop, Verf.-Gesch. von Trier S. 108. 128.
[2] Sohm, Entstehung S. 77.
[3] Lacomblet II Nr. 727.
[4] S. vorher S. 85.
[5] Frensdorff, Dortmunder Statuten Einl. S. XXI und LXI.
[6] Ilgen, Stadtverf. von Soest, Städtechron. XXIV Einl. S. LXXXI. Stadtrecht von Soest Art. 7 und 25.
[7] E. Köhne, Ursprung der Stadtverf. in Worms, Speier und Mainz, S. 184,

Läßt sich demnach die Meinung, daß das Stadtgericht nur für Marktsachen und nicht für peinliche Sachen zuständig gewesen sei, nicht aufrecht halten, so ist ebenso wenig die andere richtig, daß im Gericht über peinliche Sachen auch der Bürger nicht nach Stadtrecht, sondern nach Landrecht sei verfahren worden. Das Gegenteil ist schon deshalb anzunehmen, weil die Bürger überall den größten Wert darauf legten und sich dies durch kaiserliche und herrschaftliche Privilegien bestätigen ließen, daß sie nur vor ihrem Stadtgericht zu Recht stehen sollten[1], was wenig zu bedeuten hätte, wenn dort Landrecht, nicht Stadtrecht, zur Anwendung gekommen wäre. Im Stadtrecht von Augsburg ist ausdrücklich gesagt, daß der Vogt in seinen drei ordentlichen Gerichten nur nach dem Rechte der Bürger (nisi urbanorum justitia) Recht sprechen solle[2]. In den neugegründeten Städten des 12. Jh., Freiburg im Breisgau, Lübeck und andern, konnte natürlich von keinem andern Rechte in ihren Gerichten die Rede sein als von dem ihnen verliehenen Stadtrechte.

Unter dem Vorsitz der Stadt- und Landrichter wurde das Urteil von der versammelten Gerichtsgemeinde gefällt. Seit Karl dem Großen finden sich bekanntlich in den fränkischen Grafschafts- und Vogteigerichten erwählte Schöffen, scabini, auch judices genannt, die statt der Gerichtsgemeinde Urteil und Recht sprachen. Doch war das Schöffentum nicht gleichmäßig in allen Provinzen Deutschlands verbreitet[3]. Auch müssen wir unterscheiden zwischen einzeln vorkommenden Schöffen und ständigen Schöffenkollegien; aus der bloßen Erwähnung von jenen ist nicht sofort auf das Dasein auch

---

führt Speier an, wo fünf Orte genannt sind, die die Bürger für das Schultheißenamt in Anspruch nahmen, UB. (von Hilgard) Nr. 184.

[1] S. nachher Stadtrechte des 12. Jh.

[2] Art. V § 1. Sohm, Entstehung S. 78 Anm. will das Beispiel von Augsburg nur als Ausnahme gelten lassen, und beruft sich für die Regel auf das Medebacher Stadtrecht. In diesem ist im Art. 3 gesagt, daß ein von dem Schultheiß oder täglichen Richter nach bürgerlichem Recht (civili justitia) gesprochenes Urteil rechtskräftig sein und nicht mehr von dem Vogte weiter behandelt werden soll, und ist von dem Vogte im Art. 4 gesagt, daß peinliche Sachen an sein Gericht gehören. Dabei ist doch selbstverständlich, daß der Vogt nach den in den folgenden Artikeln 5—8 festgesetzten Strafbestimmungen des Stadtrechts und nicht nach irgend einem Landrecht zu verfahren hatte.

[3] Brunner, Deutsche Rechtsgeschichte II S. 224 (vgl. dessen Abhandlung in den Mitteil. des österreich. Instituts VIII S. 177) führt aus, daß das Schöffengericht nicht bloß auf das fränkische Gebiet beschränkt war, doch sei es bei den Baiern und Alemannen nur in die missatischen Gerichte eingedrungen und bei den Sachsen nur in den echten Dingen eingetreten.

Erstes Kapitel. Die Stadtherrschaft.

von diesen zu schließen. Wo es in den Städten Schöffenkollegien gab, die sich selbst ergänzten, so daß nach Abgang eines Mitgliedes ein anderes an dessen Stelle von ihnen gewählt wurde, das dann nur der Bestätigung des Stadtherrn bedurfte, waren sie in den Händen der städtischen Aristokratie und ein wichtiges auch in die Stadtverwaltung eingreifendes Glied der Stadtverfassung, wie wir weiterhin sehen werden. Allgemein finden sie sich in den Städten des Niederrheins und an der Mosel, in den bischöflichen Köln, Metz und Trier, in den königlichen Aachen und Duisburg, in den landesherrlichen Neuß, Andernach, Cleve, Zütphen und andern. Vorherrschend erscheinen sie als regierende Stadtbehörden in den niederländischen Grafschaften Flandern, Brabant und Holland. In den westfälischen Städten Dortmund, Herford, Münster, Paderborn, Osnabrück waren Schöffen und Ratmänner vereinigt[1]. In Sachsen besaßen Magdeburg und Halle Schöffenkollegien. Der Sachsenspiegel stellt den Grundsatz auf, daß Schöffen in den Gerichten unter Königsbann urteilen, in andern das Landvolk[2].

In Oberdeutschland finden sich Schöffenkollegien in den Pfalzstädten Frankfurt und Ulm[3], nicht in den Städten des Oberrheins Straßburg[4] und Basel. In Worms werden Schöffen genannt, ohne daß etwas näheres über ihre Funktionen bekannt ist[5]. Nicht in Speier. In Mainz waren sie Fürsprecher im Gericht, advocati sive scabini[6]. In Augsburg kommen Schöffen nicht vor. Was für Schöffen der Schwabenspiegel im Sinne hat, wenn er sagt: wo Schöffen sind, sollen sie das Urteil sprechen; man soll sie zu Zeugen haben über alles, was in der Stadt geschieht außer bei Totschlag, Diebstahl, Raub; das Schöffenamt erbt auf den Sohn, wenn aber der noch nicht zu seinen Jahren gekommen ist,

---

[1] S. im Kapitel über Entstehung des Rates.

[2] Sachsensp. I S. 63 § 2, II S. 12 § 2 und 3.

[3] Ulmisches UB. (hg. von Pressel) Nr. 194 J. 1296 Stadtrecht: duodecim judices jurati, nec aliquis nisi hii duodecim sententiam aliquam dicere debet.

[4] Über die Schöffen von Straßburg als Urkundspersonen s. das Kapitel Entstehung des Rates.

[5] Man soll Münzer nicht zu „meisterscheffen" wählen, sagt die nur in deutscher Übersetzung vorhandene Urkunde Friedrichs I J. 1165 (UB. Nr. 80. Stumpf 4052). Der Beitritt der Stadt Worms zum rheinischen Bund 1254 wird kundgemacht von ministeriales consules judices scabini et universi cives (UB. Nr. 253).

[6] Meine Verf.-Gesch. von Mainz S. 58.

soll ein Verwandter seines Vaters an seiner Stelle sitzen — muß dahingestellt bleiben[1]. In Baiern und Österreich sind Schöffen nur in Grafschaftsgerichten bis ins 12. Jh. nachgewiesen[2]. Stadtschöffen kommen nicht vor weder in Regensburg noch in München und jüngeren bairischen Städten.

Zum Schluß noch eine Bemerkung über Bedeutung und Folgen der Ottonischen Privilegien. Wir sahen, daß durch die Verleihung der öffentlichen Gerichtsbarkeit an Bischöfe und Reichsäbte weder die Verschmelzung von dieser mit dem Hofgericht der Beliehenen, noch die Beseitigung der Immunitätsgerichte bewirkt wurde, da im Gegenteil die kirchlichen Immunitäten nach wie vor bestehen blieben. Dabei ist nicht in Abrede zu nehmen, daß Bischöfe und Äbte, wenn sie sich im vollen Besitz der Gerichtshoheit wie der andern nutzbaren Regalien befanden, sehr geneigt waren, ihr Hofrecht auch über die Bürger ohne Unterschied zu erweitern, hofrechtliche Dienste und Leistungen zu öffentlichen zu machen. Mit welchem Erfolg dies geschah, zeigen die Hofrechte von Worms und Basel sowie das älteste Stadtrecht von Straßburg, die wir in der folgenden Abteilung betrachten werden.

Wir sahen ferner, daß die Gerichtshoheit der Bischöfe in Deutschland bisweilen auf die Stadt und ihre Umgebung ohne genauere Abgrenzung beschränkt, in Italien auf eine gewisse Miglienzahl im Umkreis festgesetzt wurde. Man könnte daher wohl auf den Gedanken kommen, daß auf solche Weise die Abgrenzung der Stadtgerichtsbezirke sei eingeführt worden. Dagegen spricht jedoch, daß die Bezirke, über welche das Stadtrecht sich erstreckte, keineswegs, weder in Italien noch in Deutschland, mit den Gebieten der bischöflichen Gerichtshoheit zusammenfielen, woraus zu schließen, daß der Grund ihrer Entstehung nicht in den Ottonischen Privilegien zu finden ist, sondern anderswo liegen muß. Er liegt in der Ausbildung eines besondern Stadtrechts, das sowohl in der Stadt selbst wie in den außerhalb gelegenen Gütern der Gesamtbürgerschaft und einzelner Bürger zur Anwendung kam. In Italien bezeichnete man

---

[1] Schwabenspiegel (Laßberg) Art. 145. 190. 286.
[2] G. Beseler, Zsch. f. Rechtsgesch. IX S. 255; Luschin, Gesch. des älteren Gerichtswesens in Österreich S. 135.

das Stadtrechtsgebiet als districtus (distretto) im Unterschied von dem weitern Gebiet, über das sich die Herrschaft der Stadt erstreckte, dem comitatus (contado)[1]. In den niederdeutschen Städten heißt der Stadtrechtsbezirk Weichbild. Davon später.

Zweites Kapitel.

Die Stadtgemeinde.

Die erste Frage ist die: wie hat sich die Stadtgemeinde gebildet? Hierüber gehen die Ansichten der Rechtshistoriker aus einander. Nach einer ist die Stadtgemeinde aus einer altfreien Gemeinde entstanden (Arnold, Heusler), nach einer andern aus der Vereinigung von Ministerialen und Hörigen des Stadtherrn (Nitzsch), nach einer dritten aus einer Altbürger- oder Stadtgilde (Wilda, Gierke), nach einer vierten aus der Dorfgemeinde (v. Maurer, v. Below), nach einer fünften aus dem Markte (Sohm) oder aus einer Marktansiedelung (Rietschel).

In der ersten Abteilung dieser Schrift wurde bereits der allgemeine Unterschied hervorgehoben, wonach Städte und Stadtgemeinden entweder aus natürlichen Anfängen und Anlagen, oder aber künstlich durch Kolonisation und Stadtgründung entstanden sind; von der letzteren Art war dort die Rede[2].

Die natürliche Entstehung der Städte führt, wie wir sahen, auf zwei Anfangspunkte zurück, die Burg (urbs) oder den Herrschaftssitz und den Vorort (suburbium)[3]. Der Vorort ist zuerst ein Dorf, seine Einwohner bilden die Dorfschaft.

Dies gilt für alle Städte ohne Unterschied, für die Pfalzstädte wie für die Bischofs- und andere herrschaftliche Städte. Immer ist ein Herrschaftssitz da, sei es eine Burg oder die Pfalz oder der

---

[1] S. meine Geschichte der italienischen Städteverfassung II S. 88.
[2] S. 37 f.
[3] S. vorher S. 29.

Bischofshof, unter deren Schutz sich die Ortsgemeinde bildet und von denen sie abhängig ist[1].

Doch nur ein abstraktes Prinzip ist hiermit aufgestellt. Nicht aus so einfachen Verhältnissen heraus, bloß aus einem Herrschaftssitz und einer Vorortsgemeinde, ist eine jede Stadtgemeinde erwachsen. Schon von den Dörfern gilt es, daß in ihnen oft mehrere Grundherrschaften und Fronhöfe bestanden, deren zinspflichtige und hörige Leute sich mit freien Bauern zusammenfanden. Noch mehr war dies in den Städten der Fall. In den Bischofsstädten stellte der Bischofshof für sich einen Zusammenhang von geistlichen und weltlichen Angehörigen dar und daneben gab es andere geistliche Stifter und Klöster gleichfalls mit eigenem Grundbesitz und abhängigen Leuten. Ebenso war in den königlichen Städten die Pfalz der Vereinigungspunkt für die persönlich freien und unfreien Eingesessenen, und auch hier fehlte es nicht an geistlichen Stiftern und Klöstern. Weder in den Bischofsstädten noch in den Pfalzstädten schien Raum für eine unabhängige Stadtgemeinde gelassen zu sein. In der That ist es nicht gelungen, die Fortdauer altfreier Gemeinden in den deutschen Städten irgendwo nachzuweisen; nur das Dasein einzelner Freien, die über eigenen Grund und Boden verfügten, findet sich in den städtischen Urkunden bezeugt[2]. Wie hat sich nun dennoch aus so verschiedenen Elementen von freien, halbfreien und hörigen Einwohnern eine selbständige Stadtgemeinde gebildet? Nur durch gemeinsame Lebensverhältnisse und Bedürfnisse kann ihre Vereinigung bewirkt worden sein. Es ist daher zu untersuchen, welcher Art diese gemeinsamen Interessen waren und wie sich diese in besonderen Verbänden und Berufsklassen wirksam bewiesen. Der erste Verband der in Betracht kommt, ist der wirtschaftlich agrarische in der Almende.

Die Almende.

Die Stadtgemeinde besitzt wie die Dorfgemeinde ein Gemeingut, das der Hauswirtschaft der Einwohner dient. Denn diese

---

[1] Dieser ebenso naturgemäßen wie historischen Anschauung sind v. Maurer und v. Below gefolgt. Unrichtig aber hat v. Maurer sowohl die Dorfgemeinde wie die Stadtgemeinde auf die Markgenossenschaft zurückgeführt, während v. Below mit Recht von den Markverbänden absieht, die nicht mit der Dorf- und Stadtmark zusammenfielen. Über Marken und Markgenossenschaften handelt A. Meitzen in seinem lehrreichen Buche „Siedelung und Agrarwesen der West- und Ostgermanen", 1893 Bd. I S. 122 ff.

[2] Waitz, D. Verfassungsgeschichte Bd. V² S. 425 f.

Zweites Kapitel. Die Stadtgemeinde.

kann nicht bestehen ohne die Nutzung von Feldern und Wäldern, Wiesen und Weiden, Gewässern, Wegen und Stegen, die der Gesamtheit gehören[1]. Es macht dabei keinen wesentlichen Unterschied aus, ob die Dorfgemeinde eine freie ist, oder zu einem oder mehreren Höfen gehört. Immer gibt es eine gemeine Dorfmark. Bedingung ihrer Nutzung ist der Besitz eines Hauses und Hofes oder eines Teiles davon. Auf den persönlichen Stand der einzelnen kommt es nicht an[2]. Über das Eigentumsrecht und das Recht die Almende zu nutzen, entscheidet die Gewohnheit des Ortes. Steht das Eigentum dem Grundherrn allein zu, so ist es doch beschränkt durch das Recht der Ortseingesessenen an den Nutzungen, nur daß sie die Almende nicht durch Anbau verringern dürfen[3].

Es ist im allgemeinen anzunehmen, daß die gleichen Rechtsgrundsätze auch bei der städtischen Almende zur Anwendung kamen, wiewohl sich nur weniges hierüber aus Urkunden entnehmen läßt. Denn auch für die Städte war sie ein unentbehrliches Bedürfnis ihres wirtschaftlichen Lebens. Daher wurden die neugegründeten Städte von Anfang an mit den verschiedenen öffentlichen Nutzungen ausgestattet. Den Bürgern von Freiburg im Üchtlande z. B. schenkten die Grafen von Kyburg Weide, Flüsse und Wasserläufe, Wälder und Gehölz, genannt „Triebholz", zu ihrer Nutzung[4].

In den alten Städten machten die Bürger Gebrauch von der Almende wie sie konnten. Als ihr Eigentum sahen es die Straßburger an, als sie beschlossen, ein Stück von ihr gegen Zins zu vergeben[5]. Wenn der Bischof sich das damals gefallen ließ, so erwirkte er doch im J. 1214 bei Kaiser Friedrich II einen Ausspruch

---

[1] Vgl. v. Maurer, Dorfverfassung I S. 44 f.

[2] Vgl. J. Grimm, Weistümer IV S. 516 Nr. 8. Ottersweier im Schwarzwald: Praeterea omnes coloni bonorum claustri predicti (Kl. Herrenalb) tam in O. quam in aliis locis adjacentibus ... uti debent silvis pratis pascuis aquis et aquarum decursionibus, almeinda et commodis quibuscumque ea libertate ac utilitate, quam predicti singulorum locorum incole perfruuntur.

[3] Ebend. IV S. 76: Dinghofsgerechtigkeit des S. Leodegaristifts zu Masmünster im Elsaß S. 78: It. es gehören auch einer fraw abtissin alle almenden ... doch das die einwohner eines jeden orths dieselben in gemein zu nützen und zu gebrauchen haben. So aber jemandt darauf bawen und sonst etwas einvahen wolte, der solle das zuvorderst von gemelten fraw abtissin zu lehen empfangen und ... jährlichs verzinsen.

[4] Stadtrecht von Freiburg i. Ü. Art. 6. S. andere Stadtrechte und Privilegien nachher. Vgl. die Gründung von Grammont (Geertsberge) in Flandern, Städte und Gilden II S. 196.

[5] Urk. zw. J. 1190—1202 im Straßburger UB. I Nr. 144: quod burgenses nostre civitatis statuerunt, ut super vallum de communi civitatis, quod

der Fürsten, wonach allein der Bischof über die Ländereien zu verfügen habe, die ihm selbst vom Kaiser verliehen seien[1]. Das war die reichsgesetzliche Theorie. Doch im J. 1232 trugen Rat und Bürgerschaft kein Bedenken, eine Geldsteuer für König Heinrich durch Veräußerung eines Teils der Almende aufzubringen[2]. In der königlichen Stadt Aachen dagegen gebot Heinrich VI 1192 den Bürgern, dem Adalbertstift gleichen Anteil an Feld, Wald und Wiesen zu gewähren[3]. In Bremen vergrößerte Erzb. Hartwig 1159 die Gemeinweide der Bürger zum Ersatz für das in Anbau genommene Sumpfland[4].

Die Almende der Stadt war eine Erbschaft vom Dorfe her oder wurde ihr bei ihrer Gründung als notwendiges Bedürfnis zugeteilt. Der Unterschied von Stadt und Dorf beginnt erst mit der Sonderung der Berufsklassen. Denn nur ein Teil der Stadtbewohner verharrte bei dem ländlichen Betrieb von Feldbau und Viehzucht. Auf Gewerbe und Handel war die Stadt vornehmlich gestellt, darin besteht der Unterschied von Stadt- und Landwirtschaft. Die Gewerbe- und Handeltreibenden aber schlossen sich in besonderen Verbänden zusammen, und es fand in diesen eine Annäherung und Ausgleichung zwischen den persönlich Freien und Unfreien statt, die der gleiche Beruf zusammenführte. Wir betrachten die Berufsstände des Bürgertums, die Kaufleute und die Handwerker.

Die Kaufleute.

Das lateinische Wort „mercator" hat, wie das deutsche „Kaufmann" im Sprachgebrauch des Mittelalters mehrfache Bedeutung[5].

Die Stadtbewohner überhaupt werden von den Geschichtschreibern mercatores genannt. So erzählt Lambert von Hersfeld

---

vulgo almeinde vocatur ... ad communem urbis utilitatem annuos census reciperent.

[1] Ebend. Nr. 160: sententia talis lata fuit pro terris illis in civitate sive extra, que vulgo nuncupantur almeine, quod nullus hominum illas terras habere debeat nisi de manu episcopi, qui ipsas terras ab imperio et de manu nostra se tenere recognoscit.

[2] Ebend. Nr. 224.

[3] Stumpf 4774.

[4] Bremisches UB. I Nr. 49.

[5] Waitz V² S. 395. S. meinen Aufsatz: Lateinische Wörter und deutsche Begriffe, im N. Archiv XVIII S. 218, wo die Quellencitate gegeben sind.

zum J. 1074, es seien aus Köln sexcenti aut eo amplius mercatores opulentissimi aus Furcht vor dem Strafgericht des Erzbischofs Anno entflohen; natürlich waren das nicht lauter Kaufleute von Beruf, sondern Bürger in unbestimmt großer Zahl. Und Bruno, De bello Saxonico, sagt von einem Heere, das Heinrich IV in Sachsen aufbrachte: maxima pars ejus ex mercatoribus erat: selbstverständlich war das kein Heer von Kaufleuten, sondern von Städtern.

Ebenso ist bei den Dichtern Kaufmann gleichbedeutend mit Stadtbewohner. In der Kaiserchronik werden öfter „buliute unde koufman" als Bauern und Bürger gegenüber gestellt. Das Nibelungenlied erzählt, wie Kriemhilde bei ihrer Ankunft in Passau von den Kaufleuten empfangen wurde, und wie die Weiber der „guten Bürger" oder „guten Kaufleute" Sigfrids Tod beweinten.

Dieser allgemeine Sprachgebrauch ist wohl zu beachten, um keiner irrtümlichen Vorstellung Raum zu geben, wo von einer Kolonisation oder Marktgründung der Kaufleute die Rede ist. Bischof Kadaloh von Naumburg gestattete 1033 den mercatores aus Gena (Groß-Jena) nach Naumburg überzusiedeln, wobei er ihnen den Zins von den Hausplätzen erließ; dagegen sollten sie ihm zum Dienst verpflichtet sein, gleichwie andere mercatores des Bistums[1]. An eine Kolonie bloß von Kaufleuten ist natürlich nicht zu denken. Konrad von Zäringen berief 1120 24 mercatores personati um den Marktplatz in Freiburg im Breisgau zu errichten. Konnte er dazu bloß Kaufleute brauchen[2]?

Der Sprachgebrauch von Kaufleuten gleich Stadtbewohnern oder Bürgern hat sich lange erhalten[3]. Im sächsischen Lehnrecht, Ende des 13. Jh., werden, gleichwie in der Kaiserchronik koplude und dorpere, mercatores und rustici gegenüber gestellt[4].

Mercatores, Kaufleute, heißen aber auch speziell, die den Kauf und Verkauf auf dem Markte eines Ortes betreiben. So ist der Ausdruck zu verstehen in dem Marktprivilegium von Allensbach J. 1075, worin der Abt von Reichenau sagt, alle Einwohner des

---

[1] Codex diplom. Saxoniae I S. 297 Nr. 82.
[2] S. vorher S. 38.
[3] Vgl. die gesammelten Stellen bei Varges, Zur Entstehung der d. Stadtverf., in Jb. f. Nationalök. u. Statistik, dritte Folge VI S. 172 f.
[4] Frensdorff, Lehnsfähigkeit der Bürger, in Göttinger Nachrichten 1894 Nr. 4 S. 408, wo noch andere Beispiele beigebracht sind.

Ortes sollen mercatores sein[1]. Im Vertrage K. Heinrichs IV mit dem Bischof von Basel J. 1185 über den gemeinschaftlichen Besitz der Festung Breisach verpflichteten sich beide, niemand eine Wohnung auf dem Berge einzuräumen, der nicht das Marktgeschäft ausüben wolle[2].

Zu den mercatores gehören auch die Handelsreisenden und Hausierer, die die Märkte und Städte besuchten[3]. Das waren nicht bloß eigentliche Kaufleute, auch Handwerker, die ihre selbstverfertigten Waren auf den Markt brachten. Ludwig der Fromme bewilligte J. 829 der Kirche von Worms den Zoll von den in die Stadt kommenden Kaufleuten, Handwerkern und Friesen[4]. Auch die geistlichen Stifter und Klöster beteiligten sich am Handel, um den Ertrag ihrer Güter zu verwerten und sich dafür den nötigen Lebensbedarf zu verschaffen. Die ihnen zustehende Immunität, Zoll- und Steuerfreiheit erstreckte sich auch auf ihre Diener, aber nicht auf die, die den Handel betrieben; nach dem Stadtrecht von Straßburg richtet der Schultheiß über die Diener der geistlichen Stifter und Klöster nur, falls sie Kaufleute sein wollen[5]. Ein Rechtsspruch K. Friedrichs I J. 1182 erklärte die Diener der Kirche von Worms nur insoweit für frei von Reichssteuern, als sie nicht öffentliche Kaufleute sind[6].

Allen Handelsleuten, berufsmäßigen und andern, kamen die kaiserlichen Privilegien, die ihnen Schutz und Frieden zusicherten, zu gute. Im Privileg Ottos I für den Erzbischof von Bremen J. 965 wird den Kaufleuten des Ortes der gleiche kaiserliche Schutz zugesichert wie denen in andern Städten[7]. Bei Verleihung des Markt- Münz- und Zollrechts an die Äbtissin von Gandersheim J. 990 sagt Otto III: Alle Kaufleute und Einwohner des Ortes

---

[1] S. hierüber nachher die Marktgründungen.

[2] Trouillat, Monuments de Bâle I S. 399: Nulli in monte assignabimus mansionem nisi mercatus officium voluerit exercere.

[3] Schwabenspiegel S. 42: koufliute die von lande ze lande varnt ... und von einem kunicriche in daz ander.

[4] Wormser UB. I Nr. 27: ut quanticumque negotiatores vel artifices seu et Frisiones apud Wangionem civitatem devenissent etc. Mit denselben Worten bestätigt von Otto I J. 947 und Otto II J. 973 ebend.

[5] Art. 38: scilicet in causis pertinentibus ad mercaturam, si volunt esse mercatores.

[6] Wormser UB. I Nr. 72: qui certi et publici mercatores non sunt.

[7] DD. I S. 422: tali patrocinentur tutela et potiantur jure quali ceterarum institores urbium.

sollen das gleiche Recht auf dem Markte haben, wie die Käufer zu Dortmund und anderen Orten[1]. Im Privileg desselben für das Kloster Helmarshausen J. 1000 wird allen Kaufleuten und allen, die den Markt besuchen, der gleiche Frieden und das gleiche Recht zugesichert, wie es die in Mainz, Köln und Dortmund besitzen[2]. Konrad II im J. 1038 und Heinrich II im J. 1042 nahmen die Kaufleute vor Quedlinburg in ihren Schutz und gewährten ihnen das gleiche Recht, wie es die Kaufleute von Goslar und Magdeburg hatten[3].

Von einem Kaufmannsrecht wird in der neueren Litteratur mit vieler Betonung geredet. Das Kaufmannsrecht, sagt man, sei die Quelle des Stadtrechts und gleichbedeutend mit diesem[4]. Man spricht von einer Kaufmannsgemeinde, die eine eximierte Gerichtsbarkeit nicht bloß in Marktsachen ausgeübt habe[5]. Das sind keine realen Verhältnisse. Es hat kein allgemeines Kaufmannsrecht sowenig wie ein allgemeines Handwerkerrecht gegeben, sondern ein Recht des Handelsbetriebs auf Grund der kaiserlichen Privilegien. Es hat keine Kaufmannsgemeinde gegeben, sondern eine Bürgergemeinde und einen Kaufmannstand in dieser. Und es hat kein eximiertes Gericht der Kaufleute gegeben, sondern ein Gericht in Marktsachen unter dem Vorsitz des herrschaftlichen Richters, in dem die Marktleute urteilten[6]. Man hat sogar von Kaufmannsstädten geredet und diese so definiert, daß sie von Kaufleuten und für sie seien gegründet worden, und als ein Beispiel dieser Art Freiburg im Breisgau angeführt[7]. Doch eine Stadt von Kaufleuten ist an sich ein Unding[8].

---

[1] DD. II S. 473: ut negotiatores et habitatores ejusdem loci eadem lege utantur, qua ceteri emptores Trotmannic aliorumque locorum.

[2] DD. II S. 786: ut omnes negotiatores ceterique mercatum excolentes commorantes euntes et redeuntes talem pacem talemque justitiam obtineant qualem illi detinent, qui Moguntiae, Coloniae et Trotmanniae negotium exercent.

[3] UB. von Quedlinburg (hg. von Janicke) Nr. 8 und 9.

[4] Sohm, Entstehung S. 68: „Das Recht der Kaufleute ist mit dem Stadtrecht gleichbedeutend;" Rietschel, Markt und Stadt S. 192, leitet das Stadtrecht aus dem kaufmännischen Gewohnheitsrecht, „dem Personalrecht des Kaufmanns" ab.

[5] Gothein, Wirtschaftsgeschichte des Schwarzwalds I S. 10, geht so weit, zu behaupten: „Die Kaufleute richteten nicht nur über ihre eigenen Angelegenheiten, sondern über alles, was sich innerhalb ihres befriedeten Weichbildes zutrug."

[6] S. über das Marktgericht im Folgenden unter Marktgründungen.

[7] Gothein a. a. O. S. 6. 16. 92.

[8] Mit Recht sagt K. Bücher, Entstehung der Volkswirtschaft S. 87: „Die

Es hat berufsmäßige Kaufleute und Genossenschaften von solchen in den Städten gegeben. In den niederländischen Städten erscheinen sie in mannigfacher Gestalt und Bedeutung und mit verschiedenen Benennungen[1]. Als religiöse Brüderschaften, Caritäten, in Valenciennes und Arras, als Kaufmannsgilde in Saint-Omer, als Tuchgilden in Mecheln, Löwen, Brüssel, als Brüderschaft der Gewandschneider in Dortrecht, als Brüderschaft der Kaufleute in Utrecht. Die Innung der Gewandschneider, die den Tuchhandel betrieben und Tücher im Ausschnitt verkauften, war in Norddeutschland weit verbreitet. In Magdeburg findet sie sich zuerst in dem Privileg, das ihr Erzbischof Wichmann 1183 erteilte, worin sich sogleich die Richtung auf das Monopol zu erkennen gibt[2]. Eine „Gesellschaft" für sich neben den gewerblichen Gilden bildeten sie in Dortmund[3]; an anderen Orten gehörten sie zu diesen[4]. In Köln hießen sie die Herren unter den Gaddemen[5]. Kaufmannsgilden oder „Kaufgilden" kommen in Göttingen und Höxter vor[6].

Anderer Art war die viel besprochene Gilde von Köln, auf die ich hier noch einmal in der Kürze zurückkomme[7]. Wir kennen sie nur aus dem Mitgliederverzeichnis, das die Aufschrift „burschap" und fraternitas mercatorum gilde führt und dem Ende des 12. Jh. angehört[8]. Aus den charakteristischen Bezeichnungen nach Gewerben

neuere Litteratur über die Entstehung der Städte hat die sehr weite Bedeutung des Wortes Kaufmann übersehen und die zahllosen Städte mit Kaufleuten, im modernen Sinne, bevölkert. Die ganze Wirtschaftsgeschichte empört sich gegen diese Auffassung!"

[1] Meine Städte und Gilden, 1891, Bd. II Buch 8. A. Doren, Untersuchungen zur Gesch. der Kaufmannsgilden, 1893, ein Schüler Schmollers, handelt über Kaufmannsgilden teils übereinstimmend mit mir, teils in anderen Sinne; vgl. Eulenburgs Rec. in Zsch. für Social- und Wirtschaftsgesch. II S. 262 ff. Die aus dem Nachlaß von K. W. Nitzsch (in der Zsch. der Savigny-Stiftung Bd. XIII und XV) herausgegebenen Aufsätze über die niederländische Kaufgilde und Verkehrseinrichtungen liegen weit ab von meiner Art diese Dinge zu behandeln.

[2] Die Urkunde ist nur in späterer deutscher Übersetzung vorhanden. UB. der Stadt Magdeburg (von Hertel) I Nr. 55: „dat nehn inwoner ebber frembder sic ore kopmannschat schall bruken ebber gewandt tho snyden sic schall underwinden, id en sie denne dat her orer innige sie togefüget". Vgl. die Halberstadter Urkunde vom J. 1272, wo dies als allgemeiner Grundsatz der Gewandschneiderinnungen ausgesprochen ist. UB. (von G. Schmidt) I Nr. 248.

[3] Städte und Gilden II S. 367.

[4] In Münster ebend. S. 379, Soest S. 387, Höxter S. 393, Goslar S. 401.

[5] Stadtanf. von Köln in Städtechron. XIV Einl. S. 79.

[6] Städte und Gilden II S. 395. 410.

[7] Vgl. ebend. II S. 343 f.

[8] S. meine Beschreibung der Hs. auf drei Pergamentrollen a. a. O. Seitdem

und Herkunftsorten einzelner Personen geht hervor, daß die Gilde Kaufleute und Handwerker, einheimische und auswärtige, umfaßte[1]. Über den Zweck der Gilde findet sich keinerlei Andeutung; es ist daher der Vermutung Raum gegeben. Das Wort „Gilde" kommt sonst in Köln nicht vor. Dies läßt auf fremden Ursprung auch der Gilde selbst schließen. Auf England weisen die Handelsbeziehungen Kölns und die Privilegien hin, welche die englischen Könige Heinrich II 1157 und Richard Löwenherz 1194 den Kaufleuten von Köln erteilten, die mit andern Deutschen ihren Sitz und Vereinigungspunkt in der Gildhalle zu London hatten[2]. Die Gilde von Köln war eine Monopolgilde englischer Art. Auch die Kaufmannsgilden Englands verliehen das Recht, das sie in gewissen Handelsartikeln besaßen, an Handwerker und andere Einwohner des Ortes[3].

Der Hauptartikel des kölnischen Handels war der Wein; man kann daher in der späteren Weinbrüderschaft, die ausschließlich den Weinhandel und Weinzapf betrieb, eine Fortsetzung der verschwundenen Gilde sehen[4].

Es fragt sich, ob es auch in Oberdeutschland Kaufmannsgilden gegeben hat? Für Regensburg, das der Hauptplatz des Donauhandels war, wird dies behauptet und das Amt des Hansegrafen darauf bezogen[5]. Das Wort Hanse kommt in England, in den Niederlanden und Norddeutschland in verschiedener Bedeutung vor, als Handelsgesellschaft und Handelsrecht und Handelsabgabe[6]. Die flandrische Hanse zu Brügge, die Vorgängerin der deutschen Hanse

---

hat K. Höniger die Namenlisten in den Kölner Schreinslisten des 12. Jh. Bd. II S. 46 f. abgedruckt. Die hier getroffene alphabetische Anordnung der Namen erleichtert zwar die Übersicht, verwischt aber den Charakter des Originals, das die in- und übereinander geschriebenen Namen in völliger Verwirrung aufzeigt.

[1] A. Doren hat im Anfang seiner schon erwähnten Schrift die genannten Herkunftsorte von 196 Personen zusammengestellt, woraus sich ergibt, daß nur 42 von diesen aus der Rheinprovinz herstammten, während die anderen, wie er meint, in Köln eingewandert seien. Warum eingewandert? Auch Auswärtige konnten Mitglieder der Gilde sein, wenn sie sich in sie einkauften, um das Handelsmonopol zu gewinnen.

[2] Städte und Gilden I S. 72.

[3] Ebend. I S. 448.

[4] S. Städte und Gilden II S. 348. Kruse, Richerzeche (in Zsch. der Savigny-Stiftung IX S. 164).

[5] T. Köhne, Das Hansegrafenamt. Ein Beitrag zur Geschichte der Kaufmannsgenossenschaften und Behördenorganisation, 1893. Vgl. Gengler, Beiträge zur Rechtsgeschichte Bayerns III, Quellen des Stadtrechts von Regensburg, 1892, S. 111 Die Hanse.

[6] Städte und Gilden II S. 572.

zu Lübeck, war ein Bund der Kaufmannsgilden von den Städten Flanderns[1]. Vier Hansegrafen, comites hansae, sind in Lille genannt[2]. Was hatte das Amt des Hansegrafen in Regensburg zu bedeuten?

Nach einer Verordnung Ottokars von Steiermark J. 1191/92 in betreff des Jahrmarktes zu Enns hatte dort der Graf (Hansegraf) von Regensburg die Schiffsladungen wegen Erhebung der Zölle zu untersuchen[3]. Ein Privileg König Philipps von Schwaben J. 1207 erteilte den Regensburgern das Recht, einen Hansegrafen nach ihrem Gefallen zu wählen, der die Gewohnheiten der Regensburger auf Jahrmärkten bewahren soll und auch in der Stadt Anordnungen mit Zustimmung der Bürger treffen kann[4]. Doch beschränkt das Privileg Friedrichs II vom J. 1230 die Befugnis dieses Beamten allein auf die Angelegenheiten der Bürger auf auswärtigen Jahrmärkten[5]. Und übereinstimmend hiermit sagt der Lichtenbergische Schiedsspruch vom J. 1281, daß die Bürger, die auf der Straße zu Lande oder zu Wasser fahren, einen Hansgrafen haben und alle Jahre neu wählen „und sol der auch anders nichtes gewalt haben in der stat dann umbe den geschäfte, den sie habent zehandeln umb die strazze"[6].

Aus allem dem ergibt sich, daß der Hansegraf von Regensburg die Angelegenheiten der Kaufleute auf Jahrmärkten und Reisen zu besorgen hatte, nicht aber, daß eine Gilde der Kaufleute in der Stadt bestanden hat[7].

In Süddeutschland war das Wort Gilde überhaupt unbekannt.

---

[1] Ebend. II S. 185. 512.

[2] Ebend. S. 171.

[3] Die Verordnung ist abgedruckt bei v. Meiller, Österreich. Stadtrechte, im Archiv zur Kunde österreich. Geschichtsquellen Bd. X S. 92.

[4] Mon. Boica XXIX a S. 532: et si infra civitatem is aliquid ordinare disposuerit (natürlich nur in bezug auf die Jahrmärkte), id nonnisi secundum civilia instituta et ex consensu urbanorum fiat.

[5] Gengler a. a. O. S. 24 § 12: Item cives potestatem habebunt eligendi hansgravium, qui disponat et ordinet extra civitatem, et non infra, ea tantum que respiciunt negotia nundinarum.

[6] Gengler S. 115.

[7] Die Schrift Köhnes über Hansen und Hansegrafen enthält schätzbares Material und ist reich an Vermutungen und Beweisen für nicht dagewesenes. Vgl. die Recension K. Schaubes in Göttinger gel. Anzeigen 1893 Nr. 37. Von Hansen und Hansegrafen in Groningen handelt K. Kunze in Hansischen Geschichtsbl. hg. 1894 S. 129. In Österreich waren Hansegrafen landesfürstliche Beamte in den einzelnen Provinzen, um Handel und Verkehr zu überwachen. Luschin, Älteres Gerichtswesen in Österreich S. 236.

Darum kommen hier Gilden der Kaufleute so wenig wie der Handwerker vor, aber an Genossenschaften der Kaufleute fehlte es doch nicht ganz. Im Straßburger Stadtrecht aus dem 12. Jh. sind unter den verschiedenen Klassen der Einwohner, die dem Bischof Dienste zu leisten hatten, auch die Kaufleute (mercatores) genannt: sie sollen, heißt es, dreimal im Jahr auswärtige Botschaften ausrichten und nehmen bei Festlichkeiten einen Ehrenplatz am bischöflichen Tische ein[1]. Dies läßt auf eine Genossenschaft der Kaufleute schließen, die den geforderten Dienst unter sich regelte.

Was speziell die Gewandschneider angeht, so finden sich auch diese in einigen oberdeutschen Städten als Genossenschaften[2]. Das Augsburger Stadtbuch vom J. 1276 enthält die Bestimmung über das Recht der „Gewander", daß niemand außer ihnen und denen sie es geben wollen, Tuch verkaufen dürfe nach der Elle[3]. Hier waren die Gewandschneider eine Genossenschaft mit eigenem Recht. Sie waren es nicht nach dem Stadtrecht von München, weil dort alle Einungen überhaupt verboten waren[4]; das Recht, Gewand und Kleinod zu verkaufen, wurde von dem Rat erteilt[5]. Sie waren eine Genossenschaft mit dem Rechte des Monopols in Wien, wo sie die Laubenherren hießen, wie in Köln die Herren unter den Gaddemen; ihr Privileg verdankten sie Herzog Albrecht I im J. 1288[6].

Die Juden.

Zu den Kaufleuten gehörten vor allen die Juden. Sie waren eine Erbschaft aus dem römischen Reiche. Nach einer Verordnung des Kaisers Constantin sollten sie in Köln zur Curie der Stadt zu-

---

[1] Stadtrecht Art. 68. 69.

[2] Schmoller, Die Straßburger Tucher- und Weberzunft S. 390, findet es schwierig zu erklären, daß „im Südwesten Deutschlands wohl Gewandschneider, aber keine besonderen Gilden derselben vorkommen." Die Schwierigkeit liegt doch wohl nur darin, daß sie nicht Gilden heißen. Schmoller selbst hat die Gewandschneider in Augsburg, München und anderen Orten nachgewiesen.

[3] Stadtbuch hg. von Chr. Meyer S. 42 Art. 11.

[4] Ausg. von Auer Art. 366: „Wir verpieten all ainnig in unser stat, daz niemant zu dem andern swer oder lob."

[5] Art. 376 „neur der daz ampt von dem rat empfacht."

[6] Geschichtsquellen der Stadt Wien (von Tomaschek) I Nr. 75 in der Bestätigung von 1368. Vgl. Eulenburg, Das Wiener Zunftwesen in Zsch. f. Social- und Wirtschaftsgesch. I S. 279.

gezogen werden[1]. Scharen von Kaufleuten, besonders aus Syrien, befanden sich nach Salvian in den meisten Städten Galliens[2]. Gregor von Tours erzählt, wie König Guntram bei seiner Ankunft in Orleans auch von den Juden mit freudigem Zuruf empfangen wurde; dennoch äußerte der König, er werde diesem bösen und treulosen Volke ihre zerstörte Synagoge nicht wieder aufbauen[3]. Wir finden sie in karolingischer Zeit in der Pfalz zu Aachen: De disciplina palatii Aquisgranensis: — per mansiones omnium negotiatorum, tum christianorum quam et Judeorum[4]. In Urkunden der sächsischen Kaiser sind sie unter den Kaufleuten an erster Stelle genannt. So in Magdeburg, Otto I J. 965: ne vel Judei vel ceteri ibi manentes negotiatores, und Otto II J. 973: et negotiatores vel Judei ibi habitantes[5]; in Merseburg, Thietmar III c. 1: Quicquid Merseburgensis murus continet urbis cum Judeis et mercatoribus; in der Zollordnung für den Donauhandel J. 903—906: Legitimi mercatores, id est Judei et ceteri mercatores undecumque venerint de ista patria vel de aliis patriis[6]. Der Ausdruck: Juden und übrige Kaufleute, sagt, daß sie unter den Kaufleuten vornehmlich in Betracht kamen. Selbstverständlich galten die den Kaufleuten gewährten königlichen Schutz- und Zollprivilegien auch für sie. Doch wurden ihnen auch besondere Privilegien zuteil.

Ludwig der Fromme gestattete einzelnen Judenfamilien an verschiedenen Orten, nach ihren Gesetzen zu leben, und nahm sie und ihr Eigentum in seinen Schutz; bei ihren Streitigkeiten mit Christen behielt er in schwierigen Fällen sich selbst die Entscheidung vor; eine enorme Geldbuße (20 Pfund Gold) setzte er auf Tötung eines Juden[7].

Auch manche Stadtherren begünstigten die Juden, um der Vorteile willen, die ihnen ihr Handel und Geldwechsel einbrachten. Keiner wußte sie besser zu schätzen als der Bischof Rüdiger von Speier. Fast überschwänglich spricht er sich zu ihrem Lobe in dem

---

[1] Cod. Theodos. XVI 8: Decurionibus Agrippinensibus c. 3.
[2] De gubernatione Dei IV § 69.
[3] Hist. Francorum L. VIII c. 1.
[4] Capitularia (ed. Boretius) I S. 298.
[5] DD. I S. 416, II S. 38.
[6] Capitularia II S. 252.
[7] Praeceptum Iudaeorum, Formulae (ed. Zeumer) S. 309 Nr. 30 und 31 und S. 325 Nr. 52, worin noch andere Bestimmungen zu ihren Gunsten enthalten sind.

Freibrief aus, den er seinen Juden im J. 1084 erteilte[1]. Er habe geglaubt, sagt er, die Ehre des Vororts von Speier, den er zur Stadt erhoben, tausendfach zu vermehren, wenn er in ihm die Juden vereinigte[2]; dort sollen sie einen von den übrigen Bürgern (ceterorum civium) — also Bürger waren auch sie — abgesonderten, durch Mauern eingeschlossenen und geschützten Wohnort haben, wo sie nur zum Wachtdienst verpflichtet sind[3]; es wird ihnen ein eigener Begräbnisplatz, und zwar auf dem Boden der Kirche eingeräumt; sie dürfen ihr eigenes Gericht unter ihrem Synagogenvorsteher haben, können christliche Ammen und Diener halten, und dürfen, was für den Nutzen der Kirche und der Stadt die Hauptsache war, im Rheinhafen sowohl wie in der Stadt selbst den Geldwechsel mit Gold und Silber betreiben, kaufen und verkaufen wie sie wollen. Was konnten sie noch mehr verlangen?

Wenige Jahre darauf erfolgte das Privileg Heinrichs IV von 1090 zu gunsten einiger in Speier aufgenommenen Judenfamilien und Genossen, die von einem berühmten Rabbinergeschlecht aus Italien herstammten[4]. Inhalt und Wortlaut dieses Privilegs stimmen zumteil mit dem praeceptum Judaeorum Ludwigs des Frommen überein[5]. Es finden sich darin die gleichen Bestimmungen über Sicherheit des Eigentums, das hier näher bezeichnet ist als erbliches Eigen an Hausplätzen, Wohnungen, Gärten, Weinbergen, Feldern, Leibeigenen und beweglichen Sachen, Handels- und Zollfreiheit, Befreiung vom Reichsdienst, Gleichstellung der Juden mit den Christen bei der Eidesleistung, Verschonung mit Feuer- und Wasserprobe und körperlicher Züchtigung und zu allem dem das eigene Gericht vor dem Judenbischof (ab eo qui est episcopus eorum).

Ein ähnliches Privileg erteilte Heinrich IV den Juden und Judengenossen zu Worms. Es liegt nur in der Form vor, in der

---

[1] UB. von Speier (Hilgard) Nr. 11.

[2] Cum ex Spirensi villa urbem facerem, putavi milies amplificare honorem loci nostri, si et Judeos colligerem.

[3] Der Mauerschutz sollte dazu dienen, ne a pecoris insolencia facile turbarentur. Doch bedurften sie des Schutzes wohl nicht bloß gegen das Vieh!

[4] Ihre Herkunft und Genealogie hat schön nachgewiesen Breßlau in der Zsch. für die Gesch. der Juden I S. 156.

[5] UB. von Speier Nr. 12. Vgl. Breßlau a. a. O. S. 153, wo die Texte nebeneinander gestellt sind.

es Friedrich I im J. 1157 bestätigt hat[1]. Verglichen mit dem von Speier finden sich darin Änderungen und Zusätze. Über die Priorität des einen oder des andern wird gestritten[2]. Um hierüber zu entscheiden, fragt es sich, ob das Wormser Privileg in der originalen Fassung vorliegt, oder ob dessen Abweichungen vom Speirer Privileg erst in die Bestätigungsurkunde Friedrichs I hereingekommen sind. Letzteres ist der Fall. Eine Abweichung ist die, daß nach der Speirer Urkunde schwierige Rechtsfälle der Juden an den Bischof von Speier gebracht werden sollen, während in dem von Friedrich I bestätigten Wormser Privileg die Berufung von dem Judengericht an den Kaiser gestattet ist[3]. Wichtiger ist eine andere bisher übersehene Abweichung, nämlich die, daß nach dem Speirer Privileg der Vorsteher der Judensynagoge von dem Bischof ernannt wird, nach dem von Friedrich bestätigten Wormser aber von dem Kaiser und zwar aus dem Grunde, weil die Juden zur Kammer des Kaisers gehören (praesertim cum ad cameram nostram attineant). War man bisher im Zweifel darüber, wann die Kammerknechtschaft der Juden den Anfang genommen hat, so findet sich hier der Beweis, daß dieser Grundsatz bereits zur Zeit Friedrichs I um Mitte des 12. Jh. galt[4].

Nur sechs Jahre später nach dem Privileg Heinrichs IV für die Juden in Speier gab die Verkündigung des ersten Kreuzzuges zur Befreiung des gelobten Landes die Veranlassung zu den entsetzlichen Judenverfolgungen durch den christlichen Pöbel in den Rheinstädten und an der Donau, und wieder, bevor Konrad III den zweiten Kreuzzug im J. 1146 antrat, erneuerten sich die Judenmorde in den rheinischen und benachbarten Städten, wo die zu Tode gehetzten und ausgeplünderten Verächter des Christenglaubens nur wenig Schutz fanden bei den geistlichen Stadtherren und daher ihre

---

[1] MG. Constitutiones (ed. Weiland) I S. 226. Zuerst bekannt gemacht aus dem Kölner Archiv durch Höniger in der Zsch. für Gesch. der Juden I S. 137, wo der Text mit dem des Speirer Privilegs von 1090 zusammengestellt ist.

[2] Breßlau hält das Speirer Privileg für das dem Wormser zu Grunde liegende, umgekehrt Höniger und Stobbe; letzterer erklärt das Speirer sogar für gefälscht, Gesch. der Juden in Deutschland S. 213.

[3] Speier: Si quando ... difficiles orte fuerint questiones vel lites ... ad presenciam referantur episcopi ut ejus valeant judicio terminari. Worms Art. 14: Si autem de magna causa inculpati fuerint, inducias ad imperatorem habeant, si voluerint, praesertim cum ...

[4] Stobbe a. a. O. S. 201 bestreitet also mit Unrecht die Meinung von Grätz, daß die Kammerknechtschaft der Juden bereits unter Friedrich Barbarossa ausgebildet war (Gesch. der Juden VI S. 269) und nimmt dafür ungefähr die Zeit zu Anfang des 13. Jh. an.

Zuflucht nach Nürnberg und andern königlichen Städten nehmen[1]. Der königliche Schutz aber brachte ihnen die Kammerknechtschaft.

Trotz allem dem veränderte sich die rechtliche Stellung der Juden in den deutschen Städten nicht wesentlich. Einen Beweis davon gibt Köln, wo uns ihre Verhältnisse seit Mitte des 12. Jh. gut bekannt sind[2].

Die Juden wohnten mitten unter den Christen in der Altstadt. Das Rathaus der Stadt lag inter Judeos[3]. Sie waren gleichberechtigt mit den Christen im Besitz von Häusern und Grundstücken; ihre Erwerbungen und Veräußerungen von solchen wurden in den Schreinsbüchern von S. Lorenz eingetragen; sie galten als Mitbürger[4]. Doch bildeten sie eine besondere Gemeinde, universitas Judaeorum, hatten ein eigenes Gemeindehaus, genannt Spielhaus, einen Kirchhof außerhalb der Stadtmauern, und die Synagoge (schola), deren Bischof (episcopus) sie jährlich wählten, war ihr Gericht. Als privilegierte Genossenschaft standen sie unter dem Schutze des Erzbischofs und dann auch der Stadt. Durch die immer nur auf eine bestimmte Reihe von Jahren verliehenen Schutzbriefe waren ihre Rechte und Pflichten festgesetzt[5]. Der Nutzen des Stadtherrn bestand in den jedesmal gesteigerten Geldzahlungen der Juden bei Erneuerung ihrer Privilegien sowie in gelegentlichen Erpressungen von Darlehen[6]. Daher waren sie befreit von bürgerlichen Steuern und Lasten; in Kriegszeiten hatten sie ein Stadtthor, die Judenpforte, zu bewachen. Die Hauptsache war für sie das kostbare Vorrecht des Zinswuchers. Im allgemeinen ist zu sagen: die Juden gehörten zur Stadtgemeinde als Eingesessene der Stadt, waren aber befreit von bürgerlichen Lasten und nahmen dagegen auch keinen Teil an den Rechten der Bürgergemeinde.

[1] Otto Fris. Gesta Friderici lib. I c. 38: Unde factum est, ut non pauci ex ipsis hujusmodi immanitatem fugientes in oppido principis quod Noricum seu Norinberch appellatur aliisque municipiis ejus ad conservandam vitam se reciperent.

[2] Vgl. meine Verfassungsgesch. von Köln in Städtechron. XVI Einl. S. 82 ff. und Höniger in Zsch. für die Gesch. der Juden I S. 65 f. 136 f., wo Auszüge aus den Schreinsurkunden von S. Lorenz mitgeteilt sind.

[3] Urk. J. 1149 Qu. I S. 329: in domo civium inter Judeos sita.

[4] Höniger, Schreinsurkunden Bb. I S. 224 Nr. 14: Hauskauf von zwei Judenfamilien unter der Bedingung, ut ipsi Judei domum inhabitent, cum de hereditate sua, scil. scoz (Schoß) sicut alter concivis ejusdem parochie (S. Lorenz) civitati reddunt (später gestrichen). Ich komme auf die Besitzverhältnisse der Juden in Köln später bei Weichbild und Erbzinsleihe zurück.

[5] Ennen, Geschichte der Stadt Köln I S. 475.

[6] Verf.-Gesch. von Köln a. a. O. S. 85.

Die Handwerker.

Ob die Zünfte aus hofrechtlichen Innungen oder aus freier Einigung entstanden sind, ist eine schon viel erörterte Streitfrage[1]. Die für sie gebrauchten Ausdrücke scheinen das eine wie das andere zu beweisen. Amt, officium, deutet auf aufgetragenen Dienst, Innung, unio, auf freie Einigung. Indifferent ist Handwerk, ars oder artificium. Gesellschaft, societas, bedeutet die Verbindung der Handwerker gleicher Art. Brüderschaft, fraternitas, ist mit religiösen Pflichten verbunden und gleichbedeutend mit Gilde. Das Wort Zunft wird von „zemen" abgeleitet, das geziemende ist die Regel, die für die Genossenschaft gilt[2]. Zeche ist die Trinkstube, in der sie sich zusammenfindet.

Amt, Innung, Gilde sind die in Niederdeutschland gebräuchlichen Bennungen: Amt in Köln und in den flandrischen Städten, in Lübeck und Bremen, Innung und Gilde oder Brüderschaft in Sachsen und Westfalen, in Magdeburg, Braunschweig, Lüneburg, Göttingen, Goslar, Münster, Soest, Dortmund[3]. Zunft kommt nur in Oberdeutschland vor, in Augsburg und München, in Worms, Basel, Bern und Zürich; Zeche in Wien[4]. In Straßburg, Frankfurt, Nürnberg kennt man nur Handwerke.

Nicht eine Ansicht, eine Thatsache ist es, daß es freie und unfreie Handwerker und Innungen nebeneinander gegeben hat[5].

[1] Als Vertreter der ersten Ansicht sind Heusler (Ursprung S. 104) und Stieba (Zur Entstehung des deutschen Zunftwesens), der letzteren Arnold (Freistädte I S. 250) und Gierke (Genossenschaftsrecht I S. 359) zu nennen.

[2] Weigand, Wörterbuch; Kluge, Etymologisches WB.

[3] Städte und Gilden II.

[4] Hz. Rudolf IV verbot 1364 „alle zechen ainung und gesellschaft" der Handwerker, s. Tomaschek, Die Rechte und Freiheiten der Stadt Wien S. 158 Nr. 68. Vgl. Eulenburg, Das Wiener Zunftwesen, in Zsch. f. Social- und Wirtschaftsgesch. I J. 1893, wo auch das Stadtrecht von Wiener Neustadt angeführt ist § 55: quod vel zecha vel fraternitas non redundet ad dampnum commune civitatis.

[5] v. Below, Entstehung des Handwerks in Zsch. für Social- und Wirtschaftsgeschichte Bd. V. Nachträglich ist mir R. Eberstadt, Magisterium und Fraternitas, 1897 (Forschungen von Schmoller XV. 2) zugekommen. Der Titel gibt zu raten auf. Was heißt Magisterium? Der Verf. gebraucht das seltene Wort, um die Art von gewerblichen Innungen zu bezeichnen, die in Paris im 13. Jh. unter dem Patronat von Großmeisterschaften der Krone bestanden (vgl. meine Städte und Gilden II S. 95 f.), von denen er einige in ihrer geschichtlichen Entwickelung darstellt und Analogien auch in deutschen Innungen findet. Fraternitas ist die Handwerkerbrüderschaft. Ich berücksichtige die interessante Schrift in den Anmerkungen.

Historisch sind am frühesten die hofhörigen Handwerker bezeugt. Im Capitular de villis Karls des Großen sind eine Reihe von solchen aufgeführt, die zur Hofhaltung nötig und zu Arbeiten und Diensten mit ihrem Handwerk verpflichtet waren[1]. Auf den Höfen und Gütern der Kirchen und Klöster waren hörige Handwerker aller Art im täglichen Dienst beschäftigt[2]. In der Lebensbeschreibung des Bischofs Gebhard von Konstanz (gest. 995) wird erzählt, wie der Bischof bei Stiftung des Klosters Petershausen die besten von seinen hörigen Leuten auswählte und als Köche, Bäcker, Gerber, Schuster, Zimmerleute und andere Handwerker anstellte[3]. Die Schuster, Schmiede, Bäcker und Metzger von Goslar, die im Sachsenkriege Heinrichs IV in Waffen auszogen, um ihr Vieh gegen die Burgleute der Harzburg zu schützen, wird man wohl als hofhörige Innungen der Pfalz ansehen dürfen[4].

Einzelne freie und unfreie Handwerker finden sich in den Traditionen von S. Emmeram in Regensburg erwähnt.

Eine Frau freien Standes (quaedem mulier liberae conditionis) mit zwei Töchtern und einem Sohn ergaben sich dem Kloster mit Zinspflicht unter dem Vorbehalt, für sich und ihre Nachkommen persönlich frei zu bleiben. Die Zeugen, die dabei waren: ein Maler, fünf Krämer (mercatores scilicet chramarii), ein Bäcker, ein Schwertfeger, ein Sattler und ein Zimmermann, sind, wie die Schenkerin selbst, für freie Leute zu halten[5]. Dagegen ist ein Bäcker des Klosters pistor noster genannt[6].

Eine freie Innung waren die Weber von Mainz, denen Erzbischof Ruthard im J. 1099 zwei bürgerliche Ämter, d. i. Dienste, erließ und das Begräbnis im Vorhofe der Kirche S. Stephan gestattete, zum Entgelt für die Baupflicht, die sie an dieser Kirche übernahmen[7].

Eine freie Innung waren auch die Schuster zu Koblenz, die

---

[1] Capit. (Boretius) I S. 87 c. 48: Ut unusquisque judex in suo ministerio bonos habeat artifices, id est fabros ferrarios et aurifices etc.

[2] Beispiele bei Waitz V² S. 214.

[3] Vita Gebehardi c. 19. MG. SS. X S. 588.

[4] Carmen de bello Saxonico I v. 197: Goslaria currunt pariter juvenesque senesque, | sutores, fabri, pistores carnificesque | militibus comites ibant in bella ruentes.

[5] Trad. S. Emmeramenses (Quellen und Erört. zur bayr. und b. Geschichte I) Nr. 150, aus der Zeit zwischen 1095—1143.

[6] Ebend. Nr. 74.

[7] S. meine Verf.-Gesch. von Mainz S. 33. 68.

in der von Heinrich IV im J. 1104 bestätigten Zollrolle vorkommen[1]. Schwertfeger und Bäcker sind mit ihren Abgaben aufgeführt, als organisierte Innung aber die Schuster, die dreimal im Jahr ungebotene Zusammenkunft halten, in der sie ihren Zins entrichten sollen[2], und an welche fremde Schuster, denen der Zöllner die Erlaubnis, Schuhe zu verkaufen, erteilt hat, ihren Zins zu bezahlen haben[3].

Eine freie Innung der Schuster bestand gleichfalls in Würzburg. Ihr erneuerte Bischof Embricho 1128 die alten Rechte, nachdem sie sich darüber beschwert hatten, daß diese durch die Habsucht einiger Richter hintangesetzt worden seien[4]. Sie mußten gewisse Abgaben an den Bischof, den Kämmerer, den Schultheißen entrichten. Der in die Genossenschaft (consortium) Aufgenommene hatte ein Eintrittsgeld von 30 Schill. an sie zu bezahlen.

Von den hofhörigen und den freien Innungen sind zu unterscheiden die herrschaftlichen, das sind diejenigen, die von der Stadtherrschaft eingesetzt waren oder, von hofhörigen Innungen herstammend, die Hofhörigkeit insoweit abgestreift haben, daß die ihnen angehörigen Handwerker nicht mehr im Dienste des Herrn arbeiten, sondern ihm nur zu gewissen Leistungen verpflichtet sind, dabei aber fortdauernd unter dem Gebot und Gericht des Hof- und Stadtherrn oder eines seiner Beamten stehen, der die Meistervorsteher der Innungen ernennt[5].

Eine von der Stadtherrschaft eingesetzte Innung war die der Fischhändler, die Bischof Adalbert von Worms auf Verlangen des Grafen und anderer Großen im J. 1106 errichtete[6]. Es wurden 23 piscatores b. i. Fischhändler, nicht Fischer[7], bestellt, die das

---

[1] Mittelrhein. UB. (hg. von Beyer) I S. 468.

[2] Sutores ipsius loci ter conveniunt ad placitum injussi et unusquisque dabit denarium unum. Unter placitum ist natürlich die Zunftversammlung, nicht das öffentliche Gericht zu verstehen, und das Gebot, sie zu besuchen, wird wegen der Zinszahlung gegeben.

[3] Dabitur autem eis census sutorum aliunde venientium.

[4] Urkunde bei Gramich, Verf. und Verwaltung der Stadt Würzburg (Festgabe zum Jubiläum der Universität 1882) S. 68.

[5] Der Begriff der herrschaftlichen Zünfte, den ich aus den gleich zu erwähnenden Innungen entnehme, wird sich ungefähr mit demjenigen decken, den Eberstadt mit dem Fremdwort Magisterium bezeichnet.

[6] UB. von Worms I Nr. 58: comitis Wernheri petitione aliorumque optimatum suorum consilio et persuasione.

[7] Wie Köhne, Ursprung der Stadtverf. in Worms, Speier, Mainz S. 59 richtig bemerkt.

Privilegium mit erblichem Recht erhielten, in einem abgegrenzten Bezirke Fische aufzukaufen und zu Markte zu bringen. Der Fische bedurfte man zu Fastenspeisen; die Erbfischer wurden zu dem Zweck eingesetzt, damit der Markt beständig mit Fischen versorgt wäre. Für den Fall, daß einer von ihnen ohne Erben abgeht, wird bestimmt, daß die Stelle urbanorum communi consilio ergänzt werden soll. Daß urbani hier nicht die gesamte Bürgerschaft bedeuten können, ergibt sich daraus, daß die confiscierten Fische gleichmäßig unter sie verteilt werden sollen, was eine geringe Zahl der urbani voraussetzt[1]. Es sind die cives majores.

Im Stadtrecht von Straßburg findet sich eine Reihe von Handwerken aufgeführt, die jedes nach seiner Art entweder insgesamt oder nur mit einer Anzahl von Mitgliedern dem Bischof zu bestimmten Abgaben von verfertigten Waren oder Arbeitsleistungen verpflichtet waren. Aus diesen Leistungen ist nicht zu schließen, daß die genannten Handwerke hofrechtliche Ämter waren[2]. Auch die Kaufleute, die Bürger allgemein, hatten dem Bischof persönliche Dienste zu leisten. Ein Unterschied unter den Handwerken von Straßburg besteht aber darin, daß bei der Mehrzahl von ihnen der Burggraf die Meistervorsteher einsetzt und über die Vergehen der Handwerker richtet, bei andern dagen nicht[3]. Denn die meisten waren herrschaftliche Ämter, die wenigen übrigen, Metzger, Fischer und Zimmerleute, freie Innungen.

Das bischöfliche Lehnbuch von Basel um J. 1200 nennt als officia die Hausgenossen, Weinleute, Bäcker, Schmiede, Maurer, Zimmerleute und Becherer. Jedes Amt stand unter der Leitung eines bischöflichen Ministerialen[4]. Daneben gab es im 12. Jh. eine Anzahl von offenen Handwerken: Leineweber, Kürschner, Schuster, Metzger und andere, die in keiner Beziehung zum Hofrecht standen[5].

---

[1] An den Rat ist in so früher Zeit nicht zu denken, ebensowenig an eine Kaufgilde, wie Köhne meint, weil sie in Worms nicht existiert hat, noch an Heimbürger, wie Eberstadt vermutet, weil diese untergeordnete Lokalbeamte waren.

[2] Kein Gewicht kann ich, wie Keutgen, Untersuchungen S. 149, darauf legen, daß die Leistungen einiger Handwerke dem Zwecke nach Reichssteuern waren, immerhin wurden sie für den Bischof gethan.

[3] Art. 44: Ad officium burgravii pertinet ponere magistros omnium officiorum fere in urbe, scilicet sellariorum ... Et de cisdem habet potestatem judicandi, si quid deliquerint in officiis suis.

[4] Geering, Handel und Industrie von Basel S. 9.

[5] Ebend. S. 13.

Dasselbe Verhältnis zeigt sich in Trier[1]. Im liber annalium jurium archiepiscopi et ecclesiae Trevirensis, vom Anfang des 13. Jh., ist ein Abschnitt überschrieben: Hec sunt pertinencia ad cameram archiepiscopi[2]. Hier sind zuerst die jährlichen Leistungen der Juden an den Erzbischof und den über sie gesetzten Kämmerer (camerarius est magister Judeorum) verzeichnet; dann folgen die Kürschner, Schuster, Schmiede und Fleischer. Diese vier sind die herrschaftlichen Ämter, die zur Kammer des Erzbischofs gehören und ihm dienen müssen. Alle andern Handwerke sind freie Innungen. Von dem Amte der Kürschner besonders ist gesagt: es sind sechs Kürschner und der siebente ist ihr Vorsteher (magister); aber noch andere Kürschner, die in der Stadt wohnen, sollen ihnen, wenn es nötig ist, zu Hilfe kommen oder sich loskaufen[3]. Es gab also außer den herrschaftlichen Kürschnern noch andere außer dem Amt.

Verschieden vom Amt, officium, ist die Brüderschaft (fraternitas). Das Amt ist eine Genossenschaft, die den Gewerbebetrieb bezweckt und regelt; die Brüderschaft ist gleichbedeutend mit Gilde[4]. Die Gilde ist auf religiöse, sittliche und gesellige Zwecke gerichtet und nimmt auch Ungenossen des Gewerbes auf. Wir kennen ihre Art und Einrichtung aus den englischen und dänischen Gilden[5]. In Deutschland erscheint als erstes Beispiel dieser Art die Brüderschaft der Bettziechen (Bettüberzüge)= Weber in Köln J. 1149[6]. Nachdem, sagt die Urkunde, einige Freunde der Gerechtigkeit und andere desselben Gewerbes in Hoffnung des ewigen Seelenheils die Brüderschaft der Bettziechenweber errichtet haben[7], wurde ihnen im Bürgerhause von Graf Hermann (dem Stadtrichter), den Senatoren (Schöffen) und den Angesehensten der Stadt die Bestätigung

---

[1] M. Bär in Forschungen zur d. Gesch. XXIV S. 231 ff.

[2] Mittelrhein. UB. II S. 399.

[3] Omnes pellifices Treveri manentes, quando fuerit oportunum, hos septem pellifices juvabunt aut se rediment.

[4] Städte und Gilden II S. 393, Höxter: „Brüderschaft in der gewöhnlichen Sprache Gilde genannt." S. 401 Anm.: „de broderschoppe, de gelden gheheten sint."

[5] Vgl. ebend. Bd. I Buch 1 und 2.

[6] Quellen zur Gesch. der Stadt Köln I S. 329. Vgl. meine Stadtverf. von Köln in Städtechron. XIV Einl. S. 77.

[7] Quosdam viros justicie amatores ceterosque ejusdem operis cultores fraternitatem textorum culcitrarum pulvinarium pia spe perhennis vite confirmasse ...

erteilt in der Weise, daß alle Bettziechenweber in der Stadt, einheimische und fremde, dieser Brüderschaft angehören sollen nach dem Rechte, das sie selbst sich gegeben haben[1].

Die Verleihung der Brüderschaft bedeutet nicht die Errichtung des Amtes. Die Bettziechenweber waren bereits eine gewerbliche Innung und besaßen mit den Gewandwebern (textoribus peplorum) eine gemeinschaftliche Verkaufsstelle auf dem Marktplatze. Die Errichtung der Brüderschaft hatte einen religiösen Zweck um des Seelenheils willen und nichts mit dem Gewerbebetrieb als solchem zu thun. Die Nötigung, daß alle einheimische und fremde desselben Gewerbes der Brüderschaft beitreten sollten, bedeutete daher auch nicht den Zunftzwang, der den Gewerbebetrieb betroffen hätte[2], sondern bezog sich auf die Beteiligung an den frommen Werken, Altarlichtern u. dergl. Nicht das Amt als solches, sondern die Brüderschaft, der auch fremde Weber derselben Art angehörten, bedurfte der obrigkeitlichen Bestätigung, wodurch ihr Recht als öffentliches anerkannt wurde.

Das Recht der Brüderschaft wurde den Hutmachern von Köln 1225 von den Bürgermeistern namens der Richerzeche verliehen[3]. Als Bedingung ist allein der Gehorsam gegen die Obrigkeit gestellt, denn darauf kam es bei der öffentlichen Bestätigung hauptsächlich an.

Die Art der Brüderschaft als Gilde zeigt sich auch in einer erst neuerdings aufgefundenen Kölner Urkunde vom J. 1285, wodurch der Brüderschaft der Drechsler ihr Recht erneuert wurde[4]. Darin ist auf die erste Verleihung Bezug genommen und diese nach dem Inhalt und mit den Namen der Zeugen wiederholt. Sie hatte auf dem Bürgerhause durch die Bürgermeister der Richerzeche stattgefunden; aus den Personennamen ergibt sich, daß sie um

---

[1] Hac videlicet ratione, ut omnes textorici operis cultores qui infra urbis ambitum continentur, sive indigene sive alienigene, huic fraternitati ... sponte subjiciantur.

[2] Schönberg, Zur wirtschaftlichen Bedeutung des deutschen Zunftwesens, in Jbb. f. Nationalök. und Statistik, 1867, S. 24 sieht in dieser Urkunde das früheste Beispiel des Zunftzwangs. Ebenso Eberstadt S. 179, der den Grund des Privilegs in „der Herstellung gemeinsamer Markteinrichtungen der Weber" findet. Diese Markteinrichtung aber war nicht der Zweck der Errichtung der Brüderschaft, sondern wurde als öffentliche Angelegenheit gleichfalls bestätigt.

[3] Quellen a. a. O. I S. 330.

[4] R. Knipping hat sie im Correspondenzblatt der Westd. Zsch. Jg. 1893 S. 116 bekannt gemacht.

J. 1180 zu setzen ist; die Zeitbestimmung ist darum wichtig, weil hier die Richerzeche zum erstenmal vorkommt[1].

Diese Brüderschaft wurde zu Ehren des Evangelisten Johannes gestiftet. Beim Eintritt haben die Meister des Gewerbes 12 Schill., die Lehrjungen, wenn sie eintreten wollen, 4 Schill., andere, die nicht zum Amte gehören, nur 24 Denare (2 Schill.) zu bezahlen[2]. Die Pflichten der Brüder bestehen in einem Beitrag von Wachs (für die Lichter) bei dem Begräbnis eines Bruders oder einer Schwester, in Bestellung einer Wache bei der Leiche eines Verstorbenen und in Begleitung der Männer und Frauen zum Grabe. Hierzu kommen einige Bestimmungen über geringe Bußen (10 Denare), die der Brüderschaft von solchen Genossen zufallen, die wegen versäumter Zahlung bei Ankauf von Waren oder wegen verzögerter Arbeitsleistung (über zwei Wochen) vor Gericht verklagt werden, worin die Absicht zu erkennen ist, die Brüderschaft bei gutem Ansehen und Credit zu erhalten.

Das Amt bildete den Kern der Brüderschaft und es wurde allgemein üblich, daß die Innungen der Handwerker religiöse Brüderschaften mit den Namen der Heiligen, die sie als Patrone verehrten, errichteten[3].

Gleichwie die Handelsgenossenschaften das Monopol bezweckten, waren auch die Handwerkerämter schon früh auf den Zunftzwang gerichtet. Ich finde ihn zuerst in den Magdeburger Privilegien ausgesprochen. Erzbischof Wichmann (1152—1192) „machte der Gewandschneider und der Kramer Innungen zuerst" sagt die Schöffenchronik[4]. Von dem Privileg, das er 1183 den Gewandschneidern erteilte, war bereits bei den kaufmännischen Genossenschaften die Rede[5]. Auch ein Privileg der Schuster wird ihm zugeschrieben[6].

---

[1] S. den Aufsatz von R. Höniger, „Die älteste Urkunde der Kölner Richerzeche" in der Festschrift für Mevissen, 1895, wo aus den Namen der Zeugen genauer die Zeit zwischen J. 1178 und 1182 ermittelt ist.

[2] Alii vero qui de officio eorum fratrum non fuerint et predictam fraternitatem habere voluerint, 24 denarios pro eadem fraternitate debent. Man kann also in die Brüderschaft eintreten, ohne doch dem Amte, der gewerblichen Genossenschaft, anzugehören.

[3] S. das Statut der Hutmacher von Köln vom J. 1378, Quellen I S. 331. Vgl. meine Stadtverf. von Köln Städtechron. XIV Einl. S. 81. Städte und Gilden II S. 431 über die Brüderschaften in Lüneburg, S. 475 über die in Bremen.

[4] Städtechron. VII S. 118.

[5] S. vorher S. 108.

[6] UB. der Stadt Magdeburg I Nr. 62.

Zwar ist dessen Echtheit in deutscher Übersetzung zweifelhaft[1], doch dem Sinne nach entspricht es späteren Privilegien. Darin sagt der Erzbischof, er wolle alle Ämter (officia), große wie kleine, in ihrem Rechte und ihrer Ehre erhalten. Das Amt der Schuster soll keinen andern Vorstand (magistratum) haben als den von ihnen selbst gewählten. Kein fremder Schuster darf seine Waren auf dem Markte feil bieten, der nicht mit ihrem Willen des Rechtes der Innung teilhaftig ist[2]. Wir vergleichen hiermit das Privileg, das Erzbischof Ludolf vom J. 1197 den Schilderern und Sattelmachern erteilte[3]. Es wird ihnen die Wahl ihres Vorstehers (magister) unter sich und die freie Ausübung ihres Gewerbes gestattet; auch soll keiner an dem Gewerbebetrieb ihrer Genossenschaft teilnehmen, der nicht zuvor die Innung erlangt hat[4]. Ein Unterschied von jenem Privileg der Schuster liegt darin, daß dort als Recht der Innung das Feilbieten der Waren auf dem Markt hervorgehoben ist, hier aber die Ausübung des Gewerbes.

Dies führt auf das Innungsrecht, wie es in Braunschweig und Lüneburg verstanden wurde[5]. In Urkunde J. 1240 verleiht der Vogt des Herzogs Otto in dessen Namen den Bürgern von Alte-Wik in Braunschweig ein gewisses Recht zu verkaufen, das gewöhnlich Innung heißt, so daß es keiner besitzen soll außer mit Zustimmung und Willen der Bürger[6]. Es ist hier nicht die Rede von dem Rechte „Innungen zu organisieren"[7]; dies liegt nicht in den Worten: „ein gewisses Recht zu verkaufen, das gewöhnlich Innung heißt." Was ist das für ein gewisses Recht oder eine gewisse Art zu verkaufen? Es ist das Recht der Gewerbtreibenden ihre Erzeugnisse und Waren öffentlich feil zu bieten, das ihnen von

---

[1] S. Eberstadt S. 151 f.
[2] Ne alienigenae opus suum operatum ad forum non deferant nisi cum omnium eorum voluntate, qui juri illo quod inninge appellatur participes existunt.
[3] UB. I Nr. 65.
[4] Nec aliquis numero eorum vel societati in faciendo ipso opere accedat, nisi prius eorum communione, quod vulgo inninge dicitur, acquisita.
[5] Vgl. Städte und Gilden II S. 417. 429.
[6] UB. der Stadt Braunschweig (hg. von Hänselmann) S. 9: quod ego Hermannus dictus de Borsne, tunc temporis advocatus in Bruneswic, quandam gratiam vendendi, que vulgariter dicitur inninge, ex parte domini mei Ottonis ducis burgensibus de veteri vico perenniter habere porrexi, ita ut dictam gratiam nullus habeat, nisi tantum sit de consensu et voluntate burgensium prenominatorum.
[7] So Eberstadt a. a. O. S. 185.

der Stadtobrigkeit erteilt wurde. Diesem Begriff der Innung entspricht auch das Privileg des Herzogs Otto vom J. 1245, worin dieser ebenfalls den Einwohnern von Alte-Wik das Recht, das Innung heißt, verleiht, selbstverfertigtes Tuch zu verkaufen und alles andere wie in der Altstadt Braunschweig[1]. Ebenso sagt ein Statut der Krämer von Lüneburg: „Wer die Innung nicht hat, soll seinen Kram nicht auf den Laden oder das Fenster setzen[2]." Denn so wesentlich erschien für den Begriff der Innung das Recht, Erzeugnisse und Waren öffentlich feil zu halten, daß das Wort Innung speciell für dasselbe gebraucht wurde.

Handel und Gewerbe fanden den Ort und Mittelpunkt ihres Verkehrs auf dem Markte. Denn der Markt bedeutet die Zusammenkunft von Käufern und Verkäufern. Nachdem in der ersten Abteilung dieser Schrift von dem Marktrechte als dem Rechte, das Könige und Kaiser an geistliche und weltliche Grundherren verliehen, und von den verschiedenen Arten der Märkte gehandelt wurde, ist nun weiter zu sehen, wie Märkte gegründet wurden und welche Verhältnisse zwischen dem Marktherrn und der Marktgemeinde sich daraus ergaben.

Die Marktgründungen des 11. und 12. Jahrhunderts.

Es sind uns nur wenige Urkunden über Marktgründungen aus dem 11. und 12. Jh. überliefert, und von diesen verdienen besonders die der Reichsabtei Reichenau am Bodensee eine eingehende Betrachtung, weil man von ihnen in letzter Zeit so viel Aufhebens gemacht hat, als ob durch sie ein ganz neues Licht über Markt- und Städtegründung überhaupt aufgesteckt und ein neuer Weg zur Erkenntnis dieser Dinge angebahnt wäre[3].

---

[1] UB. I S. 10: damus talem gratiam, que vulgariter dicitur inninge, ut possint ibi emere et vendere pannum quem ipsi parant, et alia omnia sicut in antiqua civitate Bruneswich. Vgl. Städte und Gilden II S. 418.

[2] Bodemann, Zunfturkunden von Lüneburg, Einl. S. 129 f.

[3] So meint A. Schulte in der Abhandlung „Reichenauer Städtegründungen im 10. und 11. Jh." (Zsch. für Gesch. des Oberrheins 1890 S. 137—169). Sohm, Entstehung S. 14 stimmt ihm fröhlich bei und reicht ihm die Palme. Ich frage schon bei dem Titel der Schulteschen Schrift: Hat es Reichenauer Städtegründungen im 10. und 11. Jh. gegeben? Antwort: Nein! Waren die Marktgründungen von Allensbach und Radolfzell 1075 und 1100 Städtegründungen? Nein! Das Dörfchen Allensbach ist nie eine Stadt geworden, Radolfzell wurde es erst 267 Jahre später nach der Marktgründung.

Zweites Kapitel. Die Stadtgemeinde.

Es handelt sich um die Marktgründungen in Allensbach und Radolfzell. Die Urkunde über die erstere ist schon länger bekannt[1], die zweite wurde erst vor kurzem bekannt gemacht[2].

Den Markt zu Allensbach errichtete Abt Eggehard von Reichenau im J. 1075. Karl III J. 887 und Arnulf J. 892 hatten dem Kloster Immunität und dem Abte die volle Gerichtsbarkeit verliehen[3]. Auf ein Marktprivileg Ottos III beruft sich Eggehard im Eingang seiner Urkunde, wo er sagt, es sei dem Abte Alawich gestattet worden, zum Nutzen des Klosters an dem Orte Allensbach einen Wochenmarkt an jedem Donnerstag und eine Münze von reinstem Silber zu errichten, beides mit dem königlichen Bann[4]. Auch war darin den Marktbesuchern volle Sicherheit und Frieden verheißen und denen, die die Münze oder den Markt stören würden, die gleiche Strafe des königlichen Bannes angedroht wie in Mainz, Worms und Konstanz[5]. Dieses Privileg, so fährt Eggehard fort, sei von seinen Vorgängern vernachlässigt worden; er aber wolle es jetzt nach dem Rate seines Vogtes und seiner Getreuen besser ausführen.

Man sieht hier, wie die Verleihung eines Marktrechtes keineswegs immer auch die Marktgründung zur Folge hatte. Es war dem Beliehenen vorläufig nur um das Recht zu thun, und es blieb ihm überlassen, welchen Gebrauch er davon machen wollte. Im vorliegenden Falle ist anzunehmen, daß die bewilligte Marktgründung lange Zeit kein dringendes Bedürfnis war, denn es dauerte viele Jahre bis Eggehard 1075 sie ausführte. Die Veranlassung dazu mochte ihm wohl die von Kaiser Heinrich IV zehn Jahre vorher erlassene Verordnung gegeben haben, wonach auf der Insel Reichenau keine andern Gewerbetreibenden wohnen sollten als Fischer, Bäcker, Köche, Walker und Winzer[6]. Daher mußten die Mönche allen

---

[1] Dümgé, Regesta Badensia (1836) Nr. 57.

[2] Durch Schulte a. a. O., wo auch die Allensbacher Urkunde mit berichtigtem Text wieder abgedruckt ist.

[3] S. vorher S. 48. Das Privileg Karls III wurde durch Otto I J. 965 (DD. I S. 393) und Otto III J. 990 (DD. II S. 466) bestätigt.

[4] Jus atque licentiam in villa Alospach dicta ... exercendi faciendi construendi et mercatum in omni hebdomada in quinta feria et monetam omni tempore purissimi argenti habendi ... una cum regali et publico banno.

[5] Die angeführte Urkunde Ottos III ist sonst nicht vorhanden und in DD. II S. 705 nur aus Eggehards Urkunde entnommen.

[6] Dümgé, Regesta Badensia Nr. 57. Stumpf 2669.

andern häuslichen Bedarf anderswo suchen, und zwar am besten
auf einem Markte in der Nähe. Ihn zu gründen unternahm also
der Abt, und er wählte dazu als den passendsten Ort das Dorf
Allensbach, wo die gewöhnliche Überfahrtsstelle am Untersee nach
der Insel Reichenau war. Die Marktordnung, die ihn ins Leben
rufen sollte, ist in der Urkunde Eggehards vom J. 1075 enthalten.
Um sie recht zu verstehen, muß man sich klar machen, um welche
Art Markt es sich handelte und was darüber zu bestimmen war.

Es war ein Wochenmarkt, denn darauf ging das kaiserliche
Privileg. Was für einen solchen anzuordnen ist, darüber kann uns
jede beliebige Marktordnung von heutzutage belehren. Es ist nötig,
Zeit und Ort zu bestimmen und welche Art Waren feil gehalten
werden dürfen; es ist ferner eine polizeiliche Aufsicht erforderlich,
um die gute Beschaffenheit der Marktwaren zu prüfen und auch auf
den Gebrauch von Maß und Gewicht und den Marktverkehr über=
haupt zu sehen; endlich sind die Marktgebühren festzusetzen. Sehen
wir nun die Marktordnung von Allensbach darauf an, was sie be=
stimmt und was sie nicht bestimmt.

Sie brauchte nichts zu bestimmen über die Art des Marktes,
über die Münze und über den Bann des Marktherrn, alles das
war bereits im kaiserlichen Privileg enthalten. Es war aber zu
bestimmen, wer den Markt benutzen, wer auf ihm kaufen und ver=
kaufen dürfe. Davon handelt der erste Satz der Verordnung:
Omnibus ejusdem oppidi villanis mercandi potestatem concessimus. Allen Einwohnern des Ortes — das sind die villani —
wird das Recht auf dem Markte zu handeln gestattet. Das ist klar,
aber dunkel und schwierig der Nachsatz: ut ipsi et eorum posteri
sint mercatores, exceptis his qui in exercendis vineis vel areis
(l. agris) occupantur. Heißt das: alle Einwohner des Orts und
ihre Nachkommen sollen Kaufleute sein mit Ausnahme der Winzer
und Feldbauern? Kann man sich alle, nur mit dieser Ausnahme,
als Kaufleute denken?[1]. In dem kleinen Dorfe Allensbach konnten
nur wenige Kaufleute von Beruf existieren[2]. Unter mercatores sind

---

[1] Treffend sagt K. Bücher, Entstehung der Volkswirtschaft S. 47 Anm.: „Wenn
der Abt von Reichenau mit einem Federstrich die Bauern von Allensbach und
ihre Nachkommen in Kaufleute verwandeln konnte, so ist keine Interpretations=
kunst imstande das zu erklären, wenn man an den berufsmäßigen Händler denkt."

[2] Schulte hat bei seinen archivalischen Forschungen nur einen einzigen Kauf=
mann in Allensbach entdeckt, der mit Wein handelte und ein Streitroß lieferte
(a. a. O. S. 153 Anm.).

Zweites Kapitel. Die Stadtgemeinde.

daher nicht eigentliche Kaufleute, sondern Marktleute zu verstehen, und zu diesen gehörten hauptsächlich die Handwerker, deren Arbeiten und Erzeugnisse die Mönche für ihren Bedarf brauchten. Dagegen konnten diejenigen Einwohner des Ortes nicht Marktleute sein, die mit Feld- und Weinbau beschäftigt waren[1].

Die Urkunde handelt weiter vom Marktgericht: Ipsi autem mercatores inter se vel inter alios nulla alia faciant judicia preterquam quae Constantiensibus, Basiliensibus et omnibus mercatoribus ab antiquis temporibus sunt concessa. Hier ist gesagt, daß die Marktberechtigten unter sich oder mit anderen, das heißt Gästen, keine anderen Gerichte halten sollen als die in den genannten Orten hergebrachten. Was sind das für erlaubte Gerichte? Es sind die Marktgerichte der Bürger über den öffentlichen Verkauf von Lebensmitteln, auf die wir später bei Markt und Stadt kommen werden.

Ferner ist von den Marktabgaben die Rede: nihilque ab eis (mercatoribus) ab abbate vel advocato ipsius requiratur, quam quod ex supradictarum urbium episcopis et advocatis a mercatoribus requisitum esse dinoscitur. Auch in dieser Beziehung werden die Märkte von Constanz und Basel als Vorbild aufgestellt, so daß der Abt und der Vogt nicht mehr von den Marktleuten verlangen sollen als dort üblich ist.

Der Abt hatte noch ein besonderes Recht auf dem Markte, denn es heißt weiter: ut tribus vicibus in anno per quatuordecim dies mercatores vinum vel alias res non vendant, donec res abbatis venundentur, et si qui violatores inventi fuerint, imperiale bannum persolvere cogantur. Dreimal im Jahre während vierzehn Tagen stand dem Abte der Alleinverkauf von Wein und andern

---

[1] Ich finde keine andere Erklärung als in den umschreibenden Worten in exercendis vineis vel agris occupantur liegt, die den Grund der Ausschließung angeben. Schulte hält trotz allem an der Bedeutung von mercator = Kaufmann fest und meint: „Offenbar wollte man keinen von der abhängigen Bauerschaft verlieren." Wie so verlieren? War er ein Höriger des Abtes, so blieb er ein Höriger, selbst wenn er Kaufmann war. Küntzel (Zsch. für Gesch. des Oberrheins VIII S. 379) erklärt, es seien die Hörigen des Abtes gemeint, die seine eigenen Weinberge und Äcker bewirtschafteten. Allein es ist von Feld- und Weinbauern überhaupt die Rede und unter diesen waren doch auch freie Zinsbauern. Annehmbar ist allein die Erklärung Rietschels (Markt und Stadt S. 146) nach Sohm und v. Below: „Alle Einwohner des Dorfes erhielten die Erlaubnis Handel zu treiben, aber nur die, die davon Gebrauch machten und nicht bei ihrem landwirtschaftlichen Berufe blieben, waren mercatores." Vgl. die Kolonisationen von Wusterwitz und Löbnitz nachher.

Erzeugnissen des Bodens zu; dieses Recht ist durch den kaiserlichen Bann geschützt.

Die gleiche Strafe des Bannes trifft, die sich eines schweren Vergehens am Marktorte, dessen Grenzen genau beschrieben sind, schuldig machen: Similiter secundum regiam constitutionem persolvant, qui furtum, rapinam, invasionem, lesionem, molestationem ... infra terminum ejusdem oppidi facere presumpserint. Der Abt besaß, wie erwähnt, die hohe Gerichtsbarkeit kraft kaiserlicher Privilegien.

Zum Schluß versichert der Abt haec omnia ad monasterii nostri provectum fecisse. Der Nutzen des Klosters ist aus dem Inhalt der Urkunde genug ersichtlich. Als zustimmende Zeugen sind unterschrieben der Vater des Abtes, Graf Eberhard, drei Dienstmannen (milites), unter ihnen der Vogt Hezil, und eine Anzahl Höriger der Kirche (servi ecclesiae).

Anderer Art ist die Marktgründung in Radolfzell. Sie erfolgte 25 Jahre später durch Abt Udalrich, Eggehards Nachfolger, im J. 1100. Leider ist die Urkunde nur in einer fehlerhaften Abschrift aus dem 15. Jh. überliefert, die ihren Auslegern schon viel Not gemacht hat[1].

Anders als im Dorfe Allensbach lagen die Verhältnisse in Radolfzell am nördlichen Westende des Untersees. Es war ein ansehnlicher Ort, bevorzugt durch ein daselbst bestehendes Chorherrenstift. Der Amtmann des Abtes von Reichenau und der Pfarrer des Kirchspiels erscheinen als Vorsteher der Ortsgemeinde, Gotteshausleute und Laien höheren und niederen Ranges gehörten ihr an; alle gaben ihre Zustimmung zu der neuen Gründung[2]. Ausgefertigt wurde die Urkunde im J. 1100 unter der Regierung Kaiser Heinrichs IV mit Zustimmung des Kanzlers Adelbert und des Herzogs Friedrich von Schwaben[3]. Da jedoch Adelbert erst

---

[1] A. Schulte, dem man ihre Bekanntmachung a. a. O. verdankt, hat auch einen Commentar hinzugefügt und einige fehlerhafte Stellen glücklich verbessert. Nach ihm haben sich um die Auslegung besonders bemüht K. Schaube in Zsch. für Gesch. des Oberrheins VI S. 296 und 626, und G. Künzel ebend. VIII S. 373.

[2] cum consensu Burchardi villici et canonicorum ejusdem praelibatae Zelle (des Stiftes), Adilhelmi plebani et aliorum ibidem Deo serviencium et laicorum ibidem manentium majorum et minorum.

[3] Actum anno MC indictione VIII regnante imperatore Heinrico tertio consentiente cancellario Adelberchto, Friderico duce.

im J. 1106 Kanzler wurde¹, ist entweder der Name des Kanzlers oder das Jahr der Ausfertigung unrichtig.

Im Eingang der Urkunde nennen sich der Abt Udalrich von Reichenau und der Vogt Lampert von Radolfzell als die Gründer². Lampert heißt advocatus legitimus vermutlich deshalb, weil er die Vogtei erblich besaß; aus dem Anteil, den er an der Gründung nahm, ist zu schließen, daß er die Grundherrschaft zu Radolfzell mit dem Abte teilte.

Der Sinn der Urkunde wird erst verständlich, wenn man beachtet, was gegründet werden sollte. Es handelte sich hier nicht, wie in Allensbach, um die Errichtung eines Marktes (mercatus), sondern um die eines Marktortes (forum), wozu der Kaiser seine Genehmigung erteilte³. Sie geschah auf folgende Weise:

Partem ville, quae foro sufficeret, sub omni jure fori ei (scil. foro) donavimus, eo scilicet jure et libertate, ut [in] ipsa terra omni homini cujuscunque condicionis liceret emere, vendere et libere in allodio possidere sine omni contradictione, excepto quod emptor villico quarterium vini persolvat, sive multum sive paucum de terra emat. Also ein Teil der Villa, der für einen Marktort genügte, wurde von den Gründern geschenkt, mit dem Rechte und der Freiheit, daß in diesem Bezirk jedermann, welchen Standes er auch sei, gestattet sein sollte, zu kaufen und zu verkaufen und auch Allod zu besitzen unter der Bedingung, daß der Käufer (des Allods) dem Amtmann ein Viertel Weins entrichtet, gleichviel ob er viel oder wenig Land kauft. Hierin ist der eigentliche Zweck der Gründung zu erkennen: es soll in einem noch unangebauten und unbewohnten Teil von Radolfzell ein Marktort errichtet und mit Einwohnern jeden Standes, die sich dort ankaufen wollen, besiedelt werden.

Hoc etiam constituimus, ut idem forum sub nullo districtu constaret, sed justiciam et libertatem Constantiensem, quae jus fori est, semper obtineret. Sub nullo districtu? Was heißt das? Die meisten Erklärer haben districtus als Gericht verstanden und

---

¹ Stumpf, Reichskanzler II S. 209. Auf diesen Umstand hat Schulte aufmerksam gemacht.

² Ego Udalricus Dei gratia Augensis ecclesiae abbas vocatus et Lampertus de Ratolfiscella legitimus advocatus.

³ Auctoritate et precepto Heinrici imperatoris tertii in villa Ratolfi forum statuimus et sic ordinavimus, sagen die Gründer.

die Befreiung entweder unbedingt angenommen oder auf ein auswärtiges Gericht bezogen[1]. Dem Wortlaut entspricht nur das erstere. Allein es konnte unmöglich der Wille der Gründer sein, den Marktort von jedem Gericht, auch ihrem eigenen, zu befreien. Districtus kann hier nicht Gericht bedeuten. Die eigentliche Bedeutung des Wortes ist Zwang, und so wird es häufig in Verbindung mit bannus gebraucht[2]. Von einem Bannrecht des Marktherrn ist die Rede. Der Marktort soll unter keinem Banne stehen, sondern die Freiheit von Constanz genießen. Zur Erklärung dienen der Marktbann bei Verkauf von Wein und anderen Dingen, den der Abt von Reichenau in Allensbach zu gewissen Zeiten des Jahres hatte[3], die Bann- und Schoßpfennige und der Weinbann, die Heinrich V 1111 in Speier abschaffte[4], das Gewohnheitsrecht des Weinbanns, das der Bischof von Straßburg ausübte und derselbe Kaiser 1119 auf sechs Wochen im Jahr einschränkte[5], sowie der Vorwein des Bischofs von Basel[6]. Der Abt von Reichenau verzichtete auf alle derartigen Bannrechte in Radolfzell auch zu gunsten der Kirchenhörigen, wie nachher gesagt ist, wo statt nullo districtu, gleichbedeutend und unsere Erklärung bestätigend, sub nullo banno steht.

So viel und nicht mehr ist über die Anlage und das Recht des Marktortes zu Radolfzell gesagt, gar nichts über die Ordnung des Marktes, um die es sich in Allensbach handelte. Denn die zweite Hälfte der Urkunde betrifft allein das Recht der Kirchenleute des Abtes im Marktorte: Famulos autem ejusdem prefate ecclesie utriusque sexus in suo jure permanere decrevimus. Die Kirchenleute beiderlei Geschlechts, die sich auf dem Marktort ansiedeln, sollen bei ihrem Rechte, nämlich als Hörige der Kirche, verbleiben.

---

[1] Schulte sagt (S. 144): „Er (der Marktbezirk) steht sub nullo districtu; er untersteht also weder dem Landgericht, noch dem niederen Gerichte." Schaube: „Der Markt ist von auswärtiger Gerichtsbarkeit befreit." Ebenso Sohm S. 54 Anm. 76. Anders Rietschel (Markt und Stadt S. 111), der darin die Ausschließung von jeder Einmischung irgend einer Gewalt in die inneren Angelegenheiten des Forum und von jeder Erhebung von Steuern und Gefällen sieht.

[2] Waitz VII S. 28. 29. 254. VIII S. 5.

[3] S. vorher S. 127.

[4] UB. von Speier Nr. 14: Nummos, quos vulgo banfennich cum illis quos appellaverunt scozfennich ... remittimus. Nullus prefectus vinum quod appellatur banwin presumat vendere.

[5] UB. von Straßburg Nr. 74.

[6] S. nachher Stadtrechte.

Sed quia dampnum familie sic cognovimus, quod ligna copiose et pascua late antea possiderunt, postea strictius habuerunt, ideo ipsis concessimus et pro lege statuimus, ut in foro sub nullo banno emant, vendant, et nulli judicum de empcione, de venditione pro jure fori respondeant. Die Kirchenleute, die sich auf dem Marktorte ansiedelten, verloren ihre reichlichen Holz- und Weiderechte am früheren Wohnsitz. Dafür wird ihnen zum Ersatz das Recht gewährt, am Marktorte zu kaufen und zu verkaufen ohne irgend einen Bann (sub nullo banno). Auch sollen sie keinem Richter, nämlich Ortsrichter, Vogt und Amtmann, bei Kauf und Verkauf nach dem Marktrecht zu Recht stehen, denn sie bleiben, wie nachher gesagt ist, unter dem Hofgericht[1].

Es erhebt sich die Frage: Wenn nun einer von den Kirchenleuten am Marktorte ein Haus oder anderes Allod erwirbt, untersteht er auch dann nicht dem Ortsgericht? Hierauf antwortet der folgende Satz in verbesserter Lesung: Quod si forte aliquis ecclesie famulus in foro domum emerit vel quocunque modo ibi allodium possidet[2], statuimus hoc et pro lege damus, ut nec advocatus nec villicus nec aliqua secularis potestas ipsum occasione allodii judicio fori vocet[3] ad presenciam sui, ut[4] jus fori poscat[5] vel suscipiat. Der Sinn ist dieser: es soll kein weltlicher Richter einen Kirchenhörigen vor das Marktgericht fordern, so daß dieser es als Kläger anrufe oder als Beklagter es annehme. Ganz passend schließt sich hieran der folgende Satz: Et si secularis potestas vel qualiscunque persona ipsum (famulum ecclesiae) habet impetere, ad presenciam famulorum ecclesie vocetur et omnis controversia et pulsacio, que in ipsum est, judicio illorum terminetur. D. h. alle Klagen gegen Kirchenhörige sollen nach dem Urteil ihrer Genossen entschieden werden, also nicht im Marktgericht, sondern im Hofgericht. So weit die Urkunde.

---

[1] Ebenso verstehen dies Schulte und Schaube. Allzu künstlich ist die Erklärung Künzels, der die Worte pro jure respondeant auf Marktabgaben deutet.

[2] Hs. possideit, Schulte corr. possederit.

[3] Schulte ergänzt vor judicio die Präposition a und corr. statt vocetur in Hs. vocet; nur letzteres nehme ich an.

[4] Schulte fand das Wort in Hs. undeutlich und setzt dafür sed. Dagegen versichert P. Albert (in Zsch. Alemannia XXIV S. 1), es stehe deutlich ut da und erklärt den Satz dem entsprechend.

[5] Ich nehme Schulte's Verbesserung poscat statt ponat in Hs. an. Ponat gibt keinen Sinn; ponere kann nicht vorschützen bedeuten, wie Schaube will, noch zurücksetzen, wie Künzel es erklärt.

Bei den Marktgründungen von Allensbach und Radolfzell handelt es sich, wie wir sehen, um zwei verschiedene Dinge, dort um die Errichtung eines Marktes, hier um die Gründung eines Marktortes durch Ansiedelung. Nicht aus dem Dorfe Allensbach, aber aus dem Marktort Radolfzell ist später eine Stadt geworden. Die Villa Radolfzell und der von ihr abgesonderte Marktort wurden im J. 1267 durch den Abt von Reichenau, nachdem er die Erbvogtei der Villa zurückgekauft hatte[1], zusammen mit Ringmauer und Graben umgeben und das Recht des Marktortes, jus fori, auf den ganzen Boden des Städtchens erstreckt, wobei dessen Herr, der Abt, den Einwohnern die persönlichen Freiheiten des Stadtrechtes verlieh[2].

Mit den Marktgründungen von Reichenau vergleichen wir die Dorfgründungen in den Elbgegenden im 12. Jh., insofern Märkte mit ihnen verbunden waren[3]. Denn nicht immer wurde einer neuen Dorfkolonie auch gestattet, einen öffentlichen Markt zu halten. Eine Dorfgründung ohne Markt war die Ansiedlung von Flamändern am Orte Coryu (Kühren) in Sachsen durch Bischof Gerung von Meißen im J. 1154[4]. Der Bischof übergibt in der Urkunde den tüchtigen Männern (strenuis viris), die aus der Provinz Flandern kamen, den unbebauten Ort unter den gewöhnlichen Bedingungen, betreffend Verteilung der Hufen, von denen zwei dem Schultheißen (incolarum magistro, quem scultetum appellant) gehören sollen, den Zins, der von den Hufen zu entrichten ist, und das Vogtgericht, das dreimal im Jahre gehalten wird. Auch Zollfreiheit im Bistum (in locis nostris) gewährt der Bischof den Einwohnern, aber keinen öffentlichen Markt, wiewohl sie Lebensmittel unter sich verkaufen dürfen[5]. Anders gestalteten sich die Rechtsverhältnisse der Einwohner an Orten, wo neben einer bäuerlichen auch eine Marktansiedelung stattfand. In Urkunde um J. 1159[6] überträgt Erzbischof Wichmann von Magdeburg den Ort Wusterwitz an der Havel mit allem Zubehör an Feldern, Gewässern u. s. w. an einen

---

[1] Von dem Erbvogt Ritter von Friedingen, Schulte S. 147.

[2] Urkunde von 1267, mitgetheilt von v. Weech, Zsch. f. Gesch. d. Oberrheins XXXVII S. 24.

[3] Vgl. über Marktansiedelungen Rietschel, Markt und Stadt S. 122 f.

[4] Cod. Saxoniae regiae I 2 S. 171 Nr. 254.

[5] Panes et cerevisiam et carnes inter se ipsos licite vendant, non tamen in villa sua publico mercatui insistant.

[6] v. Heinemann, Albrecht der Bär im Anhang S. 470 Nr. 41*.

gewissen Heinrich und andere Flamänder, die mit ihm kamen, und
verleiht ihnen das Recht von Schartow[1]. Das ist eine Dorfkolonie
wie andere auch. Der Unternehmer Heinrich erhält vorweg ein
Erblehen von vier Hufen und ist der Richter; die Bauern (cultores
agrorum) müssen für ihre Hufen einen Jahreszins zahlen. Weiter
aber gewährt der Erzbischof wegen der günstigen Lage des Ortes
einen Jahrmarkt und bewilligt den Marktleuten (forensibus), die
dort wohnen, die Freiheit, zu kaufen und zu verkaufen nach Magde=
burger Recht. Auch über sie sollen Heinrich und Erben Richter sein.
Es gibt also zwei verschiedene Klassen von Einwohnern und zweierlei
Recht, nach dem sie leben, aber nur Ein Gericht für beide. Es ist
das gleiche Verhältnis wie das wir in Allensbach sahen, und unsere
Auslegung des Satzes: ut ipsi mercatores sint, exceptis his qui
in exercendis vinis vel agris occupantur, wird dadurch bestätigt.

Auf gleiche Weise ordnete der Bischof von Meißen im J. 1185
die Rechtsverhältnisse der Forensen, d. i. Marktleute, und der Ko=
lonen am Orte Löbnitz[2]. Die Forensen leben nach dem Rechte von
Halle, die Kolonen nach dem von Burg, das sie sich selbst erwählt
haben (qui eam [scil. justitiam] elegerunt); beide stehen unter dem
Gericht des Vogtes. Auch die Forensen erhalten ein Weiderecht, wie
es die Kolonen auf ihren Hufen besitzen. Beide sind getrennt in
ihren Wohnungen; für den Wohnort, den die Marktleute inne
haben, wird sogar der Ausdruck civitas gebraucht, wo doch an eine
Stadt nicht zu denken ist[3], gleichwie in der Urkunde von Wuster=
witz die Forensen auch als cives et domestici ejusdem fori be=
zeichnet werden. Es ist dasselbe Verhältnis, wie in der Villa
Radolfzell, wo ein gesonderter Marktort errichtet wurde.

Markt und Stadt.

Hier begegnet uns die sogenannte Markttheorie, welche den
Markt für das Wesen der Stadt selbst erklärt, so daß das Stadt=
recht aus dem Marktrecht, die Stadtfreiheit aus der Marktfreiheit,
die Stadtverfassung aus der Marktverfassung hervorgegangen wäre[4].

---

[1] Schartau im Kreis Jerichow Reg.=Bezirk Magdeburg.
[2] Codex dipl. Saxoniae II S. 353 Nr. 512.
[3] Forensibus etiam a civitate sua susum et risum (l. sursum et deorsum) usque ad fluvium Lynan (Leine) libertatem pascuae concessimus.
[4] Sohm, Entstehung des deutschen Städtewesens S. 15. 52. 60. 91.

Verständlicher wird diese Theorie nicht dadurch, daß sie sich auf das Symbol des Kreuzes stützt, um zu beweisen, daß auch nach der Anschauung des Mittelalters Marktfreiheit und Stadtfreiheit ein und dasselbe gewesen seien. Das an einem Orte während der Marktzeit aufgerichtete Kreuz bedeutete die Marktfreiheit[1]. Es wird nun behauptet, daß ein ständiges Kreuz die Stadtfreiheit angezeigt habe, und das „Wahrzeichen der Städte" gewesen sei. Diese Rechtssymbolik erweist sich bei näherer Betrachtung als hinfällig und ist daher nicht dazu geeignet, um das, worauf es bei jener Theorie der Sache nach allein ankommt, die Gleichstellung von Markt- und Stadtrecht, von Marktgericht und Stadtgericht, von Marktverfassung und Stadtverfassung darzuthun[2].

Das Marktrecht ist nicht das Stadtrecht. Was ist das Marktrecht an sich? Es handelt, wie wir sahen, von der Art des Marktes, von der Sicherheit der Marktbesucher, von Kauf und Verkauf, von der Marktpolizei und dem Marktgericht, von Marktgebühren und Zöllen. Sehr wenig ist damit das Stadtrecht verwandt. Es umfaßt das gesamte bürgerliche Leben der Einwohner, handelt von

---

[1] Ich finde das Marktkreuz in Deutschland nicht früher erwähnt als in der Urkunde Friedrichs I J. 1165 über das Marktrecht in Staffelstein, Mon. Bo. XXIX a S. 374: ut videlicet crucem in suo (loco) erigerent et mercatum publice instituerent.

[2] R. Schröder, Lehrbuch (2. Aufl.) S. 604: „Dasselbe Wahrzeichen, das schon in der fränkischen Zeit Marktbann und Marktfrieden angedeutet hatte, das Marktkreuz, mit oder ohne den Königshandschuh, wurde im Mittelalter zum Wahrzeichen der Städte," womit zu vergleichen dessen Abhandlungen über das Weichbild und die Rolande Deutschlands (Festschrift 1890). Eine zumteil mystische Ausdeutung hat dem Kreuzsymbol Sohm in seiner Schrift über Entstehung des d. Städtewesens gegeben, wo wir die Sätze lesen (S. 18. 29. 38): „Die Stadt besitzt das Recht, ständig ein Kreuz zu haben." „Jede Stadt ist eine Burg und zwar eine Burg des Königs. Der König ist darin." „Der König ist in der Stadt durch das Mittel des Symbols des Kreuzes anwesend!" Dagegen sieht der Romanist Kuntze: „Die deutschen Städtegründungen oder Römerstädte und deutsche Städte im Mittelalter, 1891," in dem Stadtkreuz des Mittelalters eine römische Erbschaft, welche aus dem römischen Militärwesen und dem römischen Christentum erklärlich werde (S. 37 und 76). Man sieht, wie ganz verschiedene Gedankenbilder bei demselben Symbol möglich sind. Wenn nur erst das Stadtkreuz als solches erwiesen wäre! Die von R. Schröder angeführten, in der Champagne, Lothringen, Luxemburg an vielen Orten vorkommenden, bisweilen turmhohen Kreuze waren keine Stadtkreuze, sondern Wahrzeichen communaler Freiheitsrechte sowohl in Städten wie in Dörfern (vgl. Städte und Gilden II S. 82). Die Rolandsbilder in Niederdeutschland finden sich ebenfalls in Dörfern und Städten und bedeuten daher nicht die Stadt-, sondern allein die Marktfreiheit (vgl. R. Schröder, Die Rolande S. 23). Kreuze kommen vor als Grenzzeichen nicht bloß städtischer Weichbilde, sondern auch auf dem Lande bei Gemeinde- und Gerichtsbezirken (Beispiele bei Grimm, Weistümer III S. 717. V S. 661). Mit aller dieser Symbolik ist also nichts ausgerichtet. Das Stadtkreuz ist ein reines Phantasiebild

ihren persönlichen Freiheitsrechten, von Vergehen und Strafen, vom Gemeinderecht, von dem Stadtgericht und der Stadtverfassung. Aus dem Marktrecht konnte sich nimmermehr das Stadtrecht entwickeln.

Das Stadtgericht ist nicht ein ständiges Marktgericht. Das Marktgericht war, wie wir sahen, ein Gericht des Marktherrn, das nur während der Marktzeit bestand, über Marktsachen bei Kauf und Verkauf und auf dem Markte begangene Frevel richtete. Es gab aber auch ein Marktgericht der Bürger, das „Burgericht", das seine Befugnisse von der Bewilligung des Marktherrn ableitete. Gerade so wie der Münzherr das Recht, Maß und Gewicht zu prüfen und über unrechte Maße zu richten, den Bürgern oder der Gemeinde überließ, so wurde ihnen auch schon früh das Recht übertragen über Marktsachen bei Kauf und Verkauf von Victualien zu urteilen. Als ein Recht der Kaufleute, d. i. der Bürger überhaupt, wurde dies für Quedlinburg von Heinrich III in Urkunde vom J. 1042 bewilligt, ebenso wie es die von Goslar und Magdeburg besaßen[1]. Bischof Friedrich von Halberstadt gewährte in Urkunde von 1105 den Bürgern seiner Stadt das Recht, Maß und Gewicht bei Kauf und Verkauf von allerlei Lebensmitteln zu prüfen, das „Burmal" zu halten und über unrechten Kauf und Verkauf zu richten[2]. Auf eben dieses bürgerliche Marktgericht bezieht sich im Allensbacher Marktprivileg die Bestimmung, daß die Marktleute unter sich keine andern Gerichte halten sollen, als die in Konstanz und Basel hergebracht sind[3]. Und von demselben Bürgergericht ist die Rede in den Stadtrechten von Soest und Medebach, wo es bereits weiter fortgebildet erscheint[4].

Die Stadtverfassung ist nicht die Marktverfassung. Denn der Markt hat keine Verfassung, es müßte denn die Marktordnung, die Regelung von Kauf und Verkauf oder die Verfassung des Marktortes gemeint sein, wobei eine Verwirrung zwischen Markt und Marktort vorläge. Die Markttheorie hat die Erkenntnis des Ver=

---

[1] Stumpf, Acta Imperii S. 58 und Quedlinb. UB. I S. 8: ut de omnibus quae ad cibaria pertinent, inter se judicent.

[2] UB. von Halberstadt S. 3: in illorum potestate et arbitrio sicut antea consistat omnis censura et mensura stipendiorum carnalium (Lebensmittel, vgl. Du Cange Gloss. unter stipendium) vendendo et emendo ... Si quid autem natum fuerit questionis ... de venditione et emptione injusta, ipsi vel quos huic negotio praeesse voluerint, hoc secundum justitiam exigendo dijudicent et corrigant.

[3] Vgl. vorher S. 127.

[4] Vgl. weiterhin die Stadtrechte.

hältnisses von Markt und Stadt nicht gefördert, sondern nur getrübt.

Eine andere Auffassung von dem Verhältnis zwischen Markt und Stadt liegt vor in der neuerdings aufgestellten Behauptung, daß eine Reihe von Städten aus Marktansiedelungen hervorgegangen seien[1]. Was sind Marktansiedelungen? Werden darunter Ansiedelungen von Kaufleuten und Handwerkern verstanden[2], so handelt es sich bloß um den Nachweis, daß solche in den Vororten der Herrschaftssitze wirklich vorhanden waren. Verwirrend aber ist der Ausdruck Marktansiedelung, womit anstatt Kaufleuten und Handwerkern der Markt gesetzt ist, auf dem sie mit einander und anderen verkehrten. Ein anderes ist der Marktort, der Ort, an dem ein Markt stattfindet. Sieht man in diesem schon das Wesen einer Stadt, so gibt es keinen andern Unterschied zwischen beiden als den, daß die Stadt befestigt war, die Marktansiedelung aber nicht[3]. Dem gegenüber erkennen wir jedoch einen wesentlichen Unterschied darin, daß in den Marktansiedelungen oder Marktorten, wie wir gesehen, Forensen und Kolonen, Marktleute und Landbauern gesondert und nach verschiedenen Rechten lebten, während die Stadt nur Bürger kennt, für die gleichmäßig ein und dasselbe Stadtrecht gilt.

Wir bestimmen das Verhältnis so. Der Markt an sich ist nichts anderes als eine Zusammenkunft von Käufern und Verkäufern, die überall stattfinden kann, sei es in der Stadt oder bei einem Dorf oder an irgend einem günstig gelegenen Ort, wie besonders für Jahrmärkte in der Regel Plätze außerhalb der Stadtmauern bestimmt waren. Aus dem Markt allein ist die Stadt so wenig wie das Dorf hervorgegangen. Nicht der Markt und nicht die äußere Befestigung, sondern einzig und allein das gewordene oder verliehene Stadtrecht macht ein Dorf oder einen Marktort zur Stadt.

---

[1] Diese Ansicht hat Rietschel, Markt und Stadt, in Einzeluntersuchungen durchgeführt. S. 50: „Die wichtigsten Städte des rechtsrheinischen Deutschlands verdankten dem Markte ihre Entstehung und gehen auf Marktansiedelungen zurück."

[2] Rietschel gebraucht auch den Ausdruck Kaufmannsansiedelungen und gelegentlich sogar Kaufmannsstadt (S. 54), versteht aber darunter Kaufleute und Handwerker. Man könnte daher ebenso gut von einer Handwerkerstadt wie von einer Kaufmannsstadt reden.

[3] So Rietschel S. 150, der unter dem Titel Marktansiedelungen gleichmäßig von Magdeburg, Merseburg und andern Städten, wie von den Marktorten Radolfzell, Wusterwitz, Löbnitz handelt.

Die Stadt ist nicht der Markt, sondern hat einen Markt. Der Marktplatz forum ist wie in der antiken Stadt, so auch in der des Mittelalters der Mittelpunkt des öffentlichen Lebens, des Handels und Wandels. Die deutschen Römerstädte hatten von Anfang an diese bestimmte Gestalt und in den neu angelegten oder durch Wachstum entstandenen Städten des Mittelalters bildet der Marktplatz gleichfalls das Centrum, von dem die Straßen strahlenförmig ausgehen[1]. Dort befanden sich die Bänke, Buden oder Hallen, wo Handwerker, Krämer und Landleute ihre Waren feil boten. Für die mittelalterliche Stadt war dieser innerstädtische, immerwährende Markt die Hauptsache. Er war der Markt nicht bloß für die Bedürfnisse der Einwohner, sondern wurde auch von fremden Händlern und Hausierern besucht. Aus allen Provinzen kommen sie auf den Markt zu Würzburg, sagt die Urkunde Konrads II vom J. 918, worin er der Kirche den Zoll bewilligte[2]. Darum konnte die Stadt den Wochenmarkt entbehren, und konnte noch mehr den Jahrmarkt entbehren. Manche Städte des Mittelalters sind erst spät oder gar nicht zu einem Wochenmarkt gelangt. Bocholt in Westfalen hatte schon 1201 Stadtrecht und 1223 das von Münster erhalten, wurde aber erst im J. 1441 von dem Bischof von Münster „aus besonderer Gunst" mit einem Wochenmarkt begnadigt[3]; Osnabrück erhielt den lange gewünschten und immer vergeblich verlangten Wochenmarkt erst durch ein Dekret der hannöverischen Regierung im J. 1811[4]. Sicherlich waren Wochen- und Jahrmärkte in hohem Maße für die Städte ersprießlich, erstere durch den regelmäßigen Verkehr zwischen Stadt und Land, letztere durch den Wettbewerb mit auswärtigen Händlern, aber notwendig war nur der innerstädtische Markt.

Weichbild und städtischer Grundbesitz.

Die Stadtgemeinde bildet nicht bloß eine wirtschaftliche Gemeinschaft, die sich bezüglich des Grundbesitzes in der Almende, bezüglich der Industrie und des Handels in den Berufsständen der

---

[1] Ein anschauliches Bild von Stadtanlagen des Mittelalters geben die Stadtpläne bei Philippi, Zur Verfassungsgeschichte der westfälischen Bischofsstädte, 1894, S. 4—10.

[2] MG. DD. I S. 52: de cunctis qui cum mercatus sui mercimonio ab universis provinciis et civitatibus illuc conveniunt.

[3] Gengler, Cod. municipalis S. 241.

[4] Philippi a. a. O. S. 11.

Kaufleute und Handwerker darstellt, sie steht auch in einer Rechts=
gemeinschaft. Das Stadtrecht ist ein besonderes Recht, das Recht
der Bürger, jus civile, entgegengesetzt dem Landrecht, jus commune.
Das Landrecht war die Wurzel des Stadtrechtes, wie die Dorf=
gemeinde die Mutter der Stadtgemeinde. Aus den verschiedenen
Landrechten, dem fränkischen, alemannischen, bairischen, sächsischen,
sind ursprünglich die Stadtrechte hervorgegangen. Stadtrecht wird
das Landrecht erst dadurch, daß es sich dem städtischen Zusammen=
leben und Verkehr sowie den sich daraus ergebenden Bedürfnissen
und Zwecken anpaßt: somit ist es ein neues Recht. Und weiter
bildet sich ein jedes Stadtrecht als ein besonderes aus, teils durch
eigentümliche Ortsgewohnheiten, teils durch spezielle Privilegien, die
den Einwohnern zuteil wurden. Der Neubürger, der in die Stadt
aufgenommen wird, tritt in das Stadtrecht ein und verliert dadurch
sein angeborenes oder früheres Heimatsrecht.

"Wicbelede", Weichbild, ist der niederdeutsche Ausdruck für
Stadtrecht. Das Wort wird bekanntlich verschieden abgeleitet und
erklärt[1]. Einverstanden ist die Sprachforschung über „wic" = Ort
oder Stadt, nicht über „Bild", das von den einen als Bild oder
Zeichen[2], von den andern als Recht gedeutet wird[3]. Die erstere
Erklärung, die Weichbild als Stadtbild versteht, ist den Vertretern
der Markttheorie, die im Marktsymbol (Kreuz) auch das Stadtbild
erkennen, willkommen; die andere, die Weichbild als Stadtrecht ver=
steht, entspricht allein dem Wortgebrauch in den Rechtsquellen.
Doch hat das Wort auch in diesem Sinne eine mehrfache Bedeutung,
da es auf verschiedene Verhältnisse, die mit seinem ursprünglichen
Begriff zusammenhängen, übertragen wurde[4].

In der Grundbedeutung als Stadtrecht kommt Weichbild zuerst
vor in der Urkunde über die Gründung der Stadt Leipzig durch
Markgraf Otto von Meißen (zwischen 1156 und 1170)[5]. Dieser

---

[1] Vgl. Keutgen, Untersuchungen S. 77, Rietschel S. 185.

[2] Lexer, WB. Weigand WB.

[3] Kluge, Etymolog. WB., verweist auf die Analogie von „billig" und „unbilde".

[4] Die verschiedenen Bedeutungen von Weichbild hat schon Gaupp, Städte=
gründung, 1824, S. 110 ff., gut nachgewiesen. Sehr zu statten kommt uns jetzt
die Sammlung der Quellenstellen von Mitte des 12. Jh. an bis über das 14. Jh.
hinaus bei Philippi, Weichbild, in Hansischen Geschichtsbl. Jg. 1895. Ich citiere
die Stellen mit den Nummern, die sie dort führen.

[5] Vgl. S. 41. Philippi Nr. 2.

Zweites Kapitel. Die Stadtgemeinde.

bezeichnete auf Verlangen der Einwohner die Grenzen der Umgegend, innerhalb welcher ihr Recht, genannt Weichbild, gelten sollte[1]. Ebenso nennt das Privileg Friedrichs I J. 1186 für Bremen Weichbild das Recht, nach dem die Einwohner leben[2]. Desgleichen das Privileg des Erzbischofs Hartwig von Bremen[3]. Bischof Hermann von Münster verlieh 1201 dem Orte Bocholt das Recht, das Weichbild genannt wird[4].

Von dieser Grundbedeutung abgeleitet heißt Weichbild das Stadtgebiet, in welchem das Stadtrecht gilt[5], und der Gerichtsbezirk der Stadt, sodann das Stadtgericht selbst[6].

Unwesentlich sind andere Bedeutungen, in denen nur der Begriff von wic = Ort, nicht der von „Bild" festgehalten ist. So kommt Weichbild vor als Stadt, kleine Stadt, Markt, Vorort bei einem Schloß oder einer Burg[7].

Wichtiger und für sich in Betracht zu ziehen ist die Bedeutung von Weichbild, die sich auf ein besonderes Rechtsverhältnis, das nach Stadtrecht gilt, bezieht: Weichbild heißt die Erbzinsleihe von Stadtgütern, Häusern und Grundstücken[8]. So kommt es zuerst in Münster 1178, dann in Lübeck 1182 und anderen Orten vor[9]. Und abgeleitet davon heißt Weichbild auch das Erbzinsgut selbst und weiter sogar der bloße dafür bezahlte Zins[10].

[1] Juris etiam sui, quod wicbelede dicitur signum petentibus, unum in medio Halestrae (Elster) ... demonstravit.

[2] Philippi Nr. 9: Si quis vir vel mulier in civitate Bremensi sub eo quod vulgo dicitur wicpilethe ... permanserit.

[3] J. 1206. Ebend. Nr. 12: sub jure civili quod vulgo wicbelet vocatur.

[4] Nr. 11: quod ville nostre id juris quod vulgo wicbilede dicitur ... concessimus.

[5] Nr. 14 Löwenstadt J. 1209: wigbelede limes. Nr. 22 Halle J. 1235: si infra terminos quod wichbilde dicitur, homicidium contigerit. Nr. 25. 27 u. a.

[6] Nr. 28 Unna J. 1243: et judicium villae Unnac quod appellatur wicbelde. Nr. 60 Naumburg 1278: termini judicii seu jurisdictionis quae weichbild appellatur circa civitatem Naumburg. Soest „wibbeldegericht"; Städtechron. XXIV Einl. S. 86 Anm. 4.

[7] Nr. 26: duo oppida quod vulgo wichbelde appellantur. Nr. 5: ut in villa Overenkerken forum sit quod in vulgari wicbilethe dicitur. Vgl. auch die im niederdeutschen WB. von Schiller und Lübben V S. 710 angeführten Stellen, Lüb. Chr. 1, 44: „do branden se dat witkbelde ... darna stormeden se dat slot"; das. 2, 26: „unde man om af dat slot Homborch unde dat witkbelde darvore."

[8] Philippi a. a. O. S. 7 will darin die eigentliche und ursprüngliche Bedeutung von Weichbild erkennen.

[9] Philippi Nr. 4. 6. 15. 37. 40 u. s. w.

[10] Nr. 33: super possessiones que wichbelde non sunt. Nr. 47: sicut de

Das Rechtsverhältnis der Erbzinsleihe, das in Niederdeutschland Weichbild heißt, findet sich in in den Verleihungsurkunden nach den verschiedenen Seiten hin geregelt. Gewöhnlich wird nur der jährliche Zins erwähnt oder festgesetzt; wird der Zins nicht bezahlt, so beträgt die Buße den doppelten Zins (54)¹, oder es tritt das Zwangsverfahren ein (74. 82), oder es erfolgt Verlust des Gutes (53) und Rückfall an den Verleiher (89). Bei Veräußerung des Gutes ist der doppelte Zins an den ersten Verleiher zu entrichten (46), dem auch der Vorkauf (54) oder der Rückkauf zusteht (65. 75)². Das verliehene Haus soll in dem Zustand erhalten werden, in dem es vorher war (67). Die Verleihung von Weichbildgut ist nicht durch den persönlichen Stand des Beliehenen bedingt³. Doch heißt es später, nur Bürger sollen Weichbildgut haben, kaufen oder verkaufen⁴.

Auch in den rheinischen und oberdeutschen Städten findet sich die Erbzinsleihe neben anderen Formen der Verleihung⁵. Am besten bekannt sind uns die Grundbesitzverhältnisse in Köln⁶. Ein großer Teil des sowohl bebauten als unbebauten Bodens war Eigentum des Erzbischofs, der geistlichen Stifter und Klöster. Der Erzbischof verlangte von den Hausstätten den jährlichen Zins und die Vorheuer (Ehrschatz) bei Besitzveränderungen⁷. Leihebriefe von geistlichen Grundherren sind seit 1177 vorhanden⁸. Neues Licht über den Gegenstand haben die Schreinsurkunden von Köln seit Mitte

---

aliis domibus ... qui (so) wicbelethe vulgariter dicte sunt. Vgl. Nr. 80 und 87: perpetua pensione que vulgariter wicbilde dicuntur.

¹ Ich citiere die Stellen nach den Nummern bei Philippi.
² Im Fall Nr. 65, in dem der Jahreszins 8 Schill. beträgt, wird der Rückkauf mit 10 Mark ausbedungen; im Fall Nr. 75 wird die Rückkaufssumme auf den neunfachen Betrag des Zinses, je 9 Mark für eine, festgesetzt.
³ Nr. 89 J. 1295: Contulimus etiam eis, quod incole ipsius opidi cujuscumque fuerint conditionis, hereditates eorum dictas vulgariter wicbeldegut suis heredibus conferre poterunt hereditarie.
⁴ Nr. 108 Rheda J. 1355.
⁵ S. W. Arnold, Zur Geschichte des Eigentums in den deutschen Städten (1861) und die dort abgedruckten zumeist Baseler Urkunden aus dem 13.—15. Jh.
⁶ Vgl. die Untersuchung von J. Gobbers, Die Erbleihe im mittelaltrigen Köln, 1883, in Zsch. der Savignystiftung Bd. IV German. Abt. S. 130—214.
⁷ Vertrag des Erzb. Philipp mit der Bürgerschaft vom J. 1180 in Quellen zur Gesch. der Stadt Köln I S. 583: ut scilicet nobis debitum censum et vorhuram de his (den vorher genannten Häusern) sicut de ceteris areis persolvant.
⁸ Angeführt von Gobbers.

Zweites Kapitel. Die Stadtgemeinde.

des 12. Jh. verbreitet[1]. Alle Arten der Veränderungen des Grundbesitzes sind darin verzeichnet. Nur verhältnismäßig selten kommt Erbleihe sowohl von seiten der geistlichen Stifter wie von seiten der Sondergemeinden vor[2]. In der Regel wird bei Käufen, Vermächtnissen, Erbschaften bloß die Übertragung und die Einschreibegebühr (testimonium), kein Zins erwähnt. Möglich, daß der Grundzins sich von selbst verstand und daß es nur eine Ausnahme war, wenn bei einem Hauskauf ausdrücklich bemerkt wird, daß kein Zins von dem Hause zu entrichten sei[3]. Doch war in Köln das freie Eigentum an Häusern schon im 12. Jh. sehr gewöhnlich, sowohl bei Christen wie bei Juden. Von letzteren finden sich Beispiele im Judenschrein der S. Laurenzpfarre. Ein jüdisches Ehepaar, Salemann und Rachel, kaufte ein Haus von einem Stiftsherrn bei S. Gereon um 30 Mark: tam libere quam ipse habuit[4]. Dieselben kauften ein von dem Juden Isaak erbautes Haus für sich und Erben: ad habendum proprie absque censu[5]. Der Jude Joseph übertrug seinem Sohne Vives ein Haus zu völlig freier Verfügung[6]. In Erbleihe dagegen vergaben die Stiftsherren von S. Peter an den Juden Elyachin und seine Ehefrau Bela ein halb verfallenes Haus unter der Bedingung es wiederherzustellen[7]. Die in dem größten Handelsplatz des Rheins herrschende Verkehrsfreiheit machte den Grund- und Hausbesitz schon früh beweglich. Das freie Eigentum an Häusern und Hofstätten wird in den Schreinsurkunden von Köln als bürgerliches und Stadtrecht bezeichnet[8].

Die vorhin erwähnte Bedeutung, in der Weichbild, d. i. Stadtrecht, auf das Stadtgericht übertragen ist, enthält die Erklärung für die Ausscheidung des Stadtgerichts vom Landgericht, deren

---

[1] Kölner Schreinsurkunden des 12. Jhh. hg. von R. Höniger. Bd. I und II, 1884—1894.

[2] Z. B. von S. Marien auf den Stiegen (in gradibus) I S. 299 I Nr. 16, von S. Pantaleon S. 300 Nr. 21, von den Amtleuten von S. Brigiden bei Verleihung von Schusterbänken S. 296 Nr. 5.

[3] In der S. Martinspfarre I S. 15 II Nr. 6: ut nullum censum de domo in perpetuum persolvat.

[4] Laurenzpfarre I S. 219 Nr. V 3.

[5] Ebend. Nr. V 4.

[6] I S. 220 Nr. VII 6: ita quod predictus Vives quidlibet inde faciendi liberam habeat potestatem.

[7] Ebend. S. 221 Nr. VII 8.

[8] Schreinsurk. der Brigitenpfarre I S. 304 Nr. 14: ita acquisivit ad jus

Grund man irrtümlich in der sogenannten Exemption von der Grafschaft gefunden hat. Es gibt eine Stadtgerichtsbarkeit, weil es ein Stadtrecht gibt, nach dessen Gewohnheiten und geschriebenen Satzungen über die Bürger gerichtet wird. Es ist ein Recht der Bürger nur vor ihrem eigenen Gericht zu Recht zu stehen; also bedingt das Stadtrecht das Dasein des Stadtgerichts[1]. Das Stadtgericht erstreckt sich über das Stadtgebiet, zu dem außer der Stadt auch die Gemeinde- und Bürgergüter gehören. Die Ausscheidung des Stadtgerichtsbezirks hat sich so früh vollzogen als das Stadtrecht sich im Unterschied vom Landrecht gebildet hat[2].

Die Sondergemeinden und Kirchspiele in den Städten.

Die Stadt ist geworden und gewachsen. Anfangs ist nur Eine Stadtgemeinde da; aus dem Vororte einer Burg oder eines Herrschaftssitzes ist sie entstanden. Mit der Zeit kommen neue Ansiedler hinzu; werden sie nicht mehr in die bestehende Stadtgemeinde aufgenommen, so bilden sie eine Gemeinde für sich, und es entsteht eine Vorstadt, eine Neustadt im Unterschied von der Altstadt. Schon früh wird in Straßburg eine neue Stadt, nova civitas, erwähnt[3], nach ihrer Vereinigung mit der Altstadt hieß sie die äußere Stadt im Unterschied von der inneren[4]. Dem Bischof von Worms verlieh Otto II 979 die Regalien in der Alt- und Neustadt[5]. In Speier erhob Bischof Rüdiger 1084 den Vorort (villa) zur Neustadt und nahm die Juden darin auf[6].

Anders gestalteten sich die Städte, in denen sich von Anfang

---

urbale, quod vertere possit quo velit; S. Aposteln II S. 8 II 2: emit ... ad jus civile et ad urbale, und öfter wiederkehrend: ad jus generale et civile, mit dem Zusatz ut vertere possit quocunque velit; S. Gereon II S. 225 f.: ad omne civile jus — civili jure possidendum — libere possidendum.

[1] Vgl. v. Below, Ursprung S. 82. Varges, Beiträge a. a. O. S. 210.

[2] In den skandinavischen Reichen finden sich überall die Stadtbezirke gesondert. Mit dem Stadtrecht ist zugleich der Stadtgerichtsbezirk gesetzt. Vgl. Städte und Gilden I S. 61. 268. 272. 359. 436.

[3] Straßburger UB. I Nr. 20 J. 791: intra nova civitate arialem nostram. Nr. 21 J. 801 ebenso.

[4] Straßb. Stadtrecht Art. 9: in interiori scil. veteri urbe et ... in exteriori.

[5] MG. DD. II S. 226: quicquid intra ductum nove et antique civitatis ... in ejusdem ecclesie jus transfundimus.

[6] S. vorher S. 113. UB. von Speier Nr. 11: Ego Rüdegerus, cum ex Spirensi villa urbem facerem ...

Zweites Kapitel. Die Stadtgemeinde.

an mehrere Bauerschaften und herrschaftliche Höfe zusammenfanden wie das besonders in Westfalen der Fall war. So war Dortmund in drei Bauerschaften geteilt[1]. Münster zerfiel in sechs Lei- oder Leitschaften, d. i. Bauerschaften[2]. In Osnabrück bestand die Altstadt aus vier Leischaften[3]. Soest vereinigte sechs Hoven oder Bauerschaften[4]. In der Vereinigung zur Stadt führten die Bauerschaften ein Sonderleben für sich fort und behielten mehr oder weniger ihre Communaleinrichtungen bei, wie z. B. in Soest die Niedergerichte in den Stadtbezirken[5]. Sogar als verschiedene Weichbilde mit eigener Stadtverfassung erscheinen in Braunschweig die fünf Sondergemeinden, die nach und nach zur Gesamtstadt, gleich einer Bundesstadt, zusammenwuchsen[6].

Neben der bürgerlichen Einteilung in Gemeindebezirke geht die kirchliche in Kirchspiele und Pfarreien her. Sie ist später als jene. Lange Zeit bestand in den Städten nur eine einzige Pfarrei und Pfarrgemeinde. In den Bischofstädten war die Kathedrale des Bischofs auch die Pfarrkirche für die Stadt und deren Umgebung[7]. Nur notgedrungen schritten die Bischöfe dazu, mehrere Parochien einzurichten. Das früheste Beispiel vielleicht gibt Worms. Denn als Bischof Adalbert im J. 1080 die neue Stiftskirche und Pfarrei S. Paul errichtete, hatten bereits seine Vorgänger die Stadt in vier Parochien eingeteilt[8]. In Soest war die Peterskirche die Pfarrkirche für die Stadt und die umliegenden Ortschaften bis Erzbischof Philipp von Heinsberg (nach 1179) sechs Kirchspiele anordnete[9]. Noch später, erst im J. 1229, teilte Erzbischof Gerhard II von Bremen, mit Genehmigung des apostolischen Stuhls die Altstadt in drei Parochien ein, deren Grenzen er nach den Straßen und

---

[1] Frensdorff, Dortmunder Statuten Einl. S. 51.
[2] Vgl. Wilmanns, Urkk. des Bistums Münster III S. 602, über die gleiche Einrichtung in Soest, Paderborn und Osnabrück.
[3] Philippi, Zur Stadtverf. von Osnabrück in Hans. Geschichtsbl. Jg. 1889 S. 163.
[4] Ilgen in Städtechron. XXIV Soest Einl. S. XXVII.
[5] Stadtrecht Art. 37. 61.
[6] Hänselmann in Städtechron. VI Einl. S. 16 f. Vgl. Städte und Gilden II S. 414 f.
[7] Hinschius, Kirchenrecht II S. 277.
[8] Wormser UB. I Nr. 57: itaque secundum quod civitatem nostram ab ipsis divisam in quatuor accepimus barrochias, nos barrochiam sancti Pauli terminamus.
[9] D. Städtechron. XXIV Einl. von Ilgen S. 24.

dem Laufe der Weser bestimmte[1]; als Grund gibt er an, weil die bis dahin bestehende einzige Pfarrei selbst mit Hülfe von zwei Priestern nicht im stande war, der Menge des Volkes die Sacramente zu spenden.

Wo bereits ursprünglich wie in den erwähnten westfälischen Städten eine Communaleinteilung nach Höfen oder Bauerschaften bestand, war es natürlich, daß die kirchliche Einteilung sich nach ihr richtete, so daß beide sich meist mit einander deckten[2]. Ebenso geschah es, wenn eine Stadt sich durch Hereinziehung von Vorortsgemeinden vergrößerte. Braunschweig war von Anfang an kirchlich geteilt: die östliche Hälfte auf der einen Seite der Ocker lag in der Halberstädter, die westliche auf der andern in der Hildesheimer Diöcese. Abgesehen davon entstanden in den fünf Weichbilden nach einander sieben städtische Pfarrkirchen[3].

Eine besondere Bewandtnis hat es mit den Sondergemeinden und Kirchspielen in Köln. In der Altstadt, deren Umfang ungefähr mit der alten Römerstadt zusammenfiel, bestanden seit alter Zeit mehrere Pfarrkirchen, S. Peter, S. Columba, S. Lorenz, S. Alban[4]. Sie vergrößerte sich durch Hereinziehung von Außenbezirken und Vorstädten. Zuerst wurde mit ihr der Rheindistrikt auf der Ostseite, wo Schiffahrt und Handelsverkehr ihren Sitz hatten, verbunden. Später kamen die Vorstädte Niederich im Norden und Oursburg (Airsbach) im Süden und mehrere Außenstifter mit eigenen Pfarreien und Kirchspielen hinzu. Alle diese Bezirke wurden unter Erzbischof Philipp von Heinsberg um 1180 durch einen Mauerring mit der Altstadt zusammengefaßt[5].

Die Altstadt war der Sitz der centralen Behörde. Ihr untergeordnet waren die Sondergemeinden, sowohl in den Parochien der Altstadt, wie in den Vorstädten Niederich und Oursburg, deren Commu-

---

[1] Bremisches UB. I Nr. 150: quod cum in civitate Bremensi una tantum ecclesia parrochialis existat ...

[2] So in Soest. Ilgen a. a. O. S. 27.

[3] Dürre, Gesch. der Stadt Braunschweig, 1861 S. 368 und 374. Es zeigt sich in den angeführten Beispielen, wie sehr verfehlt die in einer Berliner Dissertation von G. Liebe: Die kommunale Bedeutung der Kirchspiele in den deutschen Städten, 1885, aufgestellte Behauptung ist, daß die Communalverfassung der Sondergemeinden aus den Pfarreien hervorgegangen sei; sie stützt sich hauptsächlich auf die Sondergemeinden in Köln und hat unverdienten Beifall gefunden.

[4] Ennen, Gesch. der Stadt Köln I S. 146 und 407 ff. S. Martin im Rheindistrikt kam erst später hinzu; s. Kelleter, Zur Gesch. des Kölner Pfarrsystems in Beiträgen zur Gesch. Kölns, 1895, S. 223.

[5] Meine Verf.-Gesch. von Köln in Städtechron. XII Einl. S. 33.

nalverfassung sich als ein Abbild der Stadtverfassung im kleinen darstellt[1]. Burgerichte, d. i. Bauern- oder Bürgergerichte, hießen die Parochialgerichte[2]. Hiermit ist ihr Ursprung bezeichnet. Sie stammten nicht von den Kirchspielen her, sondern von den bürgerlichen Niedergerichten. Man darf sich nicht durch das Wort parochia irre führen lassen. Es wird in verschiedenem Sinne gebraucht[3]. In Köln nannte man Parochien die Communal- und Gerichtsbezirke. Die Vorstadt Niederich heißt eine Parochie, wiewohl sie mehrere Pfarreien in sich begriff[4]; der Gerichtsbezirk S. Gereon erscheint in den Schreinsurkunden als parochia, villa, jurisdictio, diocesis[5]. Sondergemeinden von Köln, wenn sie auch den Namen von den Kirchen führten, waren doch nicht gleichbedeutend mit Pfarrgemeinden; wie kämen sonst die Juden dazu, ihren Schrein bei S. Lorenz zu besitzen? Die Communalbehörden hatten nichts mit Kirchensachen zu thun; diese, die Wahl des Pfarrers und des Küsters, die Erhebung der kirchlichen Abgaben, die Unterhaltung der Kirchengebäude, wurden durch besonders bestellte „Kirchmeister" und Collegien der Pfarreingesessenen besorgt[6]. Den Burgerichten von Köln entsprechen die Burrichter in Soest, die in den Sondergemeinden der Stadt über unrechte Maße sowie über Diebstahl bis zum Wert von 12 Denaren richteten, gleichwie die Competenz der Parochialgerichte von Köln sich nicht über den Wert von 5 Schill. erstrecken sollte[7].

Für administrative Zwecke, namentlich bei Wahlen zu den städtischen Ämtern, wurde die Pfarreinteilung, wie sie bestand, in manchen Städten benutzt[8]. Doch ist deshalb nicht auf bürgerliche Sondergemeinden in diesen zu schließen. Man hat sich besonders auf das in den Rheinstädten Worms, Speier, Mainz, Straß-

---

[1] Vgl. Städtechron. XIV Einl. S. 68 f.

[2] Quellen zur Gesch. der Stadt Köln II S. 392: in parrochiis officiati eliguntur, qui quedam ibi judicant secundum ejus formam, quod burgeriethe vulgariter appellantur.

[3] Nicht bloß für Pfarrei, in alter Zeit auch für die bischöfliche Diöcese. So in MG. Formulae S. 219 Nr. 15 für die Sprengel des Erzb. von Sens und des Bischofs von Le Mans; in Urk. Ludwigs des Fr. J. 814 für die Diöcese von Worms, UB. I S. 7.

[4] Das Weistum von Niederich ist betitelt: Traditiones et leges in parrochia Nietherich. Quellen I S. 223.

[5] Schreinsurk. II S. 210 Anm. 1.

[6] Ennen, Gesch. der Stadt Köln I S. 713.

[7] Vgl. Verf.-Gesch. in Städtechron. XIV S. 65.

[8] Z. B. in Gent und Lille in Flandern; s. Städte und Gilden II S. 170 und 180.

burg vorkommende Gemeindeamt der „Heimburger" berufen¹. In Worms wurden 16 Heimburger aus den vier Parochien gewählt². Darum sind diese doch nicht für Sondergemeinden zu halten, von denen sich sonst in Worms keine Spur zeigt. Ebensowenig hat es Sondergemeinden in Speier, Mainz, Straßburg gegeben, bei denen das Heimburgeramt vorkommt.

Die mechanische Einteilung der Städte nach Vierteln, Dritteln oder Sechsteln, hauptsächlich für Zwecke des Kriegswesens, gehört erst der späteren Zeit an³.

Kaiserliche Privilegien und Stadtrechte des 12. Jahrhunderts.

Aus den Privilegien und Stadtrechten ist zu ersehen, wie die Stadtgemeinden zu selbständigen Rechten gegenüber ihren Stadtherren und wie die Bürger zur Freiheit der Person und des Eigentums gelangten. Doch soll zuvor an einem Beispiel gezeigt werden, welcher Art eine Stadtverfassung war, in der der größte Teil der Einwohnerschaft sich noch unter dem Hofrechte des Stadtherrn befand. Es ist das Dienstrecht des Bischofs Burchard von Worms um J. 1024, das uns einen Einblick in die inneren Zustände einer bischöflichen Stadt zu Anfang des 11. Jh. gewährt⁴. Leges et statuta familiae sancti Petri lautet die alte Überschrift, wobei sich sogleich die Frage einstellt, ob unter familia allein die Stiftsleute oder die ganze Einwohnerschaft der Stadt zu verstehen sei? ob das von Burchard erteilte Recht bloß als Hofrecht oder auch als Stadtrecht anzusehen sei⁵?

Für die letztere Annahme spricht zuvörderst die politische Stellung des Bischofs. Er war von Rechts wegen Herr der Stadt.

---

¹ Köhne, Stadtverf. in Worms, Speier und Mainz, Kap. V Die Specialgemeinden. Heimburger oder Heimburgen, beide Wortformen kommen vor.

² Fragment eines Privilegs von Heinrich VI und Ämterbeschreibung aus dem 15. Jh. bei Böhmer, Fontes II S. 212 und 215.

³ v. Maurer, Die Städteverf. I S. 518. Gengler, Rechtsaltertümer S. 49.

⁴ Gengler, Das Hofrecht des Bischofs Burchard von Worms, 1859, gibt den Text nach Schannat mit den Berichtigungen Böhmers und dazu einen trefflichen Commentar. Auf Grund der Handschriften ist der Text im UB. von Worms hg. von Boos) I Nr. 48 abgedruckt, wonach ich citiere.

⁵ Als das älteste Stadtrecht von Worms habe ich, übereinstimmend mit Arnold, es aufgefaßt, s. Kieler Monatsschrift, 1854 S. 171. Gengler charakterisiert es als „eine Mischung der drei Elemente, des hof-, stadt- und landrechtlichen".

Seinen Vorgängern hatten Otto II und Otto III außer andern nutzbaren Regalien auch die volle Gerichtsbarkeit übertragen[1]. Er selbst hatte die Stadt aus innerer Zerrüttung wiederhergestellt, indem er das Hindernis des Stadtfriedens, die Burg des Herzogs Otto, hinwegräumte. Als Befreiung der Stadt von tyrannischer Bedrückung wurde die That von den Zeitgenossen gepriesen[2]. Burchard war der Verfasser einer kirchlichen Kanonensammlung[3]; er bethätigte sich auch als Gesetzgeber in seiner Stadt, um die Rechtsordnung in ihr zu befestigen.

Nach dem Prolog scheint es jedoch, als ob es sich bloß um ein Hofrecht handelte. Cum consilio cleri et militum et totius familiae has jussi scribere leges, sagt der Bischof: also nur geistliche Dienstleute und Kirchenleute, keine Bürger, wurden von ihm zu Rate gezogen. Auch was über die Veranlassung und den Zweck der Rechtsaufzeichnung gesagt ist, deutet auf ein Hofrecht. Denn veranlaßt wurde sie „durch die Klagen der Unterdrückten und die Nachstellungen derer, die wie Hunde die Familie S. Petri zerfleischen," und gegeben zu dem Zweck, „damit weder ein Vogt, noch ein Vicedominus, noch ein Vicar oder Ministerial oder irgend eine redselige Person (loquax persona) etwas neues in der Familie einführe, sondern das gleiche Recht für alle, arme und reiche, gelte." Nur von der Familie S. Petri ist hier die Rede und die genannten Beamten sind die Hofbeamten des Bischofs. Dagegen befinden sich im Rechtsbuche selbst Verordnungen mit den Eingangsworten: Si quis in Wormacia — Lex erit concivibus, ut si quis in civitate — Si quis in civitate, die als allgemein gültig für alle Einwohner der Stadt hingestellt sind. Auch ihrem Inhalte nach sind diese und eine Reihe von anderen Artikeln solcher Art, daß sie allgemeine Anwendung finden konnten und wohl auch sollten. So die Bestimmungen über die Bußen bei dem gerichtlichen Zweikampf (c. 20) und über die Strafen für Körperverletzungen und Versuch der Tötung (c. 27. 28).

---

[1] S. vorher S. 73.
[2] Vita Burchardi c. 9 in MG. SS. IV: Ita quoque Wormatia iniquo servitio diu subacta piis episcopi laboribus liberata est. Thietmari Chron. L. V am Schluß in Versen: Urbs Wormatia gaudet temporibus istis libertate sua etc.
[3] Von dem liber decretorum Burchardi handelt A. Hauck in einem Aufsatz (Berichte der sächsischen Akademie der Wiss. Mai 1894, worin er die Tendenz und den Anteil Burchards an der Bearbeitung nachweist.

Ein Unterschied zwischen Stiftsleuten und andern Einwohnern wird überhaupt nicht gemacht. In dem Ausdruck concives sind beide begriffen. Ein conventus concivium wird an einer Stelle erwähnt (c. 22. Öfter kommt als Ortsrichter der minister oder magister loci auch unter der Benennung ministerialis vor; von ihm ist gesagt, daß er in geringen Streitsachen, die einer aus der Familie an ihn bringt, mit den ihm untergebenen concives ohne Eid entscheiden soll[1]. Die Angehörigen der Familie S. Peters waren also zugleich Bürger der Stadt; insoweit gilt auch für die Bürger das Gesetz, das jenen gegeben ist.

Unter den Angehörigen der Familie finden sich verschiedene Standesklassen genannt: fiscales, die Dienstleute, aus denen der Bischof die Hofämter besetzt, Dagowarden die Hörigen, die die niedersten Dienste verrichten[2]. Ehen zwischen Fiscalinen und Dagowarden gelten für ungleiche; die Kinder folgen der ärgeren Hand (c. 16). Wenn der Bischof einen fiscalis homo in seinen Dienst nehmen will, sagt c. 29, so soll er ihm keinen andern zumuten als das Amt des Kämmerers, des Schenken, des Truchseß, des Stallmeisters oder des Ministerialen. Ministerialis bedeutet hier das schon erwähnte Amt des minister loci, nicht den Stand der Dienstleute überhaupt, der diesen Namen zur Zeit noch nicht führte. Will der zu einem dieser Ämter berufene fiscalis es nicht übernehmen, so soll er 10 Denare für den Königs- und Heerdienst zahlen und die drei ungebotenen Dinge des Jahres besuchen, dann mag er dienen, wem er will[3]. Der Fiscalis wird also, wenn er will, aus der Familie S. Peters entlassen und kann in ein anderes Dienstverhältnis, in eine andere Familie eintreten; jedenfalls bleibt er dem Reiche und dem öffentlichen Gericht verpflichtet. Wir erinnern uns der kaiserlichen Verordnung von 1014, worin bestimmt ist, in welchen Fällen die Kirchenleute dem Grafengerichte unterstehen sollen[4].

Es gab in Worms außer dem Hauptstift S. Peter noch andere

---

[1] C. 12: qualiscumque ex familia qui cum socio suo sive in agro ... in illis levioribus rebus aliquid injuste fecerit et se ad magistrum loci proclamaverit, volumus, ut illius loci minister cum subjectis sibi concivibus sine juramento determinet.

[2] Vgl. über Dagewarden oder Dagescalken Waitz V S. 195.

[3] et si tale servitium facere noluerit, quatuor denarios persolvat ad regale servitium et VI ad expeditionem et tria injussa placita quaerat in anno et serviat cuicunque voluerit.

[4] S. vorher S. 75.

geistliche Stifter, S. Martin, S. Andreas und das neue von Burchard selbst errichtete S. Paul und zwei außerhalb der Stadt, Neuhausen und Marienmünster. Jedes von diesen bildete eine Immunität für sich und hatte seine eigene Familie, deren Genossen sich in einem engeren Verbande befanden, so daß ihre Pflicht unter sich mehr galt als die gegenüber den Ungenossen. Daher bestimmt das Rechtsbuch, daß Vergehen der Fiscalinen unter sich schwerer bestraft werden sollen als solche gegen andere[1], und daß, wenn einer von ihnen eine Ungenossin zur Frau nimmt und stirbt, zwei Drittel seines Vermögens dem Bischof zufallen sollen[2]. Societates heißen die verschiedenen Genossenschaften innerhalb der Gesamtfamilie der Kirche von Worms[3].

Man denke sich nun die Einwohnerschaft geteilt in eine Anzahl von derartigen Familiengenossenschaften und den Grundbesitz dem Bischof erbzinspflichtig[4], wo blieb da noch Raum für eine freie Gemeinde? Nur das allein kennzeichnet die Familiengenossen als nicht bloß hörige und die Bürger als nicht bloß zinspflichtige Leute, daß sie fortdauernd dem Grafengericht unterstanden, im öffentlichen Gericht dingpflichtig waren und in diesem von Schöffen beurteilt wurden[5].

Es gab in Worms zur Zeit noch keine freie Gemeinde und keinen Gemeindeverband der Bürger außer und neben der Kirchenfamilie, kein Stadtrecht außer dem Hofrecht. Ähnlichen Verhältnissen werden wir später noch in dem ältesten Straßburger Stadtrecht begegnen, das gleichfalls sich mehr als ein Hofrecht denn als Stadtrecht darstellt.

Die kaiserlichen Privilegien aus dem Anfang des 12. Jh.

---

[1] c. 13: si quis fisgilinus homo ex familia rem aliquam ... ad injustitiam patraverit, ad bannum episcopi quinque solidis ut dagewardus vadietur et quinque solidis componat ei cui iniquitas facta, si de eadem societate est, et si extra suam societatem est una uncia (1²/₃ Solidi = ¹/₃ von 5 Sol.) vadietur et nihil juret.

[2] c. 15. Gengler citiert die gleiche Bestimmung des Limburger Hofrechts.

[3] Nicht passend erscheint also die Deutung der societates weder auf gewerbliche Innungen, wie Arnold (I S. 67) meint, noch auf Gemeinde- oder Marktgenossen, wie Gengler (S. 20) erklärt, noch auf Specialgemeinden, wie Köhne (S. 85), Lamprecht folgend, annimmt.

[4] c. 26: Lex est concivibus, ut si quis in civitate hereditalem arcam habuerit: wenn der Besitzer drei Jahre hindurch den Zins nicht bezahlt oder wenn er das Haus, das darauf steht, verkauft, soll die Hausstätte dem Bischof zufallen.

[5] c. 17: Jus erit familiae, si quis in placito injustum clamorem fecerit aut iratus in sua sede recesserit vel in tempore ad placitum non venerit ... nihil juret, sed in testimonio scabinorum erit.

machten Epoche für den Anfang der bürgerlichen Freiheit. Hatten vordem die deutschen Könige und Kaiser das Füllhorn ihrer Gnade auf die geistlichen und weltlichen Stadtherren durch Mehrung ihrer Herrschaftsrechte ausgeschüttet, so kam nun die Zeit, da die Salier, der vierte und fünfte Heinrich, die Stütze ihrer königlichen Macht gegenüber selbstsüchtigen und verräterischen Reichsfürsten in den Städten erkannten. Daher fingen sie an, die getreuen Bürgerschaften durch Verleihung von Freiheitsrechten zu belohnen.

Heinrich IV hatte zuerst 1074 die Bürger von Worms mit der Zollfreiheit in einer Reihe von Zollstädten belohnt[1]. Wichtiger waren die Privilegien Heinrichs V, der an demselben Tage des 14. August im J. 1111, da er zur Buße und Sühne seiner Schuld gegen den Kaiser und Vater dessen ruhelose von dem Papste verfluchten Gebeine in geweihter Erde im Dom zu Speier begraben ließ, den Einwohnern von Speier einen ewig denkwürdigen Freibrief verlieh, der mit goldenen Buchstaben an der Vorderseite des Domes unter dem Bilde des Kaisers eingeschrieben wurde[2]. Dieser besagte: alle jetzigen und künftigen Einwohner der Stadt, woher sie auch kommen mögen und welchen Standes sie auch seien, sollen von der schändlichen Gewohnheit des Buteils befreit sein, durch welche die Stadt verarmt ist[3]; verboten wird dem Vogte oder ihren natürlichen Herren, etwas von ihrer Hinterlassenschaft zu nehmen; alle dürfen über ihre Habe frei verfügen, sei es zu gunsten ihrer Erben oder anderer zu ihrem Seelenheil. Solche frohe Botschaft wurde mit Zustimmung des Bischofs von Speier in der Kirche verkündigt.

An dem klaren kaiserlichen Wort hat man versucht zu deuten, als ob es nur für die niederen Klassen der Einwohner, nicht für die Bürger, oder nur für die Hörigen auswärtiger Herren, die Einwanderer, gelten sollte[4]. War es so gemeint, dann hatte es keinen Sinn zu sagen, daß durch die Teilung der vererbten Hinterlassenschaften die ganze Stadt verarmt sei. Die kaiserliche Urkunde spricht

---

[1] S. vorher S. 63.
[2] UB. von Speier Nr. 14.
[3] Pro remedio anime cari patris nostri, felicis memorie Heinrici imperatoris ... in ipsa die sepulturae ejus omnes, qui in civitate Spirensi modo habitant vel deinceps habitare voluerint, undecumque venerint vel cujuscumque condicionis fuerint, a lege nequissima et nephanda, videlicet a parte illa, quae vulgo budeil vocabatur, per quam tota civitas ob nimiam paupertatem adnichilabatur, ipsos suosque heredes excussimus ...
[4] Der ersteren Meinung ist Arnold S. 190, der anderen v. Below, Ursprung

Zweites Kapitel. Die Stadtgemeinde.

von den habitatores allgemein, und zwar sowohl von den gegenwärtigen wie von den künftigen, die in die Stadt hereinkommen, und zwar jeden Standes, also Hörige sowohl wie persönlich Freie. Das schändliche Recht des Buteils, wie es der Kaiser nennt, sollte überhaupt nicht mehr in Speier stattfinden.

Sicherlich war das ein starker Eingriff in die bestehenden Rechte des Bischofs und der Grundherrn, der einheimischen sowohl wie der auswärtigen. Heinrich V that ihn mit vollem Bewußtsein und festem Willen in der Lage, in der er sich im J. 1111 befand. Er kam von Rom her, wo er ganz anders eingegriffen hatte in die bestehenden Rechte der Kirche und des Reiches, indem er den Papst Paschalis II zwang, zuerst auf die Reichslehen der geistlichen Fürsten, dann auf deren Investitur zu verzichten. Hiermit verglichen war es nur ein geringes, wenn er von dem Bischof von Speier die Zustimmung zum Verzicht auf die Abgabe des Buteils forderte und was er forderte durchsetzte[1].

Und noch ein anderes Privileg gewährte der Kaiser den Bürgern von Speier[2]: sie sollen befreit sein vom Zoll, Bann- und Schoßpfennig in der Stadt, vom Weinbann, vom Zoll auch an den kaiserlichen Zollstätten, sollen die Aufsicht über die Münze führen und nicht außerhalb der Stadt vor Gericht geladen werden.

Anders gefaßt, doch im wesentlichen gleichbedeutend sind die Freibriefe Heinrichs V für Worms. In dem einen vom J. 1112 bestätigte er den Bürgern die Zollfreiheit und befreite sie von der Abgabe des Wachtgeldes[3]. In dem andern vom J. 1114 verordnete er auf viele Klagen der Bürger, daß kein Vogt Ehen mit eidlichem Zwange

---

S. 119; doch läßt letzterer die Frage unentschieden, „ob nicht neben den Einwandrern damals vielleicht auch die Hörigen der städtischen Fronhöfe vom Buteil befreit wurden." Keutgen, Untersuchungen S. 161, erklärt: „In der Stadt soll kein Todfall gelten", macht aber im Widerspruch hiermit die Einschränkung: „Dieser Grundsatz gilt aber natürlich nur für die Bürger; nicht zu den Bürgern gehören die Hörigen der städtischen Grundherren."

[1] Dennoch kam ein späterer Bischof von Speier, Ulrich (1178—1189), darauf zurück, indem er vorgab, daß in der Befreiung vom Buteil nicht auch die vom Hauptrecht (Besthaupt) begriffen sei, wiewohl die Worte der kaiserlichen Urkunde: ne vero aliqua persona ... illis morientibus de eorum suppellectile quicquam auferre presumat, sich deutlich genug darüber ausdrücken. Es bedurfte daher erst der ausdrücklichen Erklärung Friedrichs I J. 1182, daß jene Befreiung der Einwohner von Speier auch für das Hauptrecht gelte, UB. von Speier Nr. 18.

[2] UB. Nr. 14 S. 19, Stumpf 3072. Vgl. über den Weinbann vorher S. 130.

[3] UB. von Worms Nr. 61.

auflöseu¹ und niemand einen Teil der Hinterlassenschaft von Mann oder Frau fordern dürfe, sondern beim Tode des einen Ehegatten sollen der andere und ihre Kinder oder, wenn keine Kinder da sind, die nächsten Verwandten erben².

Nur wenige Jahre später nach den vorstehenden Privilegien Kaisers Heinrich V für Speier und Worms gründete Konrad von Zäringen 1120 die Stadt Freiburg im Breisgau. Es ist wohl nicht zu bezweifeln, daß ihm bei Verleihung der Freiheitsrechte an die neue Stadt seiner Schöpfung, der er den bedeutungsvollen Namen Freiburg gab, jene kaiserlichen Privilegien in den nahe gelegenen Städten des Oberrheins zum Ansporn und Vorbild dienten, denn aus ihnen konnte er die wesentlichen Grundzüge der bürgerlichen Freiheit entnehmen. Um dieselbe Zeit standen in Nordfrankreich die Communen der Bürger gegen die Tyrannei der geistlichen und weltlichen Stadtherren auf, um Rechtsschutz und Sicherheit der Person und des Eigentums zu erlangen³.

Von der Gründung Freiburgs durch Konrad von Zäringen war bereits bei der Entstehung der Städte die Rede⁴. Aus dem Stiftungsbrief Konrads ersahen wir das Verfahren, wie er bei seinem Unternehmen zu Werke ging. Dem Stiftungsbriefe gehören auch, wenn nicht mehr, doch sicher die fünf ersten Artikel des Stadtrechts an, in denen Ego Conradus in erster Person spricht. In diesen sind die wichtigsten Freiheitsrechte, die er den Bürgern gewährte, enthalten. Zuerst Sicherheit des Marktes: für Raub will der Fürst selbst Ersatz leisten (§ 3). Sodann freies Erbrecht sine omni conditione, das heißt ohne Buteil oder Besthaupt: unbeerbtes Gut sollen die 24 Marktgeschworenen (conjuratores fori ein Jahr lang aufbewahren und, wenn kein Erbe sich einstellt, soll ein Drittel den Armen, ein Drittel der Stadt zu ihrem Aufbau (ad edificationem civitatis) und ein Drittel dem Herzog zufallen (4). Zollfreiheit für alle Handeltreibenden ohne Unterschied — omnibus mercatoribus (5).

---

[1] Ebend. N. 62: ut quicumque aut undecumque sit vir, qui uxorem seu de consorcio suo sive de alia familia ibidem acceperit, aut uxoratus aliunde illuc venerit ... ut nullus advocatus conjugia eorum juramenti coactione dissolvat.

[2] Auch dieses Privileg bestätigte Friedrich I 1184 Jan. 3 mit der Erklärung, daß die Bürger von Worms vom Buteil und Besthaupt befreit seien. A. a. O. Nr. 90.

[3] Vgl. Städte und Gilden II S. 35 ff.

[4] S. 36 ff.

Politische und kirchliche Selbständigkeit der Stadtgemeinde: den Bürgern wird die Wahl des Vogtes, ihres Stadtrichters und die des Priesters, ihres Seelsorgers, frei gegeben (6). Endlich bei Streitigkeiten unter den Bürgern will weder der Stadtherr, noch soll der Stadtrichter nach eigenem Gutdünken entscheiden, sondern es soll nach dem Rechte der Kaufleute, insbesondere der von Köln, geschehen [1].

Aus dieser letzteren Bestimmung entstand die spätere Tradition, daß Konrad (oder Berthold) die Freiheit Freiburgs auf kölnisches Recht gegründet habe [2]. Wie verhält es sich damit? Zwischen Freiburg und Köln bestand keine Verwandtschaft weder im öffentlichen Recht, das in Freiburg die einfachsten, in Köln die verwickeltsten Zustände aufzeigt, noch im Privatrecht, das in Köln fränkischen, in Freiburg alemannischen Ursprungs war. Auch auf das bloße Handelsrecht, wie man gemeint hat, kann sich das Gesagte nicht beziehen, denn es ist von Civilstreitigkeiten überhaupt die Rede, bei solchen aber wird auf das Recht der Bürger von Köln hingewiesen, als dasjenige, das in den Rheinlanden als das vorzüglichste galt; daher war später in Freiburg Köln als Oberhof anerkannt, an den die Bürger appellieren konnten [3]. Im übrigen ist jene Tradition von der Gründung Freiburgs auf kölnisches Recht für eine bloße Fiktion zu halten [4].

Alle folgenden Artikel des Stadtrechtes (8—56) sind nachträglich zu verschiedener Zeit im Laufe des 12. Jh. hinzugekommen, in der Folge, wie sie als Satzungen von Rat und Bürgerschaft beschlossen wurden [5]. Auch in diesen zeigt sich wie in den ersten der gleiche Sinn der bürgerlichen Freiheit und noch mehr das schon gewachsene Selbstgefühl der Bürger. Nur wenig ist es, was sie dem Herzog, ihrem Stadtherrn, außer dem geringen Grundzins für die Hausplätze,

---

[1] Art. 7: Non secundum meum arbitrium vel rectoris eorum discutietur, sed pro consuetudinario et legitimo jure omnium mercatorum, precipue autem Coloniensium, examinabitur judicio.

[2] S. vorher S. 40 Anm. 3.

[3] Doch war solche Appellation mit vielen Umständen und schweren Unkosten verbunden, wie Art. 40 des Stadtrodels angibt.

[4] Hiermit stimmt die Ausführung von E. Huber, Das Kölnische Recht in den zäringischen Städten (Zsch. f. schweiz. Recht Bd. XXII Jg. 1881) überein. Meine frühere Deutung auf die persönliche Freiheit der Bürger von Köln (Ital. Städteverf. II S. 410) lasse ich fallen.

[5] S. meine Abhandlung über das Freiburger Stadtrecht in der Kieler Monatsschrift 1854 Sept.

schuldig sind: einige Stiefel und Schuhe, nicht gerade die allerbesten (post meliores), wenn er dem Aufgebot des Königs folgt, die Heerfahrt, doch nicht weiter als auf eine Tagereise (32). Der Vogt, der auch judex, causidicus, scultetus heißt, den die Bürger wählen und der Stadtherr einsetzt, hat das Gericht in allen Sachen, und eine wesentliche Freiheit der Bürger ist es, daß sie bei keinem auswärtigen Richter verklagt werden dürfen (25). Im Strafrecht gilt nicht mehr das alte Bußensystem und kein Unterschied des Standes wird bei den Strafen gemacht. Der Verlust der Gnade des Stadtherrn kommt der Verbannung gleich (31). Der gerichtliche Zweikampf ist gestattet, aber nicht geboten (21). Die 24 Ratmänner haben die Aufsicht über Maß und Gewicht (38).

Hoch begünstigt sind die Bürger in ihrem persönlichen Recht. Das freie Erbrecht steht nicht bloß den persönlich Freien zu, auch bei den Eigenleuten unter den Bürgern fällt die Abgabe des Sterbefalls weg[1]. Zwischen den Ehegatten besteht Standes- und Rechtsgleichheit[2]. Jeder, der in die Stadt kommt, kann frei darin wohnen (libere hic sedebit), außer wenn er sich als Eigenmann eines Herrn bekennt, oder wenn der Herr seine Hörigkeit beweist (13). Ministerialen des Stadtherrn sieht man nicht gern in der Stadt, weil sie die bürgerliche Freiheit gefährden können, darum sollen sie nur mit allgemeiner Zustimmung aufgenommen werden (15. 18). Das Bürgerrecht ist bedingt durch Vermögensbesitz (41)[3]. Jeder kann sein Gut verkaufen, wenn er durch Not bedrängt ist (8), kann auswandern mit seiner Habe und erhält das Geleit bis an den Rhein (33).

Die Zeit, in die die vorliegende Redaktion des Freiburger Stadtrechts zu setzen ist, läßt sich nicht näher bestimmen als gegen Ende des 12. oder Anfang des 13. Jh., bevor das Freiburger Stadtrodel abgefaßt wurde[4].

Aus der Wurzel von Freiburg i. B. ist eine zahlreiche und weitverzweigte Nachkommenschaft von Stadtrechten in Alemannien und Burgund entsprossen[5]. Das Stadtrecht, das Berthold IV 1178

---

[1] § 30: burgensis habens proprium dominum, cujus fatetur esse proprius, cum moritur, uxor ejus predicto domino nihil dabit.

[2] § 12: Omnis mulier viro parificabitur et e contra.

[3] Qui proprium non obligatum habet, sed liberum valens marcham unam in civitate habuerit, burgensis est. Im Stadtrodel § 67 und 68 ist Grund- und Hausbesitz vorausgesetzt.

[4] Über die falschen Datierungen H. Maurers, sowohl des Stiftungsbriefs als des Stadtrechts s. meinen Aufsatz in der Zsch. f. Gesch. des Oberrheins N. F. XI.

[5] Ebend. S. 264 f.

an Freiburg im Üchtland verlieh, ist in der Bestätigungsurkunde des Grafen von Kyburg 1249 enthalten[1]. Es ist nicht bloß eine Wiederholung des Vorbilds, sondern weitere Ausführung, deren Bestimmungen sich über alle Bedürfnisse und Einrichtungen des städtischen Lebens erstrecken. Und so ist es wieder das Mutterrecht für eine Reihe anderer schweizerischer Städte im 13. Jh. geworden[2].

In das Gründungsjahr dieses zweiten Freiburg fällt auch die Verleihung des Stadtrechts an Diessenhofen im Thurgau durch Hartmann von Kyburg 1178, das in der Bestätigungsurkunde eines späteren Hartmann von Kyburg vorliegt[3]. Im Anschluß an das Stadtrecht von Freiburg i. B. hat es doch nur die Artikel 4—16 von diesem aufgenommen, und zwar mit Änderungen und Zusätzen.

Das Stadtrecht von Freiburg i. B. selbst erfuhr gegen Ende des 12. Jh. eine Umarbeitung in dem sogenannten Stadtrodel[4]. Darin sind die Artikel der Vorlage meist wörtlich, nur in anderer, wenn auch nicht besserer Ordnung wiederholt und neue Sätze hinzugefügt. Der eingeschaltete Zolltarif (§ 12) zeigt, wie weit der Handel, auch mit fremdländischen Waren, in der Stadt aufgeblüht war.

Aus dem Freiburger Stadtrecht hat auch die Handfeste, die Friedrich II im J. 1218 an Bern verlieh, eine Anzahl von Artikeln entlehnt[5]. Stadtherr ist der Kaiser, die Stadt ist dem Reiche unmittelbar untergeben (Art. 2). Der Kaiser gewährt ihr die Münze, zwei Jahrmärkte, Zollfreiheit und Sicherheit der Marktbesucher (mercatores) (3. 4). Wir kommen auf dieses Stadtrecht bei Entstehung des Rates zurück.

Ganz schablonenmäßig wurde teils das ältere, teils das jüngere Freiburger Recht im 13. Jh. auf andere Städte übertragen. So

[1] Gaupp II S. 82 und nach dem Original aufs neue abgedruckt in Fontes rerum Bernensium II S. 298.

[2] Vgl. Forel, Chartes communales du pays de Vaud. Lausanne 1872 Mém. de la Suisse Romande T. XXVII.

[3] Abdruck bei Gengler, Stadtrechte S. 79. Noch andere Statuten hat dieser Hartmann, der sich comes senior de Kyburg nennt, 1251 und 1260 hinzugefügt.

[4] Gedruckt bei Schreiber, UB. von Freiburg i. B. und Gaupp II S. 28, hier mit Paragrapheneinteilung.

[5] Text und Commentar von Zerrleder in der Festschrift zur VII. Säcularfeier der Gründung Berns 1893. Die Echtheit der Urkunde wurde wegen Fassung und Schrift von Böhmer und Sickel bezweifelt, von Stürner und v. Wattenwyl bestritten. Dagegen hat Hidber in der genannten Festschrift die Echtheit der Urkunde bezüglich des Inhalts bewiesen, nur ist sie nicht im Original erhalten, das, nachdem es im J. 1364 beschädigt war, durch eine nachgemachte Copie ersetzt worden ist.

z. B. ist im Stadtrecht, das ein Herr von Faucigny in Savoyen 1228 dem Orte Flumet verlieh, das Vorwort des Stiftungsbriefes Konrads für Freiburg i. B. wörtlich und sinnlos abgeschrieben[1]. In dieselbe Reihe abgeleiteter Stadtrechte gehört auch das von Kenzingen, das Rudolf, Herr von Üsenberg, im J. 1249 verlieh und seine Nachfolger 1283 bestätigten, worin die 15 ersten Artikel des älteren Freiburger Rechtes wörtlich abgeschrieben sind[2].

Wie groß der Fortschritt zur bürgerlichen Freiheit in der neuen Stadt Freiburg i. B. war, zeigt die Vergleichung mit dem Stadtrecht der alten Bischofsstadt Straßburg[3]. Die Zeit seiner Abfassung ist nach der einen Seite hin bestimmt durch Art. 31, wonach die Bürger vor keinem auswärtigen Richter zu Recht stehen sollen, was dem Privileg Lothars III vom J. 1129 entspricht[4]. Wie weit man aber nach der andern Seite in der Zeitbestimmung im 12. Jh. herabgehen soll, bleibt ungewiß[5].

Dieses erste Stadtrecht von Straßburg ist nicht ein verliehenes, sondern ein Weistum über das bestehende Recht. Die Rechte des Bischofs, die Befugnisse seiner Beamten, die Dienste und Leistungen der Bürger, Kaufleute und Handwerker sind darin beschrieben. Das Ganze stellt sich mehr als ein Bischofsrecht in Bezug auf Stadt und Bürger, denn als ein eigentliches Stadtrecht dar. Wer es verfaßt hat und zu welchem Zweck es verfaßt ist, läßt sich nicht ersehen; vermutlich hat es ein rechtskundiger Richter geschrieben in der Absicht, damit es künftig zur Richtschnur für Berechtigte und Verpflichtete diene.

Dieser Art des Weistums entsprechend beginnt der erste Artikel

---

[1] Hg. mit Commentar von Ch. Le Fort: Les franchises de Flumet in Mém. de la société de Genève T. XIX.

[2] Durch eine wunderliche Verirrung hat H. Maurer den Text von Kenzingen für das Original des Freiburger Textes erklärt und diesen danach falsch corrigiert. Vgl. meinen schon citierten Aufsatz in Zsch. f. Gesch. des Oberrheins N. F. XI S. 281 f.

[3] Der Text ist nach Grandidier und Schilter abgedruckt bei Gaupp und Gengler und zuletzt im Straßburger UB. I von Wigand S. 467.

[4] Straßburger UB. I Nr. 78.

[5] S. meine Untersuchung über die Abfassungszeit in Städtechron. IX S. 924. Neuerdings ist E. Rietschel in einem Aufsatz: Zur Datierung der beiden ältesten Straßburger Rechtsaufzeichnungen (Zsch. f. Geschichtswiss. N. F. J. 1896 S. 24 f. auf die ältere Ansicht Arnolds, wonach als Abfassungszeit der ersten Rechtsaufzeichnung das Ende des 12. Jh. anzunehmen wäre, mit weiteren Gründen der Wahrscheinlichkeit zurückgekommen. Über die bloße Wahrscheinlichkeit kommt man damit nicht hinaus.

Zweites Kapitel. Die Stadtgemeinde.

mit den Worten: Straßburg wurde, gleichwie andere Städte, zu der Ehre erbaut, daß jedermann, Einheimische und Fremde, zu jeder Zeit Frieden in ihr habe[1]. Nicht die Freiheitsrechte der Bürger, wie in Freiburg, sind hier vorangestellt, sondern der Friede unter der Stadtherrschaft. Der Bischof ernennt die Richter und Beamten, die die Stadt regieren, und zwar allein aus der Kirchenfamilie. Von diesen war bereits vorher bei der Gerichtsverfassung in den bischöflichen Städten die Rede[2]. Auch die dem Bischof schuldigen Dienste und Leistungen der Kaufleute und Handwerker wurden schon an anderer Stelle erwähnt[3]. Außer den Bürgern und Handwerkern hatten auch die nicht zu diesen Klassen gehörenden Bürger dem Bischofe fünf Tage im Jahr Herrendienst zu thun (Art. 93). Daß alle diese Dienste nicht von früherer Hörigkeit hergekommen sind, ergibt sich daraus, daß der Schultheiß den Todfall nur von den Kirchenhörigen empfing[4].

Die Bürger sind nicht ohne Anteil an den öffentlichen Rechten. Bei der Wahl des Vogtes, des obersten Stadtrichters, werden sie neben Stiftsherren und Ministerialen zugezogen[5]. Bei der Anlage neuer Mühlen ist ihre Zustimmung erforderlich (84). Dagegen haben sie nichts zu sagen bei der Ordnung von Maß und Gewicht: dem Zöllner steht die Aufsicht über die Maße (56), dem Burggrafen die über die Münze zu (74). Auf eine Gemeindekasse deutet die Ausgabe für Schlösser und Ketten an den Thoren[6].

Unter dem Krummstab war nicht immer gut wohnen. Auch die Bischöfe bewiesen sich bisweilen als die ärgsten Bedrücker. So weit sie konnten, dehnten sie ihre Rechte über die Bürger aus. Eine tyrannische Gewohnheit nannte Heinrich V den Weinbann, indem er ihn auf sechs Wochen im Jahr beschränkte[7]. Von derselben

---

[1] Ad formam aliarum civitatum in eo honore condita est Argentina, ut omnis homo, tam extraneus quam indigena, pacem in ea omni tempore et ab omnibus habeat.

[2] Vgl. S. 82.

[3] Vgl. S. 119.

[4] Art. 94: Ad curtim dominicam que est infra civitatem, dabit causidicus tredecim boves ad aratra episcopi, quos sumet de casu hominum ecclesie morientium.

[5] Art. 43: Episcopus nullum advocatum debet sine electione et consensu canonicorum, ministerialium et burgensium.

[6] Art. 107: datis sibi de republica sumptibus et expensis. Vgl. Kruse, Verf.-Gesch. der Stadt Straßburg S. 29, der jedoch über die Kassenverwaltung nicht ganz im klaren ist.

[7] Straßb. UB. I Nr. 74. Vgl. vorher S. 130.

willkürlichen Art waren auch die erwähnten Dienste der Handwerker und Bürger.

Zur Vergleichung mit dem Stadtrecht von Straßburg ziehen wir das von Basel heran, obwohl die Zeit seiner Abfassung über den Rahmen dieser Schrift hinausgeht. Denn abgefaßt wurde es erst etwa ein Jahrhundert später in deutscher Sprache[1]. Es ist, wie das von Straßburg, Bischofs= und Stadtrecht zugleich, von einem Rechtskundigen, vielleicht einem Geistlichen, verfaßt[2]; merkwürdig besonders deshalb, weil es zeigt, in welchem Umfang das Bischofsrecht zu Basel noch im 13. Jh. bestand, wenngleich bereits ein Rat der Bürger die Stadt regierte. Ganz wie in Straßburg gilt der Grundsatz: dem Bischof gehören alle Gerichte, oder denen, die sie von ihm haben[3]. Der Bischof besitzt alle Hoheitsrechte und bezieht die Nutzungen daraus. Ihm gehört der „Vorwein", d. i. die Abgabe vom Wein, der in den Bürgerhäusern zum Verkauf verzapft wird. Er hat das Recht des Weinbannes während sechs Wochen des Jahres (Art. 11, vgl. Straßburg). Maß und Gewicht sind sein und werden von ihm geprüft (4). Er hat die Münze in der Stadt und im Bistum (7. 8). Ihm gehört der Marktzoll, von dem die Geistlichen und die Bürger und 72 Dörfer des Königs befreit sind (9). Ebenso das Geleit innerhalb der Bannmeile (10). Von den Rechten der Bürger erfährt man nur wenig. Wenn der Bischof eine neue Münze ausgeben will, soll es nur geschehen mit dem Rate der Geistlichkeit („seiner Brüder"), der Dienstleute und Bürger (7). Nur mit seiner Erlaubnis sollen die Bürger ein Ungeld oder Einungen, d. i. Satzungen, machen (3).

Der Bischof von Basel hielt, wie man sieht, noch im 13. Jh. die Stadtherrschaft fest in der Hand, wie der von Straßburg im 12.

Kaiser Friedrich I verlieh als Landesherr dem Orte Hagenau im Elsaß ein Stadtrecht; die Urkunde ist von Montemalo im Bistum Lodi 1164, 15. Juni, datiert[4].

Die Villa Hagenau war von dem Vater des Kaisers gegründet worden[5]. Durch das verliehene Stadtrecht wurde sie von einem

---

[1] W. Wackernagel, der Herausgeber des „Bischofs= und Dienstmannenrechts" setzt die Abfassungszeit zwischen 1260—1262.

[2] Wackernagel vermutet einen Klerifer Hartung.

[3] S. vorher S. 85.

[4] Nach Schöpflins Alsatia bei Gaupp I S. 95 abgedruckt. Stumpf 4019.

[5] S. vorher S. 41.

Zweites Kapitel. Die Stadtgemeinde.

Dorf zur Stadt erhoben. Die Urkunde redet von einer Bürgergemeinde, consorcium civium (§ 5. 13) oder civitatis collegium (20). Es ist ein Stadtrichter, judex, da, den der Kaiser als seinen Stellvertreter aus den Bürgern ernennt[1]. Er richtet über Vergehen und Schuldsachen (17); der Schultheiß hat, wie der Burggraf in Straßburg, die Gewerbepolizei[2]. Es ist ein Markt da, dessen Besuchern der Kaiser den Frieden binnen drei Meilen im Umkreis zusichert (10). Weitgehend sind die Rechte der Bürger, denn es ist auf das Emporkommen der neuen Stadt abgesehen. Sie sind befreit von Geldsteuern und von Einquartierung ohne ihren Willen (2), befreit vom Todfall (jus obitus § 3), vom Marktzoll und Geleit der Waren (4). Die Freigebigkeit des Kaisers gewährt ihnen Nutzungsrechte an Brenn= und Bauholz und Schweinemast im benachbarten Walde (9). Bei schwerer Geldstrafe wird verboten, einen Bürger außerhalb der Stadt zu Gericht zu fordern (8). Nichts ist leichter als das Bürgerrecht in dieser neuen Stadt zu gewinnen; jeder unbescholtene Mann (quilibet honestus) kann es haben, wenn er nur einen Denar an den Fronboten und einen an die Mitbürger für eine Wachskerze zur Kirche entrichtet (7). Doch bewirkt das Bürgerrecht die persönliche Freiheit so wenig als es sie erfordert. Jeder Arme oder Reiche, Einheimische oder Fremde, der die Stadt bewohnen will, ist dem Herrn, dem er angehört, mit seiner Person und seinem unbeweglichen Gut verpflichtet (1). Die Mitwirkung der Bürger bei Gericht und Verwaltung ist mehrfach ausgesprochen. Vertrauensmänner, loci fideles, urteilen bei Vergehen (19. 23) und haben die Mitaufsicht über den Weinzapf (21), Stadtgeschworne, conjurati civitatis, strafen die Verkäufer verdorbenen Fleisches (26).

Der Kaiser bewilligte, wie man sieht, seinen Bürgern in Hagenau zumteil die gleichen Freiheitsrechte wie der Zäringer denen von Freiburg, doch wahrte er besser die Rechte der Herren über ihre Hörigen und ging auch nicht so weit, daß er eine selbständige bürgerliche Obrigkeit eingesetzt und den Bürgern die Wahl des Stadtrichters überlassen hätte.

Dem neuen Stadtrecht von Hagenau stellen wir das alte der

---

[1] § 11: nec aliquis burgensis vice nostra ibidem locatus aliquem concivium ... inquietare presumat.

[2] § 23: Sculteto locandi magistratum super panifices potestatem permittimus ...

Stadt Augsburg gegenüber, das Kaiser Friedrich I im J. 1156 bestätigte [1].

Es sind in der Aufzeichnung mehrere Stücke zusammengefaßt. In dem ersten (I) wird erzählt, wie der Kaiser, als er nach Augsburg kam, die Klagen des Bischofs, des Klerus und des Volkes über die Bedrückungen der Vögte innerhalb und außerhalb der Stadt anhörte, worauf er die Kläger aufforderte, das alte gesetzliche Recht, wonach sie regiert werden sollten (quo jure ex antiqua et legali institutione gubernari deberent), kund zu thun. Nachher bestätigte er auf dem Tage zu Regensburg 1152 das hergebrachte Recht der Vögte, der Stadtpräfekten, der Bürger und aller Stände der Stadt. Das zweite Stück (II) enthält die Urkunde Heinrichs IV vom Januar 1104, wodurch er das Recht der Vögte auf den Gütern des Domkapitels festsetzte [2]. Das dritte (III) handelt von dem Rechte der Stadt, justicia Augustensis civitatis. Die folgenden Abschnitte betreffen das Recht der Bürger, urbana justicia (IV), das des Vogtes (V) und das des Präfekten (VI). Das Ganze schließt ab mit den Signaturen des Kaisers und des Kanzlers, gegeben zu Nürnberg 21. Juni 1156 [3].

Die eigentümliche Form dieses Stadtrechts erklärt sich aus der Art seiner Entstehung; es ist ein offizielles Weistum, dessen Aufzeichnung der Kaiser veranlaßte. Man erkennt in ihm, wie in dem von Straßburg, den Versuch einer systematischen Anordnung. Charakteristisch ist, daß der als justicia Augustensis civitatis überschriebene Abschnitt nichts als Rechte des Bischofs enthält, gleich als ob Bischofsrecht und Stadtrecht ein und dasselbe wären.

Der Bischof ist der Stadtherr, der den Frieden schützt, ihm wird gebüßt für Verletzung des Friedens (III 1). Er ernennt den Stadtpräfekten und den Münzmeister (III 2). Er kann den Vogt, der wie in Straßburg, zugleich königlicher und bischöflicher Richter ist, und den Stadtpräfekten, wenn allgemeine Klage über sie ergeht, absetzen (VI 10) [4]. Aus den Regalien von Münze und Zoll kommen

---

[1] Mon. Boica XXIXa S. 327; danach abgedruckt bei Gaupp II S. 199. Falsch ist bei G. Meyer, Stadtbuch von Augsburg S. 309, die Überschrift: Stadtrecht vom J. 1104; den Irrtum hat Gaupp verschuldet.

[2] Das Original dieser Urkunde in Mon. Boica XXXIIa S. 13 zeigt nur geringe Abweichungen von dem Texte im Stadtrecht.

[3] Mit diesem Datum stimmen Ind. V, anno regni VI, imperii vero III nicht zusammen, dennoch ist die Urkunde echt nach Stumpfs (3747) Versicherung.

[4] Vgl. über die Gerichtsverfassung S. 85.

dem Bischofe bestimmte Einkünfte zu. Für den Gebrauch unrechter Maße und Gewichte wird ihm gebüßt (III 7. 12). Er erhält die Gerichtsbußen von Frevel, aber nicht von Criminalsachen, die an das Vogtgericht gehören¹. Er hat das Geleit für die Reisenden (III 10). Von den Höfen (de curtilibus) wird ihm ein Grundzins, im ganzen 4 Pfund, bezahlt. Von den Bürgern erhält er eine Steuer (10 Pfund), wenn er den königlichen Hof besucht; er verlangt von ihnen eine Hülfe, wenn er sich zur Heerfahrt oder zu seiner Weihe nach Rom begibt².

Der Artikel IV über das Recht der Bürger (urbana justicia) ist kurz gefaßt. Der Haus- und Grundbesitz (curtile) soll nach Jahr und Tag gegen klagbaren Anspruch gesichert sein (1). In Sachen von Eigentum oder Lehen sollen die Bürger nur nach dem Bürgerrecht (secundum urbanorum justiciam) beurteilt werden (2). Eigentümlich ist das Recht der Censualen: sie sind dem Bischof zinspflichtig und auch verpflichtet, die drei ordentlichen Dinge des Vogtes zu besuchen, sind also persönlich freie Leute und Bürger; im Falle jedoch, wenn ihre Frau und Kinder Hörige der Kirche sind, muß bei ihrem Tode das beste Stück Vieh an den bischöflichen Vogt und das Arbeitskleid an den Fronboten abgegeben werden³.

Gegenüber von Straßburg zeigt sich in Augsburg eine Abschwächung der bischöflichen Gewalt und eine Verbesserung der bürgerlichen Rechte. Es gibt in Augsburg keine die Stadt regierende Kirchenfamilie und keine persönlichen Dienste der Bürger für den Bischof.

Wir wenden uns von hier zu den niederdeutschen Stadtrechten, und zwar zuerst zu dem der berühmten westfälischen Stadt Soest, das anderen zur Rechtsquelle gedient hat.

Soest war Territorialstadt des Erzbischofs von Köln, nicht neu

---

[1] III 13: Praeterea omnis satisfactio in civitate bonis redimenda ad episcopi justiciam pertinet, excepta temeritate et injustitia et his etiam exceptis qui morte plectendi sunt vel truncandi. Vgl. V 2.

[2] III 11: et quando Romam ibit in expeditionem vel ad suam consecrationem, tunc justum est, quod civitatenses praebeant ei subsidium prout apud eos peticione poterit obtinere.

[3] IV 3: Item si censualis talem habet uxorem quod filii ejus acclesiae sunt et censualem nummum dederit et ad tria legitima placita advocati venerit, ultra non est injuriandus, nisi quod in fine vitae suae ad curiam optimum jumentum dabit et vestimenta, in quibus operari solebat, praeconi suo.

gegründet, sondern aus eigener Wurzel entsprossen[1]. An die Burg und Pfalz, als Anfang und Mittelpunkt, schlossen sich die Bauerschaften, Hoven genannt, im Umkreis an und bildeten mit ihr die Stadt. Die günstige Lage an einer großen Verkehrsstraße machte sie zur Handelsstadt. Fremde Handelsleute ließen sich in ihr nieder[2]. Für diese verschiedenen Elemente war, gleichwie in einer neuen Stadt, das Bedürfnis der Festsetzung und Aufzeichnung des geltenden Rechtes vorhanden.

Das Stadtrecht von Soest liegt in zwei Redaktionen, einer älteren und einer jüngeren aus dem 13. Jh. vor[3]. Zwei Hauptstücke lassen sich darin unterscheiden. Von den 63 Paragraphen des Ganzen bilden § 1—52 den ersten, § 53—63 den zweiten Teil. Der erste beginnt mit den Worten: Audiat universitas antiquam et electam Susatiensis oppidi justiciam. Hiermit ist auch dieses Stadtrecht als ein Weistum gleicher Art wie die von Straßburg und Augsburg bezeichnet. Es sind darin Verordnungen des Stadtherrn und Statuten der Bürger aus früherer und späterer Zeit zusammengefaßt, gleichwie im Stadtrecht von Freiburg i. B.[4].

Die Abfassungszeit des ersten und älteren Hauptstücks läßt sich nur insoweit bestimmen als sie vor 1165 zu setzen ist, weil in diesem Jahr der westfälische Marktplatz Medebach sein Stadtrecht erhielt, das zum großen Teil aus dem von Soest entlehnt ist[5]. Es handelt von den Gerichten, Vergehen und Strafen. Es gibt drei Gerichte in Soest, das geistliche, den Send (synodus) des Propstes und die beiden weltlichen des Vogts und des Schultheißen(2). Vogt und Schultheiß sind die erzbischöflichen Stadtrichter; die Bürger wählen die Schöffen für das geistliche Gericht (5)[6] und für das

---

[1] Vgl. die urkundliche Darstellung der Geschichte und Verfassung von Soest von Jlgen in Städtechroniken Bd. XXIV.

[2] Im § 13 sind Frisen und Wälsche (Frisonum et Gallorum) erwähnt, deren unbeerbte Hinterlassenschaften der Vogt an sich nehmen soll.

[3] Originale im Stadtarchiv zu Soest. In der ersten Ausgabe von Seibertz, Westfäl. UB. 1 Nr. 43 ist die erste Redaktion mit Varianten der zweiten abgedruckt, in der neuen Ausgabe von Jlgen, Städtechron. XXIV Einl. S. 129 ff., sind beide Texte nebeneinander gestellt.

[4] Ich habe dies nachgewiesen in meiner Geschichte der ital. Städteverf. im Anhang S. 443 Anm. 1 und in Städte und Gilden II S. 384 Anm. 2; vgl. Jlgen a. a. O.

[5] Die Zeitangabe J. 1120 für das Soester Stadtrecht bei Erhard, Westfälische Regesten, und Seibertz ist willkürlich und für das ganze jedenfalls unzutreffend.

[6] Quemcumque scabinum burgenses statuerint, ipsum prepositus acceptabit. Das sind keine ständigen Stadtschöffen.

Zweites Kapitel. Die Stadtgemeinde.

weltliche den Fronboten, den der Vogt bestätigt (11). Das wichtige Recht der Bürger, vor keinem andern als dem Stadtrichter zu Recht zu stehen, ist auch hier erwähnt und durch schwere Strafe für dessen Übertretung eingeschärft (17. 48). Bei Streitigkeiten der Bürger unter einander im Ausland sollen sie sich gütlich vergleichen oder einen Genossen als Schiedsrichter bestellen oder die Sache bis zu ihrer Heimkehr verschieben (29). Keine Spur von Hörigkeit der Bürger, keine Rückforderung von Hörigen seitens der Herrn. Der Grundsatz der Verjährung nach Jahresfrist gilt für den rechtmäßig erworbenen Besitz von Häusern und Grundstücken (34). Die Hausstätten sind zinspflichtig (32). Die rechtsprechende bürgerliche Behörde heißt in den älteren Artikeln burgenses, in den jüngern consules (39. 47)[1]. Es gibt ein Ratsgericht im Rathause, domo consulum (36); der Ratmeister, magister consulum, ist der oberste Polizeibeamte (43. 44). Daneben bestehen Niedergerichte der „Burrichter" in den einzelnen Stadtbezirken, „Ty" genannt, die über unrechtes Maß und Gewicht (37), geringe Diebstähle und Schuldsachen urteilen (61. 62).

Vollständig ausgebildet erscheint die Stadtverfassung im Schlußartikel (63), wo es heißt: die Bürgermeister, der gesamte Rat und, wenn nötig, die ganze Commune der Stadt sollen ihre alten Rechte und Gewohnheiten verteidigen.

So stellt sich auch in der alten Stadt Soest ein bürgerliches Gemeinwesen in weitreichender Selbständigkeit dar. Von Leistungen der Bürger für den Stadtherrn ist nur der Hauszins erwähnt[2], den der Zinsmeister (magister censuum) erhebt, aber nicht willkürlich erhöhen darf (§ 35), und von Diensten für den Erzbischof und den Kaiser ist nur im allgemeinen die Rede, wo bestimmt wird, daß auch Freiherren und Ministerialen, die in der Stadt wohnen, gleichen Anteil daran tragen sollen[3].

Erzbischof Arnold von Köln verlieh dem westfälischen Ort Medebach 1144 das Soester Recht. Ein öffentlicher, durch den Bann des Königs bestätigter Marktplatz ist der Ort in der Urkunde genannt[4]. Friede und ähnliche Rechte wie die von Soest wurden

---

[1] Nach Ilgen a. a. O. kommen consules in Soest zuerst im J. 1178 vor.

[2] § 32: Omnes arce censuales infra oppidum unius sunt juris.

[3] § 53: ut omnes in opido nostro commorantes, sive liberi sive ministeriales, nobiscum starent et labores nostros ad serviendum domino nostro archiepiscopo vel imperatori nostro equali proportione subvenirent.

[4] Seiberz, Westfäl. UB. I Nr. 46: prenominate ville, immo honesto oppido forum habenti publicum et banno regio confirmatum, Medebeke videlicet ... easdem reddens leges ...

ihm gewährt[1]. Worin diese Rechte bestanden, ist in dem von Erzbischof Rainald im J. 1165 verliehenen Stadtrechte enthalten[2]. Die schon erwähnte Übereinstimmung des Medebacher Stadtrechts mit dem von Soest geht nur bis Art. 34 des letzteren, so daß es scheint, als ob die Rechtsaufzeichnung von Soest nur zumteil vorgelegen habe.

Die Ordnung der Gerichte ist die gleiche wie in Soest. Der Vogt richtet unter Königsbann mit Zuziehung der Bürger als Zeugen[3]. Der Schultheiß heißt villicus, Amtmann. Den Bürgern ist gestattet, die Richter, die über Diebstahl bis zu 12 Denaren richten, zu wählen (18); sie entsprechen den Burrichtern in den Stadtdistrikten von Soest. Über größeren Diebstahl bis zu 30 Den. richtet der Schultheiß mit den Bürgern ohne Bann (19). Der Rat richtet mit Zuziehung von Bürgern ohne Bann über unrechtes Maß und alles, was Lebensmittel betrifft (20)[4]. Der Consultitel kommt hier, so viel ich finde, zum erstenmal in Deutschland vor[5]. Auf weitreichende Handelsverbindungen der kleinen westfälischen Landstadt deutet die Erwähnung von Darlehen zu Handelsgeschäften in Dänemark, Rußland und anderen Ländern[6].

Auf andere Weise als Medebach kam Lippstadt zum Soester Recht. Als der Edle Bernhard (II) von Lippe um J. 1200 diese neue Stadt mit kaiserlicher Erlaubnis gründete, ließ er den Einwohnern die Wahl, nach welchem Rechte sie leben wollten, und sie wählten das von Soest, wobei sie sich jedoch vorbehielten, zu verwerfen, was ihnen nicht gefiele[7]. Und das Recht von Lippstadt wurde nachher das Muster für Hamm, da der Graf von Altena und Mark bei Gründung dieser Stadt gleichfalls den Bürgern die Wahl ihres Rechtes überließ. Das sieht fast so aus, als ob das Recht gleichwie ein Kleid beliebig an- oder abgelegt werden könne. Allein bei Gründung einer neuen Stadt kam es

---

[1] praecipiens quoque, ut in foro pax haberetur et leges illius fori similes essent legibus fori Susatiensis.

[2] Urk. bei Seiberg a. a. O. Nr. 55 und Gengler, Stadtrechte S. 282.

[3] § 2: .. sub regis banno et civium testimonio.

[4] De injustis modiis et de omnibus, que pertinent ad victualia, judicium pertinet ad consules nostros cum adjutorio civium sine banno.

[5] Daß er in der Kanzlei Reinalds von Köln, des Erzkanzlers für Italien, vielleicht von Italien herübergenommen sei, habe ich in meinem Aufsatz in der Kieler Monatsschrift vom J. 1854 S. 703 vermutet.

[6] § 15: Qui pecuniam suam dat alicui concivi suo, ut inde negocietur in Datia vel Rucia vel in alia regione.

[7] Urk. bei Erhard, Westfäl. Regesten Nr. 541. Vgl. Lippesche Regesten von Preuß und Falkmann I S. 116 Nr. 125 mit der Zeitbestimmung 1197—1207.

Zweites Kapitel. Die Stadtgemeinde.

zunächst nur darauf an, die Einwohnerschaft von verschiedener Herkunft und ungleichem persönlichem Recht unter ein gleichförmiges Recht zu stellen, wobei man es der künftigen Entwickelung überließ, wie das übertragene Recht sich anpassen oder umbilden würde.

Eines der fünf Weichbilde Braunschweigs, genannt „der Hagen" (Indago), wurde von Heinrich dem Löwen gegründet[1]. Das Stadtrecht jedoch, betitelt Jura Indaginis, liegt nur in der Bestätigung vor, die Herzog Otto das Kind, dessen Siegel der Urkunde anhängt, vermutlich im J. 1227, als er von Braunschweig Besitz ergriff, den Bürgern erteilte[2].

Die kurzen Sätze dieses Stadtrechtes (2—16) enthalten die wesentlichen Grundsätze der bürgerlichen Freiheit im öffentlichen und Privatrecht, ähnlich denen von Freiburg i. B. Den Bürgern wird freie Schiffahrt nach Bremen mit Abschaffung des Strandrechts gewährt (2. 3). Sie dürfen den Vogt aus ihrer Mitte (de suis civibus) wählen[3]; ihm fallen von den Gerichtsgeldern ein Drittel, zwei Drittel der Stadt zu ihrem Nutzen zu (4). Es sind die öffentlichen und Privatbußen für Blutvergießen und Beschimpfung festgesetzt (5. 6). Der gerichtliche Zweikampf ist verboten (7)[4]. Bei Verhaftung eines Missethäters sollen Frau und Kinder dessen Gut behalten (8). Wer Jahr und Tag unangefochten in der Stadt gewohnt hat, bleibt für immer frei (9). Wer ein Haus oder Hausplatz oder anderes Gut erworben und Jahr und Tag unter dem Stadtfrieden besessen hat, dem soll es nicht mehr bestritten werden (10). Das hinterlassene Gut eines Fremden (exul sive advena) soll ein Jahr lang von den Bürgern für den Rechtsnachfolger verwahrt werden, nachher zu je einem Drittel der Kirche, dem Gericht und den Armen zufallen (11)[5]. Die Bürger haben das Recht, den Pfarrer zu wählen, den der Stadtherr prüfen und vorschlagen

---

[1] Vgl. S. 42.
[2] UB. der Stadt Braunschweig (hg. von Hänselmann) S. 1. Vgl. Frensdorff in Hansischen Geschichtsbl. Jg. 1876 S. 121. Seine Meinung ist, daß die Jura Indaginis zwar zunächst diesem Weichbild verliehen, doch wie sie damals bestand, bestimmend gewesen seien. Dem widerspricht Hänselmann, ebend. Jg. 1892, der darin nur das Sonderrecht des Hagens erblickt und mit vielem Aufwand von Siegelkunde und Paläographie das s. g. Ottonische Stadtrecht in deutscher Sprache für das der Altstadt erklärt. Ich trete Frensdorff bei. Das s. g. Ottonische ist ein weiter entwickeltes Stadtrecht, worin eine Reihe von Sätzen der Jura Indaginis aufgenommen sind.
[3] Vgl. Freiburg i. B. Art. 6.
[4] Vgl. Freiburg Art. 21.
[5] Vgl. Freiburg Art. 4.

wird (12)[1]. Fremde Schuldner, sei es ein Ritter, Geistlicher oder Landmann (rusticus) können verhaftet und ihr Gut mit Beschlag belegt werden, bis sie bezahlen oder freigesprochen werden (14). Die zwei letzten Artikel (15. 16) scheinen von Herzog Otto hinzugefügt zu sein: die Bürger sollen, wie bisher, Ratmänner haben, von denen die Stadt regiert wird[2], sie sollen von Abgaben befreit sein in Lüneburg und anderen Orten des herzoglichen Gebietes.

Heinrich der Löwe blieb, wie man sieht, in hochherziger Gewährung der bürgerlichen Freiheit nicht hinter den Zäringern zurück, ja er ging selbst noch weiter als sie: den Grundsatz der Verjährung der persönlichen Freiheit (§ 9) finde ich hier zum erstenmal in Deutschland ausgesprochen[3].

Ein größeres Werk vollbrachte Heinrich der Löwe in Lübeck. Ihm verdankten, wie der Chronist Helmold sagt, die Einwohner die ansehnlichsten Rechte[4]. Es ist wohl nicht zu bezweifeln, daß er auch hier schon, wie in Braunschweig, den Rat der Stadt einsetzte, wenn auch die Ratswahlordnung, die er in einer lateinisch geschriebenen Handfeste den Bürgern erteilt haben soll, schwerlich echt ist[5]. Es ist aber von bestimmten Rechten die Rede, die Herzog Heinrich auf Lübeck übertragen haben soll. Ein glaubwürdiger Gewährsmann, Abt Arnold von Lübeck, berichtet, die Lübecker hätten sich von Kaiser Friedrich, als sie ihm im J. 1181 ihre Stadt übergaben, die Freiheit und die Rechte bestätigen lassen, die ihnen Herzog Heinrich nach dem Rechte von Soest verliehen hatte[6]. Der von Arnold gebrauchte

---

[1] Freiburg Art. 6. 34.

[2] § 15: Item burgenses suos consules habeant sicut habere consueverunt, quorum consilio civitas regatur.

[3] Städte und Gilden II S. 507. A. Knieke, Einwanderung in den westfälischen Städten, Excurs über die deutsche Verjährungsfrist (S. 169), will mich belehren, daß die Verjährung in Jahresfrist auch in Deutschland (wie in England) schon früher gegolten habe, wie sie unter anderem auch „im ältesten Soester Stadtrecht c. 1120, also ein Menschenalter vor der Wirksamkeit Heinrichs des Löwen vorkomme". Der jugendliche Autor hat ganz übersehen, daß ich nicht von der Verjährung überhaupt, sondern von der Verjährung der persönlichen Freiheit geredet habe.

[4] S. vorher S. 42.

[5] Deutsch in Lüb. Chroniken (hg. von Grautoff) II S. 583 und UB. I Nr. 4. Über die Gründe an ihrer Echtheit zu zweifeln vgl. Frensdorff, Stadt- und Gerichtsverf. Lübecks S. 49.

[6] Arnoldi Chron. c. 21 MG XXI S. 141: rogantes, ut libertatem civitatis, quam a duce prius traditam habuerant, obtinerent, et justitias, quas in privilegiis scriptas habebant secundum jura Sosatie, et terminos, quos in pascuis, silvis, fluviis possederant.

Zweites Kapitel. Die Stadtgemeinde.

Ausdruck libertas civitatis ist unbestimmt; man könnte an die freie Stadtverfassung von Soest denken, doch läßt der andere Ausdruck jura Sosatiae bestimmte Rechte vermuten. Die Kenner des lübischen Rechts haben sich bemüht, in diesem die Spuren des Rechtes von Soest aufzufinden[1]. Es lassen sich deren nur wenige, aber doch genügende nachweisen, um Arnolds Aussage zu bestätigen. So der Ausdruck „torfacht egen" für unabhängigen Grundbesitz[2], der eigentümliche Strafsatz 10 Mark und eine Fuhre Wein[3], sowie andere gleiche Strafsätze für dieselben Vergehen[4] und in manchen Fällen auch das gleiche gerichtliche Verfahren[5].

Durch Kaiser Friedrich I wurde Lübeck zu einer königlichen Stadt erhoben. In seinem Privilegium vom 19. Sept. 1188 gewährte er den Bürgern bedeutende Freiheitsrechte[6]. Zuerst bestätigte er alle Rechte, die ihnen Herzog Heinrich, der erste Gründer der Stadt, wie er ihn nennt, erteilt hatte[7]. Außer den Nutzungen von Brenn- und Bauholz, Schweinemast im Walde und Fischerei sind es besonders Handelsrechte, auf die das meiste Gewicht gelegt wird, freier Verkehr ohne Zoll und „Hanse", d. i. Handelsabgabe, und zwar nicht bloß für die Lübecker, auch für die Völker des Nordens und Ostens[8]. Wir finden hier die Bestätigung von Helmolds Aussage, daß schon Heinrich der Löwe eben diesen Völkern den freien Verkehr eröffnet hatte. Ferner wird bestimmt, daß der Rat über alle Decrete (Koren) der Stadt richten, und daß von den anfallenden Strafgeldern zwei Drittel der Stadt und ein Drittel

---

[1] Hach, Lübisches Recht Einl. S. 15; Gaupp in Krit. Jbb. von Richter und Schneider Jg. 1841 S. 32.

[2] Soest § 27: predium fundale, quod vulgo dicitur torfhaht egen. Lübisches Recht cod. I Art. 4: hereditaria bona id est torfach eigen und Ratswahlordnung: be hebbe torfacht egen binnen der muren. Lüb. UB. I Nr. 4.

[3] Vgl. Soest § 23. 29. 51 und L. R. cod. I c. 26. 66. 91.

[4] Ein Lotschilling für Ausbleiben vom Gericht: Soest § 9 = L. R. cod. I c. 2. Ein halbes Pfund für Gebrauch falschen Maßes und Gewichts: Soest § 36 = L. R. c. 46.

[5] Reinigungseid von Selbstzwölf: Soest § 19 = L. R. c. 54. Behauptung eines immobile nach Jahr und Tag durch Selbsteid: Soest § 34 = L. R. c. 78.

[6] Lübecker UB. I Nr. 7 S. 9.

[7] jura que primus loci fundator Heinricus quondam dux Saxonie eis concessit et privilegio suo firmavit. Also war ein Privilegium Heinrichs vorhanden, das verloren gegangen ist.

[8] Rutheni, Gothi, Normanni et cetere gentes orientales absque theloneo et absque hansa ad civitatem veniant et libere recedant. Dagegen sollen andere mercatores regni cujuscunque den Zoll zahlen. Vgl. Helmold I c. 58.

dem Richter gehören sollen[1]. Hiermit ist das Ratsgericht bei Übertretungen der städtischen Verordnungen anerkannt. Auch soll dem Rate zustehen, die Münze zu prüfen und die Münzer für Unrecht zu bestrafen. Der Geldwechsel ist allgemein freigegeben, nur nicht vor dem Münzhause (ante domum monete), weil an dieser Stelle allein die Münzer dazu berechtigt waren. Die Stadt hat das Patronat über die Pfarrkirche S. Marien mit dem Rechte, den Pfarrer zu wählen. Dazu kommen die persönlichen Freiheitsrechte der Bürger. Die Bürger sind nicht heerpflichtig, nur ihre eigene Stadt sollen sie verteidigen. Wenn ein Bürger wegen seiner Freiheit gerichtlich belangt wird (de sua libertate pulsetur), kann er sie mit eigener Hand, d. i. mit Selbsteid, behaupten, und einem Auswärtigen vom Lande gegenüber gilt die Verjährung, wenn er beweist, daß er binnen Jahr und Tag nicht als Unfreier gefordert wurde[2].

Viel bedeutet endlich noch, was der Kaiser zum Schluß aus besonderer Gnade bewilligt, daß es nämlich den Bürgern zustehen soll, in Zukunft ihr Recht zu verbessern, nur nicht zum Nachteil des königlichen Richters, d. i. des Vogtes[3].

Eine so weit gehende Autonomie bewilligte der kaiserliche Stadtherr dem Rat und der Bürgerschaft von Lübeck. Als Recht der „regia potestas" ist allein der Anfall einer unbeerbten Hinterlassenschaft erwähnt, wenn binnen Jahr und Tag sich kein rechter Erbe einstellt, sowie der Anfall der Hälfte des Strafgeldes bei Münzvergehen. Dem königlichen Stellvertreter aber, dem Stadtrichter, gebührt die Hälfte der Gerichtsgelder, während die Stadt die andere Hälfte erhält[4].

Heinrich der Löwe erbaute die Burg Schwerin nach dem Kriegszuge im J. 1160, wodurch er die Söhne des Obotritenfürsten

---

[1] Preterea omnia civitatis decreta (überschrieben, 'kore') consules judicabunt; quicquid inde receperint, duas partes civitati, tertiam judici exhibebunt. Vgl. Braunschweig Art. 4.

[2] Es wird ein Unterschied gemacht zwischen einem Auswärtigen (si quisquam extraneorum superveniens aliquem civium de sua libertate pulsaverit und einem vom Lande 'quispiam de terra ipsorum); unter dem letzteren ist ein Grundherr des Stadtgebiets zu verstehen.

[3] ut quicquid infra civitatem sui juris in posterum emendare voluerint (valuerint ist Druckfehler), sine tamen prejudicio nostri judicis, emendare non omittant.

[4] Insuper quicquid lucrum proveniet de judicio civitati debetur medietas et alia judici.

Zweites Kapitel. Die Stadtgemeinde. 169

Niclot unterwarf, und setzte dort seinen Ministerialen Gunzelin als Burggrafen ein[1]. Das war der Anfang der Stadt Schwerin.

Das Stadtrecht von Schwerin ist nicht in der ursprünglichen Form der Verleihung überliefert, sondern nur in der, worin es von den einheimischen Fürsten Mecklenburgs auf andere Städte übertragen wurde, auf Güstrow 1222 und 1228, Malchow 1235, Malchin 1236, Röbel 1261[2]. Auf diesen wenig von einander abweichenden Recensionen beruht der Text des Schweriner Stadtrechts[3].

Über dessen Verleiher und den Zeitpunkt, wann es verliehen wurde, ist nichts sicheres bekannt. Man hat auf Heinrich den Löwen oder seinen Statthalter Gunzelin geraten. Natürlich ist zuerst an den Gründer der Stadt zu denken, und dafür scheint das Zeugnis des gleichzeitigen dänischen Geschichtschreibers Saxo Grammaticus zu sprechen, der zum J. 1164 erwähnt, das vor kurzem von den Sachsen eroberte Schwerin habe das Recht und die Form einer Stadt erhalten[4]. Demnach wäre zu vermuten, daß Heinrich der Löwe, als er im J. 1160 in Schwerin eine deutsche Stadt gründete, ihr auch das Stadtrecht verliehen habe[5]. Doch hat der fernstehende dänische Autor wohl nichts anderes sagen wollen, als daß Schwerin eine Stadt wurde, denn schwerlich kannte er das Schweriner Stadtrecht. Auf eine andere bisher nicht bemerkte Spur führt ein charakteristischer Ausdruck. Nach Art. 2 soll bei schwerer Verwundung die öffentliche Buße von 60 Schill. an den König (in partem regiae

[1] Helmold I c. 87 (MG. XXI S. 81): Dux igitur, demolitus omnem terram, cepit edificare Zverin et communire castrum. Et imposuit illic quendam nobilem Guncelinum, virum bellicosum cum militia. II c. 2: Guncelinus satelles ducis et prefectus terre Obotritorum. In den Urkunden kommt Gunzelin als Zeuge mit verschiedenen Titeln vor: als comes 1161, Meklenb. UB. (hg. von Lisch) I Nr. 72; als Guncelinus de Hagen nach der Reihe der Grafen 1163, Nr. 79; als comes de Zwerin 1167, Nr. 88; als comes unterschieden von den Ministerialen 1174, Nr. 117.

[2] Westphalen, Monum. inedita rer. German. I S. 2007 ff. Meklenburg. UB. I Nr. 359. 433. 449. II Nr. 911. Im Meklenburg. UB. ist gerade die früheste bei Westphalen abgedruckte Urkunde, die Verleihung Heinrich Borwins II an Güstrow, 25. Oct. 1222, deren Original verloren gegangen ist, aus unnötigen Bedenken fortgelassen (Mekl. UB. Einl. S. XLI), und doch hat sie einige bessere Lesarten als alle anderen.

[3] Gedruckt bei Gengler, Deutsche Stadtrechte S. 431 nach Westphalen und bei Böhlau, Beiträge zum Schweriner Stadtrecht in Zsch. für Rechtsgeschichte Bd. IX, 1870, nach dem Mekl. UB.

[4] Historia Danica ed. Hölder L. XIV S. 547: praefectumque Swerini oppidi Guncellinum, quod nuper a Saxonibus in potestatem redactum jus et formam civitatis acceperat.

[5] Dies ist die Meinung Böhlaus a. a. O. S. 267. 275.

potestatis) fallen. Dies weist auf die Zeit hin, da kein Herzog da war, nachdem Kaiser Friedrich I Heinrich den Löwen im J. 1181 bezwungen und dessen wendische Eroberungen in Besitz genommen hatte. Mag man daher Heinrich den Löwen als den Urheber des Schweriner Stadtrechts ansehen, in der vorliegenden Gestalt hat er es sicher nicht verliehen.

Es lassen sich darin mehrere Gruppen unterscheiden, die erste, die vom Strafrecht und von den Bußen handelt, die zweite, die das Güterrecht und das Erbrecht betrifft, die dritte, die das öffentliche Recht enthält [1].

Im Strafrecht gilt der Grundsatz, Haupt für Haupt, Hand für Hand (§ 1) [2]. Auf andere Körperverletzungen sind sowohl öffentliche als Privatbußen gesetzt (2. 3). Todesstrafe trifft auch Hausfriedensbruch und Betrug mit falschem Maß (5. 7). Übertretungen der Statuten der Stadt werden mit Geld (drei Mark) gebüßt, wovon zwei Drittel der Stadt und ein Drittel der Stadtherrschaft (potestas) zufallen (9). Alle Friedensschillinge gehören dem Rate [3]. Ein Bürgermeister ist über die Ämter der Stadt gesetzt [4]. Ihn wählen die Bürger; er kommt mit den Ratmännern zusammen, das will sagen, er gehört zum Rate [5]. Die gewöhnliche Bestimmung über die Aufbewahrung der unbeerbten Hinterlassenschaft durch den Rat und ihren Anfall an die Stadtherrschaft (potestas) findet sich auch hier (15). Eingehend ist das Familienrecht behandelt (16—19). Keine Rede von der Abgabe des Todfalls. Ganz unbedingt wie in keinem anderen Stadtrecht des 12. Jh. ist der Grundsatz der persönlichen Freiheit der Bürger ausgesprochen (21): Der Eigenmann, heißt es, der in die Stadt kommt, soll frei sein von aller Hörigkeit [6]. Art. 22

---

[1] Vgl. Böhlau S. 268, der darin mit Recht eine systematische Anordnung findet.

[2] Ich citiere nach Genglers Paragrapheneinteilung.

[3] § 10: Omnis solidus pacis consulibus deputatur.

[4] Die gebrauchte Wendung § 11: Si decreverint consules super civitatis officia magistrum civium ordinare hat den Schein, als ob dies nicht immer der Fall gewesen wäre.

[5] So verstehe ich § 12: Civium est eligere magistrum talem. Magister ille consules conveniet. Die erste Güstrower Recension von 1222 bei Westphalen hat consules; alle übrigen lesen sinnlos pastorem oder pastores conveniet, woraus die Übersetzer ganz wunderliches Zeug gemacht haben.

[6] Quicumque autem homo propriae fuerit conditionis, si intra civitatem venerit, ab impetitione cujuslibet servitutis liber erit. Die einzige Recension von Malchow hat statt venerit manserit, wodurch die Bedingung des Aufenthalts in der Stadt gestellt ist.

sagt: Was die Ratmänner zum gemeinen Besten beschließen, bindet die Stadt[1], und macht damit den passenden Abschluß des Ganzen. Als Zusatz erscheint Art. 23, wonach das Haus eines Schuldners als Pfand haften soll. Andere Zusätze finden sich in den späteren Recensionen[2].

Das Recht von Lübeck nahm Graf Adolf III von Holstein zum Vorbild bei der Gründung der Neustadt Hamburg im J. 1188. Von der Art dieser Gründung und den Rechten, die der Graf dem Unternehmer und den Einwohnern verlieh, war schon die Rede[3]. Doch noch andere Freiheiten wurden den Bürgern Hamburgs auf Bitte des Grafen in einem Privileg von Kaiser Friedrich I, 1189 Mai 7, zuteil[4]: Fischerei in Elbe und Bille, Befreiung von Zoll und Ungeld für Schiffe und Waren der Bürger vom Meere bis zur Stadt; nur für fremdes Gut soll der Zoll zu Stade oder Hamburg entrichtet werden. Von den Bußen für unrechtes Maß beim Verkauf von Lebensmitteln (Bier, Brod, Fleisch) sollen zwei Drittel der Stadt, ein Drittel dem Richter gehören. Den Bürgern ist freier Geldwechsel in der Stadt außer am Münzerhause gestattet[5]. Sie haben das Recht, die Münzen auf Reinheit und Gewicht zu prüfen, sind befreit vom Heerdienst selbst bei Landesverteidigung. Binnen zwei Meilen im Umkreis soll niemand eine Burg bauen[6]. Bei allem dem war doch in dieser neuen Stadtcolonie die Autonomie der Bürger durch die Rechte des Erbvogtes beschränkt. Auch wurde hier vorerst kein Stadtrat eingesetzt.

Nicht gleichwertig mit den kaiserlichen Privilegien Lübecks und Hamburgs war das, welches Friedrich I vorher im J. 1186 der

---

[1] Quicquid consules civitatis ad communem usum ordinaverint, ratum civitas observabit.
[2] S. den Text bei Böhlau.
[3] S. 42.
[4] Hamburg. UB. und Schl.-Holstein. UB. Ein Facsimile brachte die Festschrift von O. Rüdiger zum Jubiläum des Vereins für Hamb. Geschichte, 1889.
[5] Vgl. das Privileg für Lübeck von 1188.
[6] Graf Adolf verkündigte dieses von ihm erbetene kaiserliche Privileg durch Urkunde vom 24. Dec. 1190, worin er es nach dem Wortlaut wiederholte. Hamb. UB. Nr. 292, Schlesw.-Holst. UB. Nr. 166. Auffallend ist, daß darin zwei Sätze fehlen, der eine über den Stader Zoll, der andere über das Recht der Münzprüfung. Der Herausgeber des Schlesw.-Holst. UB., P. Hasse, vermutet daher, daß sie in der Kaiserurkunde interpoliert seien, zumal das Original die Schriftzüge des 13. Jh. verrät. Dagegen versucht Th. Schrader in Mitteil. des Vereins für Hamb. Gesch. Jg. 1893/94 S. 104 ff.) das Fehlen jener Sätze auf andere Weise zu erklären, was jedoch meines Erachtens nicht gelungen ist.

Stadt Bremen verliehen hatte[1]. Ihr bestätigte der Kaiser die angeblich schon von Karl dem Großen bewilligten Rechte, nämlich die Erwerbung der persönlichen Freiheit für Mann oder Frau, wenn sie unangefochten unter Weichbild Jahr und Tag gewohnt haben, sowie unter derselben Voraussetzung die Erwerbung des rechtmäßigen Grundbesitzes[2], in beiden Fällen jedoch mit Ausnahme der Leute und Hausplätze der Kirche. Nichts steht darin von politischen Rechten der Bürger, die doch zur Zeit im Einverständnis mit Klerus und Stiftsadel den Erzbischof Hartwig aus der Stadt vertrieben hatten[3].

Widerspruchsvoll und nur aus Gründen der Politik zu erklären erscheint überhaupt das Verhalten Friedrichs I gegenüber den deutschen Städten. Er hielt die Stadtherrschaft der Bischöfe aufrecht gegen jede Auflehnung der Bürger: so in Trier, wo er 1161 die geschworne Einigung (conjuratio) abschaffte, in Mainz, das er 1163 wegen Ermordung des Erzbischofs züchtigte, in Cambrai, wo er die wieder aufgestandene Commune aufs neue 1182 vernichtete, in Trient, wo er die unbeschränkte Stadtherrschaft des Bischofs bestätigte[4]. Wo dagegen die bischöfliche Herrschaft nicht in Frage kam, in den königlichen und weltlichen Territorialstädten, bewies er sich kaum weniger bürgerfreundlich als irgend ein anderer Landesherr.

Die vorstehend aufgeführten Stadtrechte des 12. Jh. zeigen sich in den alten und neuen Städten ebenso verschieden nach Form und Entstehung wie nach dem Inhalte. Die von Straßburg, Augsburg, Soest sind Weistümer geltender Gewohnheiten, die von Freiburg i. B. und i. Ü., Medebach, Braunschweig, Lübeck verliehene Privilegien. Als Vorbilder konnten die Einrichtungen der alten Städte den neugegründeten nur in den allgemeinen Grundzügen dienen, die dem Städtewesen des Mittelalters überhaupt eigen waren, abgethan aber haben sie die dort hergebrachten Herrschaftsrechte und Dienste der Bürger. Das von Konrad von Zäringen seiner Stadt Freiburg verliehene Recht war eine neue geniale Schöpfung. Was es zur Gründung einer neuen Stadt bedurfte,

---

[1] Bremisches UB. I Nr. 65.

[2] praeterea si quis aliquam hereditatem acquisierit in civitate sub wicbilithe et eam per annum et diem nullo impetente possederit ...;

[3] Vgl. Städte und Gilden II S. 464.

[4] Ughelli, Italia sacra V S. 600: ut Tridentina civibus consulibus perpetuo careat et sub episcopi sui gubernatione imperio fidelis et devota consistat.

um Einwohner heranzuziehen, war hier der leitende Gesichtspunkt. Es mußten ihnen die Bedingungen bürgerlicher Freiheit und Wohlfahrt dargeboten werden: zuerst Freiheit der Person, anlockend besonders für die, die sich bis dahin in drückender Hörigkeit befanden, aber auch schwierig zu behaupten gegenüber ihren bisherigen Herren; Erwerbung der Freiheit nach Jahr und Tag war das Mittel, um das Band der Hörigkeit zu lösen. Freies Eigentum ist das andere: geschenkt wurde den Ansiedlern die Hausstätte gegen geringen Zins und mit der Bedingung, ein Haus darauf zu bauen; dazu die unentbehrlichen Nutzungen an Wald, Weide und Fischerei. Verbunden mit der persönlichen Freiheit ist das freie Erbrecht und der ungehinderte Erwerb in Verkehr und Handel. Dagegen ist von Leistungen der Einwohner für den Stadtherrn kaum die Rede: nur zur Landesverteidigung sind sie verpflichtet und bisweilen nicht einmal dazu. Der Vogt, der den Herrn als Richter und Beamter in der Stadt vertritt, vor dem allein die Bürger zu Recht stehen, wird von ihnen selbst gewählt. Die Stadtverwaltung liegt in ihren Händen. Eine bürgerliche Behörde hat die Marktpolizei und führt die Aufsicht über die Münze. Der Consultitel wurde dem Rate zuerst in den neuen Städten beigelegt, von ihnen nahmen ihn die alten an; in allen Freiheitsrechten gingen diesen jene voran.

Die Entstehung des Rates.

Im Rate der Stadt erreichte die Entwickelung der Stadtverfassung ihren Höhepunkt und das Bürgertum das Organ seiner Machtentfaltung.

Die verschiedenen Ansichten der Rechtshistoriker über den Rat und seine Entstehung hängen mit den zu Grunde liegenden Anschauungen von dem Wesen der Stadtgemeinde zusammen[1]. Wer in ihr den Kern einer altfreien Gemeinde annimmt, erklärt den Rat in den Bischofsstädten als die cives seniores vel majores, die der Bischof bei der Stadtverwaltung zuzog (Arnold), oder als die Gerichtsschöffen, die in seinem Vogtgericht urteilten (Heusler). Wer die Stadtgemeinde auf die Stufe der Hörigkeit herabgedrückt sieht, erkennt im Rate eine Vereinigung von Offizialen mehrerer Dienstherren (Nitzsch). Wer eine ursprüngliche Altbürger- oder Stadtgilde

---

[1] S. vorher S. 101.

voraussetzt, findet im Rate eine erweiterte, nicht bloß die Gilde vertretende Behörde (Gierke). Wer die Stadtgemeinde aus der Dorfgemeinde hervorgehen läßt, vergleicht den Stadtrat mit dem Gemeindeausschuß (v. Maurer), oder mit dem Gemeindevorsteheramt in den Dörfern (v. Below). Wer endlich die Stadtgemeinde als Marktgemeinde auffaßt, dem gilt der Rat zu Anfang für das Marktgericht (Sohm), oder wer sie auf eine Marktansiedelung zurückführt, erklärt ihn für einen Ausschuß von dieser (Rietschel).

Die Entstehung des Rates war nicht überall die gleiche. In verschiedenen Formen und anderer Bedeutung stellt er sich dar, je nachdem er sich älteren Einrichtungen und Behörden anschließt oder als etwas ganz neues zur Erscheinung kommt[1].

Ich beginne mit den im 12. Jh. neugegründeten Städten, weil in diesen zuerst der Rat in seiner eigentlichen Bedeutung und mit seinem eigenen Namen, consilium, consules, auftritt. Die Einsetzung des Rates als Vertretung der Bürgerschaft in Sachen der Stadtverwaltung war ein notwendiges Freiheitsrecht, das den Bürgern von den Stadtgründern sogleich dargeboten wurde. Was diese neue bürgerliche Behörde bedeutete, läßt sich nur zumteil aus den Stadtrechten ersehen. Es liegt in der Natur der Sache, daß wenn der Rat einmal da war, er bald über seine anfänglichen Befugnisse hinausging. Dies lehrt schon ein kurzer Überblick über die bereits betrachteten Stadtrechte[2]. In Freiburg i. B. sahen wir die 24 conjuratores fori als Mitbegründer der Stadt, die nachher Consuln genannt sind, denen gewisse erbliche Vorrechte zustanden[3]; dies läßt darauf schließen, daß hier der Rat zuerst ein erblicher war. Nur einige, nicht eben bedeutende, Functionen der Verwaltung werden den Conjuratoren oder Ratmännern zugeschrieben: die Bewahrung unbeerbter Hinterlassenschaften, die Feststellung von Maß und Gewicht und die Bestrafung ihrer Fälschung (§ 4 und 38). Als Vertreter der Bürgerschaft aber erscheinen sie beim Empfang des Gelöbnisses von seiten der Stadtherren (Epilog).

Ähnlich ist die Stellung des Rates im Stadtrecht von Freiburg im Üchtlande. Die Ratmänner — consiliatores und 24 jurati sind

---

[1] Vgl. über die Entstehung des deutschen Stadtrates meine Italien. Städteverfassung II (1847) im Anhang S. 416—465 und R. Schröder, Lehrbuch (2. Aufl. S. 613 f.

[2] Wiederholungen von schon früher Gesagtem sind hier nicht zu vermeiden.

[3] S. vorher S. 39.

sie hier genannt — sind Beisitzer des Schultheißen im wöchentlichen Gericht (123); statt des Fronboten kann einer von ihnen vor Gericht laden (124); einer von ihnen bewahrt das Stadtsiegel und drei mit dem Schultheißen zusammen besiegeln die Urkunden (66). Sie besitzen gewisse Vorrechte bei Hauszins und gerichtlichen Bußen (122).

Im späteren Stadtrodel von Freiburg i. B. sind noch andere Befugnisse der Ratmänner erwähnt. Bei einer Appellation nach Köln sollen zwei von ihnen, um sie zu vollziehen, auf Gefahr und Kosten des Klägers dorthin reisen (40). Das wichtigste Recht ist, daß sie Satzungen machen können nicht bloß in Sachen die Lebensmittel betreffen, sondern auch über alles das sie zum Nutzen der Gesamtheit gut dünkt[1].

In die Reihe dieser und anderer Stadtrechte aus der Familie von Freiburg i. B. gehört auch die Handfeste Friedrichs II für Bern vom J. 1218[2]. Nach dieser werden Schultheiß, Ratmänner und alle Beamten der Stadt jährlich von den Bürgern gewählt und vom Stadtherrn bestätigt[3]. Schultheiß und Rat (consilium) bilden die Stadtregierung, verleihen die öffentliche Wage (18), führen die Aufsicht über Maß und Gewicht (19), bewahren die unbeerbte Hinterlassenschaft (51). Die Bürgersöhne müssen, wenn sie das 15. Lebensjahr erreicht haben, dem Kaiser, den Bürgern und Geschwornen (juratis) Treue schwören (52).

Im Stadtrecht, das Erzbischof Reinald von Köln im J. 1165 dem westfälischen Markt Medebach verlieh, kommt, wie schon bemerkt, zum erstenmal der Consultitel für die Ratmänner vor. Von ihren Befugnissen ist nur erwähnt, daß sie über unrechte Maße und Lebensmittel richten[4].

In den von Heinrich dem Löwen verliehenen Stadtrechten erscheint der Rat als die obrigkeitliche Gewalt. In den jura Indaginis von Braunschweig sagt ein Zusatz: Die Bürger sollen wie bisher Ratmänner haben, von denen die Stadt regiert wird[5]. In Lübeck war der Rat vermutlich von Heinrich dem Löwen selbst ein-

---

[1] § 79: et alia secundum quod universitati civitatis viderint expedire.
[2] S. vorher S. 155.
[3] § 7: Singulis etiam annis poteritis scultetum et consules vel etiam omnes officiales civitatis mutare et alios eligere praeter sacerdotem.
[4] S. vorher S. 164.
[5] S. vorher S. 165.

gesetzt. Nach dem Privileg Friedrichs I vom J. 1188 hat der Rat über alle Verordnungen der Stadt zu richten und die Münze zu prüfen[1]. Das Stadtrecht von Schwerin sagt: was die Ratmänner der Stadt zum allgemeinen Nutzen beschließen, soll die Stadt binden[2].

Wir sehen in diesem Überblick, wie sich der Rat in den neuen Städten im Laufe des 12. Jh. aus anfänglich wenig bedeutenden Befugnissen allmählich zur obrigkeitlichen Gewalt über die Stadt auswuchs. Eben jene ersten Verwaltungsbefugnisse weisen nun auch auf die Entstehung des Rates in den alten Städten hin.

Es war am früheren Orte von den kaiserlichen und anderen Privilegien die Rede, wodurch den Kaufleuten, d. i. Bürgern, an verschiedenen Orten das Recht zuerkannt wurde, Maß und Gewicht zu prüfen, in Marktsachen über den feilen Kauf und Verkauf von Lebensmitteln zu richten. Solche Bürgergerichte, „Burgerichte" bestanden in Konstanz und Basel wie in Halberstadt und Soest, Quedlinburg und Goslar[3]. Es war also eine bürgerliche Behörde da, die schon dieselben Befugnisse ausübte, die nachher dem Rate zustanden. Man kann daher in dieser Behörde schon den Anfang des Rates erkennen.

Ein anderer Anfangspunkt des Rates war in den Friedensgerichten gegeben. Solche kommen in den ersten Jahrzehnten des 12. Jh. in den Communen Nordfrankreichs vor. Die Institutio Pacis von Laon vom J. 1128 war das Vorbild für andere[4]. Schon vorher, 1114, setzte Graf Balduin III von Hennegau in seiner Stadt Valenciennes ein Friedensgericht ein mit 16 Geschwornen des Friedens, die auch Schöffen (scabini) heißen, und einem Kanzler als Executivbeamten, um Friedensstörungen zu strafen. Die Friedensgemeinde war die organisierte Stadtgemeinde[5]. Sollte nicht Kaiser Friedrich I an ein derartiges Vorbild gedacht haben, als er in Worms ein Friedensgericht, bestehend aus 40 Mitgliedern, 28 Bürgern und 12 Ministerialen der Kirche, einführte? Zwar ist die Echtheit der Urkunde vom 20. Oktober 1156 aus formalen Gründen bestritten, nichtsdestoweniger wurde sie anerkannt und dem ganzen

---

[1] S. vorher S. 167.
[2] S. 171.
[3] S. 106 und 135.
[4] Städte und Gilden II S. 43 f.
[5] Ebend. S. 141 f.

Wortlaute nach bestätigt von Friedrich II im J. 1220[1]. Auch ist das wirkliche Dasein des Wormser Friedensgerichtes schon vor dieser Bestätigung bezeugt. In einer bischöflichen Urkunde J. 1198 sind unter den Zeugen die vierzig Richter von Worms genannt[2]. Ein Gutskauf wurde in demselben Jahr 1198 mit Zustimmung der vierzig Ratmänner vollzogen und kundgemacht von der universitas consilii et primatum civitatis[3]. Die Entstehung des Rates aus dem Friedensgericht, worauf es hier allein ankommt, ist durch diese Urkunden bewiesen.

Das gute Einvernehmen des Bischofs von Worms, Heinrich von Saarbrücken (1217—1234), mit dem Rate der Stadt wurde gestört, als dieser eine Beisteuer zur Reise des Bischofs nach Ravenna verweigerte und andere Streitpunkte hinzukamen[4]. Auf dem Reichstag zu Ravenna 1231/1232 erwirkte Bischof Heinrich mit anderen Bischöfen und Fürsten des Reichs das berühmte Edikt Friedrichs II, wodurch alle Räte, Bürgermeister und Rectoren, die ohne Bewilligung der Bischöfe von den Bürgerschaften errichtet waren, verboten wurden[5]. Nicht die Stadträte in den Bischofsstädten überhaupt wurden verboten, sondern die Genehmigung der Stadtherren war der Punkt, auf den es ankam. Die Bischöfe wollten keine unabhängigen Räte der Bürger in ihren Städten dulden. Bischof Heinrich von Worms gedachte das Reichsedikt in seiner Stadt durchzusetzen, forderte die Beseitigung des Rates und

---

[1] UB. von Worms I Nr. 124. Stumpf, Städteprivilegien bewies die Fälschung der Urkunde von 1156 aus der unmöglichen Zeugenreihe. Ich hatte sie mit Arnold für echt gehalten. Nicht ohne einige Schadenfreude schrieb der vortreffliche Böhmer (Janssen, Böhmer III S. 317): „Hegel ist in die unechte Wormser Urkunde hineingeplumpt." Das war doch nicht so schlimm! Ich hatte als Gewährsmann keinen geringeren als Kaiser Friedrich II. Neuerdings hat Kolmar Schaube (Zsch. f. Gesch. des Oberrheins III) die Echtheit der Urkunde zu retten versucht, sie sei nur in der Abschrift verdorben worden. So etwas kann man wohl vermuten, aber nicht beweisen und es läßt sich endlos darüber streiten, wie es denn auch durch Köhne geschehen ist.

[2] UB. von Worms I Nr. 103: et de quadraginta judicibus de Wormatia.

[3] Ebend. Nr. 120: Haec emptio patrata et consummata est mediantibus et adstipulantibus XL consiliariis nostre civitatis.

[4] Ausführlich handelt hierüber K. Schaube in seinem Aufsatz „Entstehung des Rates in Worms" in Zsch. f. Gesch. des Oberrheins N. F. Bd. III S. 293 ff.

[5] Constitutiones et Acta imperii (ed. Weiland) II S. 193. Der Wortlaut ist: hac nostra edictali sanccione revocamus in irritum et cassamus in omni civitate vel oppido Alamannie communia, consilia, magistros civium seu rectores vel alios quoslibet officiales, qui ab universitate civium sine archiepiscoporum vel episcoporum beneplacito statuuntur. Vgl. über die politischen Beweggründe Winkelmann, Friedrich II Bd. II S. 329 f.

erwirkte, als dieser widerstand, die Reichsacht gegen die Stadt und
that sie in Bann. König Heinrich vermittelte den Streit und das
Ergebnis war ein Vertrag zwischen Bischof und Stadt, Febr. 1233,
wodurch eine neue Ratsordnung im Sinne des Bischofs eingerichtet
wurde[1]. Er selbst oder, wenn er abwesend ist, sein Stellvertreter
wird den Vorsitz im Rate führen, der aus 15 Mitgliedern, 9 Bürgern, die er ernennt, und 6 Ministerialen besteht. So behielt der
Bischof den Rat in seiner Hand.

Verwandt mit dem Rate von Worms zeigt sich der von Straßburg, zunächst darin, daß auch dieser aus Ministerialen des Bischofs
und Bürgern zusammengesetzt war. Er tritt zuerst auf in einer
städtischen Urkunde aus der Zeit des Bischofs Konrad von Hüneburg (1190—1202), die durch das Stadtsiegel beglaubigt und von
Marschall und Schultheiß und zehn anderen Personen, zusammen
als consilarii et rectores civitatis, unterzeichnet ist[2]. Also Ratmänner der Stadt waren diese Zwölf und aus ihren Namen ergibt
sich, daß fünf von ihnen Ministerialen waren[3]. Als die Zeit dieser
Urkunde ist mit Wahrscheinlichkeit das letzte Regierungsjahr Konrads 1201/1202 anzunehmen[4]. Sie macht den Beschluß der Bürger
kund, die am Wall der Stadt gelegene Almende gegen jährlichen
Zins auszutun. Darin lag eine Rücksichtslosigkeit gegen den
Bischof, der das Recht auf die Almende für sich allein in Anspruch
nahm[5]. Diese gegensätzliche Haltung des Rates läßt vermuten, daß
er ohne Genehmigung des Bischofs errichtet war, eine Vermutung,
die darin Bestätigung findet, daß Bischof Heinrich von Veringen,
Konrads Nachfolger (1202—1223), sowohl gegen die Errichtung
des Rates wie gegen den erwähnten Beschluß über die Almende
bei Friedrich II Beschwerde erhob. Im März 1214 erfolgte auf
dem Fürstentag zu Rottweil die Entscheidung über beides zu seinen
gunsten: niemand, so lautete sie, soll in Straßburg einen Rat errichten (consilium statuere), noch ein weltliches Gericht halten ohne

---

[1] UB. von Worms I Nr. 163—165.

[2] Diese Urkunde wurde erst im UB. von Straßburg (hg. von Wigand I Nr. 144 bekannt gemacht.

[3] E. Kruse, Verf.-Gesch. der Stadt Straßburg in Westd. Zsch. Ergänzungsheft I S. 31, weist dies nach.

[4] Kruse a. a. O.

[5] Es war davon schon vorher die Rede S. 103.

Genehmigung des Bischofs, und das Recht auf die Almende soll ihm allein zustehen[1].

Aus diesem Zusammenhang der Dinge folgt, daß die Abfassungszeit des zweiten Stadtrechts nicht, wie gewöhnlich angenommen wird, schon um die Wende des 12. und 13. Jh. zu setzen ist[2]. Der hauptsächliche Inhalt von diesem betrifft die Ordnung des Rates und seine richterlichen Befugnisse. Nach dem Prolog aber wurden die neuen Statuten von den weisesten Männern und Freunden des Rechtes mit Zustimmung des Bischofs, des Vogtes und aller Großen der Stadt gegeben[3]. Wenn nun der Bischof hierzu seine Zustimmung gab, wie hätte er dann, falls das neue Stadtrecht, wie behauptet wird, schon um 1200 erlassen wäre, sich noch im J. 1214 darüber beschweren können, daß der Rat ohne seine Genehmigung errichtet worden sei? Der Zusammenhang ist nur so zu erklären: die Beschwerde des Bischofs bezog sich auf den früheren von ihm nicht genehmigten Rat und dessen ungesetzlichen Beschluß über die Almende; er erlangte auf dem Tage zu Rottweil 1214 eine für ihn günstige Entscheidung und gleich darauf trafen die Bürger mit ihm eine Vereinbarung, aus der das neue Stadtrecht hervorging. Und hiermit steht im Einklang, daß wir erst seit dieser Zeit den Rat in einer sowohl von dem Bischof wie von dem Kaiser anerkannten Wirksamkeit sehen. In einer Urkunde des Bischofs Heinrich von 1215 inbetreff eines Hauses zu Straßburg sind zwei Bürgermeister unter den Zeugen genannt[4] und in einer anderen desselben Bischofs von 1220, die die Vogtei betrifft, steht unter den Zeugen ein Richter, der zur Zeit Bürgermeister war[5]. Die Bürgermeister wurden nach Art. 1 des Stadtrechts aus dem Rate gewählt, beweisen also das Dasein des Rates[6]. Kaiser Friedrich II nahm im J. 1219 den Rat und die Bürgerschaft von Straß-

---

[1] UB. I Nr. 160.

[2] Ich hatte die Zeit zwischen 1214—1219 bestimmt (Städtechron. IX S. 928). Dagegen haben sich Winter, Gesch. des Rates von Straßburg S. 32, Kruse a. a. O. S. 39 und Wigand im UB. I S. 477, erklärt.

[3] Notum sit, qualiter cives Argentinensis civitatis sapientiores et honorabiliores de consensu et consilio domini episcopi, advocati omniumque majorum ... hec instituta statuentes describi fecerunt.

[4] UB. Nr. 162: magistri burgensium Eberhardo et Waltero.

[5] UB. Nr. 181: Herbo judex et magister tunc burgensium.

[6] Kruse hat beide Urkunden oder aber die Bedeutung der Bürgermeister übersehen, wenn er S. 46 behauptet, in der ganzen Regierungszeit Heinrichs von Veringen sei der Rat niemals in bischöflichen Urkunden erwähnt.

burg wieder zu Gnaden an und bestätigte ihre Rechte und Gewohnheiten [1].

Das neue Stadtrecht handelt im ersten Artikel von dem Rate. Es sollen jährlich 12 oder mehr geeignete Personen teils aus Ministerialen, teils aus Bürgern zu Ratmännern ernannt und aus ihrer Mitte zwei Bürgermeister (magistri) gewählt werden. Die Ratmänner sollen schwören, die Ehre der Kirche, des Bischofs und der Stadt zu befördern, die Bürger, reiche und arme, vor allem Unheil zu bewahren und in allem nach der Wahrheit zu richten. Zweimal in der Woche sollen sie zu Gericht sitzen: der Bürgermeister wird richten und die Ratmänner werden urteilen, nicht nach dem Landrecht, sondern nach der Wahrheit und den Statuten der Stadt [2]. Alle öffentlichen Vergehen, wie Beschimpfung und Mißhandlung von Personen, Hauseinbruch gehören an das Ratsgericht. Wenn schwierige Sachen vor dem Bischof oder anderswo zu verhandeln sind, soll zuerst der Rat zusammenkommen und nötigenfalls sollen auch die Schöffen zugezogen werden [3]. Was für Schöffen?

Auch sie waren eine neue Institution. Mit allgemeiner Zustimmung gewählt, heißt es im Art. 23, sollen sie schwören rechtes Zeugnis vor dem Rate abzulegen, und im Art. 24, bei Verträgen über Kauf und Schuldsachen sollen sie als Zeugen berufen werden. Zwei von ihnen und zwei Ratmänner werden bei dem jährlichen Ratswechsel zu Wächtern der Statuten bestellt (51). Hiernach waren die Straßburger Schöffen kein richterliches Collegium, wofür man sie ausgegeben hat, sondern glaubwürdige Zeugen und Urkundspersonen und bei wichtigen Sachen zugezogene Vertreter der Gemeinde [4].

Weiter enthält das Stadtrecht eine Reihe von Statuten über Gewerbe- und Sicherheitspolizei, Aufwandsverbote und anderes mehr. Der Rat hat die Polizeigewalt. Wenn er streitenden Parteien den Frieden auferlegt, sagt Art. 54, soll der Ungehorsame, wenn er Ratmann oder Schöffe ist, sein Amt verlieren, eine andere Person aber mit 16 Schill. büßen und auf ein Jahr aus der Stadt verbannt sein.

---

[1] UB. Nr. 172.

[2] Art. 6: Consules autem non judicabunt secundum jus provincie, quod dicitur landreht, sed secundum veritatem et statuta civitatis subscripta.

[3] Art. 5: et si opus fuerit, scabini vocantur ad consilium.

[4] Vgl. meine Ausführung zur Stadtverf. v. Straßburg in Städtechroniken IX S. 952. Kruse a. a. O. S. 41 stimmt mir bei.

Wie wir sehen, hatte der Rat von Straßburg, gleichwie der von Worms, ursprünglich den Charakter eines Friedensgerichtes. Er wurde aber bald mehr als das, die herrschende Macht in der Stadt, der der Bischof Walther von Geroldseck in der Schlacht bei Hausbergen 1261 unterlag.

Vor Ende des 12. Jh. hatte auch Speier einen selbständigen Rat. Philipp von Schwaben, Reichsverweser nach dem Tode Heinrichs VI, begehrte 1198 die Hülfe der Bürger und erhielt von ihnen die Zusage, sie ihm mit einem Schiff und Lebensmitteln zu leisten. Dafür bestätigte er ihnen die früheren kaiserlichen Privilegien, versprach, ihnen keine Zwangssteuer aufzuerlegen und genehmigte auch, nach Anordnung des verstorbenen Kaisers Heinrich (VI) die Wahl von 12 Bürgern, die sich durch Eid verpflichten sollten, für die Gesamtheit mit bestem Wissen zu sorgen und mit ihrem Rate die Stadt zu regieren[1]. Mehr ist über die Entstehung des Rates von Speier nicht bekannt. Er war wie der von Worms durch den Kaiser eingesetzt[2].

Der Rat von Basel kommt zuerst in einer Urkunde des Bischofs Heinrich von Horberg um 1185—1190 vor[3]. Darin regelt der Bischof die Befugnisse und Einkünfte des Vogtes. Der Vogt soll dem Bischof 300 Mark und der Bischof dem Rate 100 Pfund an festgesetzten Terminen zahlen[4]. An einen andern Rat als den der Stadt ist nicht zu denken; Bischof und Stadt nehmen Anteil an den Einkünften des Vogtes.

Neues Licht wirft auf den Rat von Basel die Urkunde

---

[1] Urkunden von Speier (Hilgerd) Nr. 22 J. 1198 Jan. 21. Die Worte lauten: Praeterea secundum ordinationem felicis memorie imperatoris augusti (seines Ablebens ist im Eingang der Urkunde gedacht), civitati tam auctoritate domini regis (Friedrichs II) quam nostra indulsimus, ut libertatem habeat XII ex civibus suis eligendi, qui per juramentum ad hoc constringuntur, ut universitati prout melius possint et sciant provideant et eorum consilio civitas gubernetur.

[2] Gegen Arnold I S. 176, der den Rat von Speier schon auf die Urkunde Heinrichs V von 1111 zurückführen wollte, worin es heißt, es soll die Münze nicht verringert werden, nisi communi civium consilio, habe ich mich (in der Kieler Monatsschrift, 1854, S. 180) erklärt, womit K. Schaube, Entstehung des Speirer Stadtrats (Zsch. f. Gesch. des Oberrheins N. F. Bd. I) übereinstimmt. Köhne, Ursprung der Stadtverf. in Worms, Speier und Mainz S. 276 f. kommt auf Arnolds Annahme zurück und sieht in den genannten Städten Schöffenräte, wo es doch keine Schöffencollegien gab!

[3] UB. der Stadt Basel I Nr. 55. Trouillat I Nr. 339 setzt die Urkunde unrichtig c. 1227.

[4] et centum libras consilio dare dabet episcopus in terminis statutis.

Friedrichs II vom 13. Sept. 1218, wodurch er ihn abschaffte¹.
Bischof Friedrich von Thun (1215—1248) hatte sich darüber beschwert, daß ein Rat der Stadt ohne seinen Willen und seine Zustimmung errichtet worden sei. Aus der Urkunde ergibt sich, daß König Friedrich selbst diesen Rat eingesetzt hatte. Denn die Sentenz, die er kundgibt, beginnt mit der Erklärung, daß er gegen den Willen des Bischofs von Basel einen Rat weder einsetzen könne noch solle²; deshalb setzt er den Rat ab, der bisher auf irgend eine Weise bestand (consilium quod usque modo quocumque Basilee fuit), cassiert das Priviley, das die Bürger von ihm erhalten hatten, und verbietet ihnen für die Zukunft, einen Rat oder eine neue Einrichtung ohne Zustimmung des Bischofs anzuordnen.

Also wie vorher der Bischof von Straßburg und nachher der von Worms, wollte auch der Bischof von Basel keinen unabhängigen Rat in der Stadt dulden. Doch so wenig wie in Straßburg und Worms hatte in Basel die königliche Entschließung die Folge, daß der Rat wirklich beseitigt wurde, sondern nur die, daß Bischof und Bürger sich mit einander vertrugen. Denn wenige Jahre darauf finden wir den Bischof Heinrich von Thun in vollem Einverständnis mit dem Rate. In einer Urkunde vom J. 1225 gewährte er mit dem Willen des Rates dem Kloster S. Blasien die Befreiung vom Brückengeld gegen Zahlung eines Beitrags für die Brücke über den Rhein³.

Bevor der Stadtrat in den Bischofsstädten entstand, befand sich, wie das Stadtgericht, so auch die Stadtverwaltung in den Händen des Bischofs und seiner Ministerialen und Beamten, wie

---

¹ UB. der Stadt Basel I Nr. 92.

² Nos nec posse nec debere in civitate predicti principis Basiliensis dare vel instituere consilium citra ejusdem episcopi assensum et voluntatem.

³ UB. I Nr. 106: ad voluntatem consilii Basiliensis et nostram. Heuslers Hypothese über die Entstehung des Stadtrates aus dem bischöflichen consilium der cives oder burgenses, die er zuerst in der Verf.-Gesch. von Basel (S. 104. 146) aufgestellt und in seiner Schrift über den Ursprung der deutschen Stadtverfassung, 1872, noch auf andere Bischofsstädte angewendet hat, beruht auf dem denkbar schwächsten Grunde. Was Basel betrifft, so werden zum Beweise drei Urkunden von ihm angeführt (Ursprung S. 173): in der ersten von 1174 (UB. der Stadt Basel I Nr. 41) sind bei einer Schenkung als Zeugen neben Geistlichen 5 burgenses genannt, in der zweiten von 1236 (ebend. Nr. 136), ebenfalls in einer Privaturkunde, sind unter den Zeugen burgenses nicht genannt, endlich in der dritten von 1260 (ebend. Nr. 386) machen Bischof, Vogt und Rat eine Schenkung kund. Für die Entstehung des Rates ist aus der Zusammenstellung dieser drei Urkunden nicht das geringste zu schließen.

Zweites Kapitel. Die Stadtgemeinde.

wir dies im ersten Stadtrecht von Straßburg sahen[1]. Es liegt daher nahe, in dem Stadtrate, der die Stadtverwaltung führte, einen bischöflichen Beamtenrat zu vermuten und so dessen Entstehung zu erklären[2]. Allein mit dieser Erklärung verträgt sich nicht die Art der Räte und ihre Entstehung, die wir bisher in Worms, Speier, Straßburg, Basel sahen. Nur ein einziges Beispiel von einem bischöflichen Beamtenrat liegt vor in Mainz[3]. Erzbischof Ruthard verlieh 1099 den Webern von Mainz ein Privileg ex consensu rectorum et officialium et omnium burgensium nostrorum[4]. Unter den Rectoren sind der Stadtkämmerer und der Schultheiß zu verstehen, wer aber waren die Offizialen? Sie finden sich wieder, 6 an der Zahl, in dem großen Privileg, das Erzbischof Adelbert I seinen getreuen Bürgern von Mainz erteilte und 1135 noch einmal bestätigte[5], und wieder neben Kämmerer und Schultheiß in einer Urkunde des Erzbischofs Konrad von 1189, sowie noch in anderen Urkunden bis 1194, wo meist dieselben Personen als officiati civitatis genannt sind[6]. Dies war der bischöfliche Stadtrat, aber nicht der selbständige Rat, den die Bürger errichteten und durch den sie jenen verdrängten. Diesen neuen Rat anerkannte Erzbischof Sigfrid durch ein Privileg, das er den Bürgern im Nov. 1244 erteilte[7]. Er willigte ein, daß sie 24 Männer zum Rate der Stadt (ad consilium civitatis) wählen, die, im Fall einer von ihnen abgeht, sich selbst ergänzen. Die Bürger, sagt der erste Artikel des Privilegs, sollen dem Bischof nicht weiter zu Diensten mit Bewaffneten oder Abgaben verpflichtet sein als sie das mit ihrem guten Willen thun. Noch andere wichtige Zugeständnisse lassen dieses Privileg wie einen Vertrag zwischen zwei gleichstehenden Mächten erscheinen.

Wie sehr die kaiserliche Politik, bei der Friedrich II bisweilen Stadträte einsetzte oder begünstigte und dann wieder abschaffte, durch

---

[1] S. vorher S. 82 und 157.

[2] Für Straßburg ist dies die Meinung Kruses, der a. a. O. S. 38 zu dem Resultate kommt: „den Keim dieses gemischten Rates bildet der bischöfliche Ministerialenrat, wie er bis 1199 bestanden hatte."

[3] Vgl. meine Verf.-Gesch. von Mainz in Städtechron. XVIII 2. Abt. S. 34 auch im Sonderabdruck), 1882.

[4] Joannis, Rerum Mogunt. II S. 518. Vgl. über die Weberinnung vorher bei den Handwerkern S. 117.

[5] Den Text habe ich nach dem Original in Forschungen zur d. Geschichte XX Heft 2 mitgeteilt.

[6] Verf.-Gesch. von Mainz S. 35 Anm. 1 und 2.

[7] Gudenus, Codex Mogunt. I S. 582. Verf.-Gesch. von Mainz S. 46.

die momentane Lage bedingt war, zeigt auch das Beispiel von
Regensburg. Die Abschaffung der unabhängigen Stadträte in
den Bischofsstädten durch den Reichsbeschluß zu Ravenna 1231/1232[1]
fand Anwendung auch auf Regensburg. Sigfrid, Bischof von
Regensburg, hat als Kanzler Friedrichs II dessen Edikt sicherlich
mit Freude unterzeichnet. Doch, als er von dem Kaiser abgefallen
war, widerrief Friedrich II 1245 in Bezug auf Regensburg sein
Edikt und gestattete den Bürgern, wiederum gemeine Räte, Bürger=
meister, Richter und andere Beamte einzusetzen[2].

In Regensburg bestand im 13. Jh. zu Zeiten eine Friedens=
ordnung (forma pacis) und ein Friedensgericht. Wenn, heißt es
im Privileg König Philipps von 1207, und übereinstimmend damit
in dem von Friedrich II von 1230[3], ein Bürger über ein in seinem
Hause verübtes schweres Vergehen klagt, kann der Beschuldigte, im
Fall keine Friedensordnung besteht, sich durch Eid mit seiner
Hand reinigen, im Fall aber eine Friedensordnung besteht, soll er
seine Unschuld mit zwei Genannten (denominati) als Eideshelfern
oder durch die kalte Wasserprobe beweisen[4]. Man könnte danach
vermuten, daß der Rat von Regensburg, gleichwie der von Worms,
aus einer Institutio pacis entstanden sei. Dem steht jedoch ent=
gegen, daß das Regensburger Friedensgericht nicht an den Rat
überging, sondern für sich noch später fortbestand, als der Rat in
der Stadt regierte[5].

Ich komme nun weiter zu der großen Anzahl von deutschen
Städten, sowohl bischöflichen wie königlichen und landesherrlichen,
in denen ständige Schöffenkollegien bestanden. Es wurde bereits
bemerkt, daß diese Gerichtsverfassung allgemein verbreitet war in
den Städten des Nieder= und Mittelrheins wie in denen der Nieder=

---

[1] S. vorher S. 177.

[2] Ried, Cod. diplom. I S. 408 Nr. 423: ut liceat vobis ammodo communia consilia ad honorem nostri imperii et utilitatem civitatis vestre
statuere et magistros seu rectores civium vel quoslibet officiales alios libere
ordinare.

[3] Beide Texte sind mit Erläuterungen bei Gengler, Beiträge zur Rechts=
geschichte Bayerns, Heft 3 S. 16 und 20, abgedruckt.

[4] Art. 2: si vero aliqua pacis forma statuta fuerit ... reus tercia manu
denominatorum se expurgabit vel examine frigide aque innocenciam suam
probabit. Im Fridericianum ist der Beweis der Wasserprobe weggelassen.

[5] Über die Friedensbehörde im 14. Jh. gibt Auskunft das Friedensbuch, ge=
druckt bei Freiberg, Schriften und Urkunden V S. 65 (Gengler S. 60). Sie
war dazu berufen, den Frieden in der Periode von zwei Jahren aufrecht zu er=
halten und besaß die Vollmacht, die Statuten zu ändern und zu verbessern.

Zweites Kapitel. Die Stadtgemeinde.

lande und zumteil auch in Westfalen und Sachsen[1]. Die Stellung, welche die reichen und mächtigen Geschlechter, divites, honestiores, majores, seien es Ministerialen oder Bürger, in den sich selbst ergänzenden Schöffenkollegien einnahmen verschaffte ihnen auch weitreichenden Einfluß auf die Stadtregierung, so daß die Schöffenkollegien immer mehr das Ansehen von regierenden Schöffenräten gewannen. In der That sind die Schöffenräte in einer Reihe von Städten immerfort die einzigen Stadträte gewesen, während in andern den ständigen Schöffen von den Bürgern gewählte Stadträte an die Seite traten. Hieraus ergaben sich verschiedene Verfassungsformen, die wir in einzelnen Städten näher betrachten wollen. Ich beginne mit Köln.

Hier regierten, nach Aussage des Erzbischofs Konrad von Hochstaden im Schiedsspruch von 1258, von altersher die Schöffen mit Zustimmung des Erzbischofs die Stadt; ihnen lag es ob, die Rechte der Kirche und der Stadt zu bewahren[2]. In der That beweisen eine Reihe von Urkunden aus dem 12. bis ins 13. Jh., daß Schöffen und Stadtrichter oder auch die Schöffen allein Verträge mit anderen Städten über Zölle und Schiffahrt schlossen, Vergleiche mit dem Erzbischof über die Stadterweiterung, Münze, Zölle und Steuerauflagen eingingen, Handwerkern das Recht der Brüderschaft erteilten[3]. Über das drückende Regiment der Bürgermeister und Schöffen klagten bei Erzbischof Konrad Consuln, Brüderschaften und Gemeinde. Der Rat war noch nicht lange vorher von den Bürgern errichtet worden. Erzbischof Konrad sagt im Schiedsspruch, es sei schon zu Zeiten Engelberts (1216—1225) der Versuch gemacht worden, einen Rat einzuführen, doch sei er wieder abgeschafft worden; jetzt aber hätten die Bürger einen Rat erwählt, der ihm nicht den Eid des Gehorsams geschworen habe. Über diesen Beschwerdepunkt äußern sich die Schiedsrichter, es sei Recht und alte Gewohnheit, daß einige rechtschaffene und verständige Männer aus der Gesamtheit der Bürger (de communitate civium) zum Rate gewählt würden[4]. Das also war die Entstehung des Stadtrates von Köln. Die Klage des Erzbischofs bezog sich, wie in andern

---

[1] S. vorher S. 99.
[2] Quellen zur Gesch. von Köln II S. 385 Art. 43: ac ea ratione de ipsorum consilio, consentiente tamen archiepiscopo, ab antiquo consueverit gubernari.
[3] Meine Gesch. der Stadtverf. von Köln. Städtechron. XIV Einl. S. 44 f.
[4] Quellen a. a. O. S. 395 Art. 43.

Bischofsstädten, nur darauf, daß der Rat ohne seine Zustimmung errichtet, ihm nicht in Gehorsam untergeben war. Er war eine neue Institution neben dem ständigen Schöffenkollegium und neben der aristokratischen Richerzeche, unabhängig von dem Erzbischof durch Wahl besetzt und, wenn auch thatsächlich ein patrizischer Rat, doch als Repräsentation der gesamten Bürgerschaft gemeint[1].

Ähnlich verhält es sich mit dem Rate von Magdeburg[2]. Hier hatten anfangs zwölf Schöffen die Ehre der Stadt zu bewahren[3]. Der Rat kommt erst 1244 zum Vorschein. Seine Entstehung führt auf die bürgerliche Behörde zurück, die in Marktsachen richtete, Maß und Gewicht prüfte und das „Burding", die Bürgerversammlung hielt[4]. Eben diese Befugnisse gingen auf den Rat über, denn ganz so sind sie in dem an Breslau 1261 mitgeteilten Weistum beschrieben: die Ratmänner richten über falsches Maß und Gewicht und in Marktsachen über betrügerischen Verkauf von Lebensmitteln; sie halten das Burding und „was da beschlossen wird, das soll man halten"[5]. Doch blieb es nicht lange dabei. Im J. 1293 gerieten die Ratmänner in heftigen Streit mit den Schöffen; nach ihrer Behauptung sollten die Schöffen nur über schwere Strafsachen und Schuldklagen richten, über Erbe und Eigen aber der Rat im Burding[6]. Der Rat setzte seine Forderung durch. Fortan führten Ratmänner und Innungmeister die Regierung der Stadt.

In der Stadt des Erzbischofs von Trier regierten Schultheiß und Schöffen; die Höhe der Zölle und des Ungelds wurde von ihnen festgesetzt[7]. In einzelnen Fällen wurde die Bürgerschaft von Erzbischof und Domkapitel zur Mitberatung zugezogen. Einen Rat der Bürger aber gab es im 13. Jh. noch nicht. Erst 1303 wurde ein solcher durch Vereinbarung des Erzbischofs Dietrich mit den Bürgern geschaffen[8]. Mit den Schöffen zusammen, sagt die Ur-

---

[1] Über das Verhältnis des Rates zur Richerzeche und seine nachmalige Verfassung als enger und weiter Rat s. meine Gesch. der Stadtverfassung a. a. O. S. 58 f.

[2] Vgl. Städte und Gilden II S. 440 f.

[3] Laband, Magd. Rechtsquellen Nr. II Art. 9.

[4] Vgl. vorher S. 176.

[5] Laband S. 14 f.

[6] Magdeb. Schöffenchronik (Städtechroniken VII) S. 173. 177.

[7] S. die Urkunden bei Schoop, Verf.-Gesch. von Trier (Westd. Zsch. Ergänzungsheft 1) S. 119.

[8] Urkunde bei Schoop im Anhang S. 149.

kunde, sollen die Ratmänner den Nutzen und das Beste der Stadt beraten, doch sollen sie sich nicht in Gerichtssachen einmischen[1]. Die Ernennung des Rates findet jährlich durch den Erzbischof und in seiner Vakanz durch das Domkapitel statt; nur im Fall, wenn sie nicht erfolgt, soll die Gesamtgemeinde das Recht haben, den Rat zu wählen, doch ist die Bestätigung des Erzbischofs vorbehalten, nachdem die gewählten Ratmänner ihm Treue geschworen haben. Besser konnte die Abhängigkeit des Rates nicht gewahrt sein. Dennoch war auch ein solcher dem Nachfolger Dietrichs, Erzbischof Balduin, zu viel; er schaffte ihn 1308 wieder ab und gab die Stadtregierung an die Schöffen zurück[2].

Auch in den königlichen und Reichsstädten, in denen Schultheiß und Schöffen regierten, findet sich der Rat im 13. Jh. ein. Von einem Widerstand des königlichen Stadtherrn oder seines Vogts ist nirgends die Rede. In der Krönungsstadt Aachen erscheinen Consuln neben Schöffen und Ministerialen nicht früher als 1272 und 1273[3]. Eben so spät treten Ratmänner neben Ministerialen und Schöffen in Frankfurt auf. Im J. 1266 erließen: nos scultetus, milites, scabini, consules eine Verordnung inbetreff des Schadenersatzes, der den Bürgern, die dem Reichsaufgebot folgen, gewährt werden soll[4]. Als Vertreter der Bürgerschaft waren die Ratmänner den regierenden Schöffen beigeordnet[5]. In der westfälischen Reichsstadt Dortmund sind zuerst 1241 18 consules Tremonienses in einer Urkunde aufgeführt[6]. Später werden consules et scabini oder scabini ac consules als Stadtobrigkeit genannt[7], woraus das Verhältnis zwischen beiden nicht ersichtlich ist. Auch

---

[1] ita tamen, quod hi predicti consules de justicia et judicio se nullatenus intromittant.

[2] Conventio Baldewini bei Hontheim, Hist. Trev. II S. 35 Art. 5: quod de cetero consules in dicta civitate non ponentur alii quam scabini, qui ab antiquo praesidere ibidem consueverunt.

[3] Lörsch, Aachener Rechtsdenkmäler S. 35, Urk. von 1272: Consilio domini Willelmi advocati nostri Aquensis nec non et ceterorum judicum, scabinorum, fidelium ministerialium, consulum, magistrorum civium.

[4] Böhmer, Codex Moenofrancofurt. S. 147.

[5] v. Fichard, Die Entstehung der Reichsstadt Frankfurt, 1819, sieht den Rat schon in den cives der älteren Urkunden und will in dem Ausdruck consules et universi cives bereits eine Bank der Zünfte neben der der Gemeinde erkennen. Davon ist nur so viel richtig, daß auch Zünftige in den Rat gewählt wurden, eine besondere Ratsbank der Zünfte hat es erst im 15. Jh. gegeben. Vgl. über die Veränderungen der Ratsverfassung im 14. und 15. Jh. Kriegk, Bürgerzwiste.

[6] UB. von Rübel I Nr. 78. Frensdorff, Dortmunder Statuten Beil. II S. 191.

[7] Frensdorff Einl. S. 55. Städte und Gilden II S. 363.

in den westfälischen Bischofsstädten Münster, Paderborn, Osnabrück kommen abwechselnd bald consules bald scabini vor, so daß anzunehmen ist, daß die Schöffen zugleich die Ratmänner waren oder diese auch in der Eigenschaft von jenen im Stadtgericht urteilten[1].

Schöffenregierung war die allgemeine Regel auch in den landesherrlichen Städten des Nieder- und Mittelrheins. Nachdem Erzbischof Rainald von Köln von Friedrich I im J. 1167 zur Belohnung für den von ihm erfochtenen Sieg über die Römer den Reichshof Andernach erhalten hatte[2], setzte er daselbst im J. 1171 14 Schöffen aus den angesehensten und weisesten Männern ein, um, wie die Urkunde sagt, nach den Gewohnheiten anderer Städte des Erzstiftes Recht zu sprechen. Daß sie auch die Stadtverwaltung hatten, beweist die Urkunde Erzbischof Konrads vom J. 1255, worin er ihnen erlaubte, die Steuern nach Gutbefinden zu ermäßigen[3]. Neuß war gleichfalls erzbischöflicher Hof und Stadt. Erzbischof Konrad bewilligte 1259 den Schöffen und Bürgern 12 bis 14 Amtmänner zu wählen, deren erledigte Stellen durch die übrigen Amtmänner und die Gesamtheit der Bürger wiederbesetzt werden sollten. Städtische Verordnungen (Einige und Kure) sollen gemeinsam von dem erzbischöflichen Schultheiß, den Schöffen, Amtleuten und Bürgern beschlossen werden[4]. Consuln heißen die 14 Amtleute; sie hatten die Stadtverwaltung, die Schöffen das Gericht[5].

Die Freiheit und die Rechte von Neuß hatte schon vorher Erzbischof Heinrich 1228 auf die kölnische Stadt Rees übertragen; er gestattete den Einwohnern ihre Stadt zum Schutz gegen feindliche Angriffe zu befestigen[6].

Die niederrheinischen Grafen von Geldern, Cleve und Berg wetteiferten im 13. Jh. in Gründung von Städten und Verleihung von Stadtrechten, in denen sie den Einwohnern ausgedehnte Freiheiten bewilligten. Voran gingen die Grafen von Geldern. Das

---

[1] Philippi, Verf.-Gesch. der westfälischen Städte S. 69.
[2] Lacomblet, UB. I Nr. 426.
[3] Gengler, Codex municipalis unter Andernach S. 42 f.
[4] Lacomblet, UB. II Nr. 470.
[5] Ebend. III Nr. 56. Erzb. Heinrich II verordnet im J. 1310: quod quatuordecim scabini, qui sententias requisiti dictant ... et similiter quatuordecim consules, qui amptman vulgariter appellantur, in opido Nussiensi sint.
[6] ipsis oppidum concessimus muniendum. Die Urkunde ist mitgeteilt von Liesegang, Recht und Verfassung von Rees (Westd. Zsch. Ergänzungsheft 6) S. 100.

Stadtrecht von Zütphen wurde angeblich durch Graf Otto I J. 1190, wahrscheinlich aber erst durch Gerhard III (1207—1213) verliehen[1]. Darin heißt es: die Stadt soll die gleiche Freiheit genießen wie irgend eine Stadt diesseits der Berge bis zum Meere. Der Graf will den Bürgern keine Steuern auflegen ohne ihren Willen und setzt zwölf Schöffen ein, nach deren Rat die Stadt regiert werden soll[2].

Bei Gründung der Stadt Emmerich 1233 durch Graf Otto II von Geldern wird, wie sonst nicht mehr gewöhnlich, der Zustimmung des Kaisers Friedrich II und des Königs Heinrich gedacht. Die Villa soll gleich einer königlichen Stadt, sagt die Urkunde, dieselbe Freiheit wie andere Städte des Reiches genießen[3]. Nach dem Vorbild von Zütphen sollen zwölf von den Bürgern gewählte Schöffen die Stadt regieren. Ein im wesentlichen mit dem von Zütphen übereinstimmendes Privileg verlieh der Graf in demselben Jahr an Arnheim, Lochem und nachher noch an andere Orte nach demselben Muster[4].

Graf Theoderich von Cleve verlieh im J. 1241 Wesel das Stadtrecht und zwar, wie auch hier erwähnt ist, mit Erlaubnis des Königs[5]. Die Freiheit der geldernschen Städte war das Vorbild. Keine Steuern ohne Willen der Bürger, Zollfreiheit, freies Erbrecht, Pflicht der Heerfahrt nur auf einen Tag. Aber Hörige des Grafen sollen nicht ohne seinen Willen in das Bürgerrecht aufgenommen werden. Stadtgericht mit Richter (des Grafen) und Schöffen. Der Bürgermeister richtet über Zank und Streit, über unrechtes Maß und Brotgewicht[6]. Das Bürgermeisteramt hat hier eine eigentümliche Bedeutung, es gehört nicht, wie in Straßburg, zum Rate. Denn so wenig wie die geldernschen hatte die neue clevische Stadt zu Anfang noch keinen Rat neben den Schöffen. Sondern gleichwie in Köln die beiden magistri civium die Vorsteher der Richer-

---

[1] Sloet, Orkondenboek der grafschappen Gelre en Zutfen I Nr. 376. Die Datierung: Anno MC nonagesimo regnante gloriorissimo imperatore Henrico, macht Schwierigkeit, da Heinrich VI erst 1191, 15. April, in Rom als Kaiser gekrönt wurde. Es hängt das Siegel Gerhards III daran.

[2] Instituens in ea duodecim scabinos, quorum consilio eadem civitas regatur.

[3] Lacomblet, UB. II Nr. 191. Sloet II Nr. 563.

[4] Urkk. bei Sloet II Nr. 564. 565. 598.

[5] sicut regalis excellentia nobis concessit. Lacomblet, UB. II Nr. 258.

[6] Jurgia, defectum mensurandi et pistrandi magister civium judicabit.

zeche waren[1], so erscheint in Wesel der magister civium als der Vorsteher der Bürgerschaft[2]. Ratmänner finden sich in Wesel zuerst in einer städtischen Urkunde von 1291, wo als Stadtbehörden judex, scabini, consules ac universi oppidani aufgeführt sind[3].

Im folgenden Jahr 1242 verlieh Graf Theoderich auch seiner Hauptstadt Cleve ein ähnliches Recht wie das von Wesel[4]. Hier ist jedoch den Bürgern die Pflicht sowohl zur Landesverteidigung auf die Dauer von 6 Wochen, wie zu Beisteuern bei dem Ritterschlag der gräflichen Söhne und bei der Verheiratung der Töchter auferlegt. Dagegen wird ihnen verstattet, die Schöffen selbst zu wählen, während der Graf den Stadtrichter einsetzt[5]. Weder von einem Bürgermeister noch von Ratmännern ist hier die Rede.

In der Grafschaft Berg erhielt Düsseldorf 1288 durch Graf Adolf und Gemahlin Elisabeth die Stadtfreiheit[6]. In der Urkunde wird der Ausdruck gebraucht, Graf und Gräfin hätten die Villa der Freiheit übergeben (dedisse simpliciter libertati). Acht Schöffen wurden eingesetzt.

Die durch Handel und Industrie reichen und mächtigen Städte der niederländischen Grafschaften wurden gleichfalls durch von den Grafen ernannte oder bestätigte Schöffen regiert. Von diesen wurden im 13. Jh. Ratmänner bei der Stadtverwaltung zugezogen. In den Städen Flanderns, Gent, Brügge, Ypern, bildeten Schöffen und Ratmänner gesonderte Kollegien des Stadtmagistrats; ebenso Schöffen und Geschworene (jurati) in denen von Brabant: Brüssel, Löwen.

---

[1] Stadtverf. von Köln; Städtechroniken XIV Einl. S. 54 f.

[2] Liesegang, Niederrhein. Städtewesen. Untersuchungen zur Verf.-Gesch. der Clevischen Städte, 1897, S. 160 hebt es bei Kalkar nach einer Urkunde von 1246 als besonders wichtig hervor, daß dort ein Bürgermeister früher als der Rat vorkomme, übersieht aber, daß ein solcher schon im Stadtrecht von Wesel 1241 genannt ist.

[3] Von diesen ist die Urkunde (Lacomblet II Nr. 917) ausgestellt, unterzeichnet aber sind rector civium, 2 magistri burgensium, 7 scabini und 7 consules. Unter dem rector civium ist der Bürgermeister zu verstehen, die zwei magistri burgensium haben eine andere Bedeutung. Es sind die zwei Burmeister, die das Burgericht hielten und später als Rentmeister dem Rate angehörten. Reinhold, Verf.-Gesch. von Wesel, 1888, S. 9, leitet sie, wie mir scheint, mit Recht — ich verweise auf die Burgerichte in Köln und die Burrichter in Soest — von dem ländlichen Niedergericht ab, was v. Below in seiner Recension von Liesegangs Buch bezweifelt, indem er sie lieber für eine neue Behörde erklärt. In ihrer späteren Bedeutung als Rentmeister sind sie allerdings umgebildet.

[4] Lacomblet II Nr. 265.

[5] Ad commodum etiam sepedictorum burgensium judicem statuemus et ipsi de sua voluntate conscabinos (das Schöffenkollegium) eligent.

[6] Lacomblet II Nr. 846. Vgl. Lacomblet, Archiv f. Gesch. des Niederrheins III S. 96.

Zweites Kapitel. Die Stadtgemeinde.

In den holländischen Städten Dortrecht, Leiden, Amsterdam finden sich zwei oder vier Bürgermeister anstatt der Ratmänner; der Titel Bürgermeister bezeichnet sie als Vorsteher der Bürgerschaft, diese aber bestand in der Corporation der „Reichen und Weisen (Vroedschap)"[1].

Auf die Form und den Namen der regierenden Stadtbehörden kommt es nicht hauptsächlich an. Es fragt sich, wo die Macht liegt, wo die wirkenden und herrschenden Kräfte walten. Der Rat der Stadt war die Form und der Ausdruck für das selbständig gewordene Bürgertum, gleichviel wie es dazu gelangt ist. In den neugegründeten Städten des 12. Jh. gehörte die Einsetzung des Rates zu den notwendigen Freiheitsrechten, die ihre Gründer den Einwohnern bewilligten. In den alten Städten dagegen war es das lang erstrebte Ziel der Großbürger, gleichfalls einen von der Stadtherrschaft unabhängigen Rat zu besitzen. Dies zu verhindern, gebrauchten die geistlichen Stadtherren alle Mittel ihrer Gewalt und die kaiserliche Politik stützte sie. Die inneren Zerwürfnisse, die sich daraus ergaben, sind es, was die Geschichte der Bischofsstädte so anziehend macht und sie in den Vordergrund der historischen Betrachtung stellt. Die Bürgerschaft auf die Dauer in Unterwürfigkeit zu halten, dazu reichte die Macht der Bischöfe doch nicht aus; es blieb für beide Teile nur übrig, sich durch gegenseitige Zugeständnisse zu vertragen. Das Gericht blieb herrschaftlich, die Stadtverwaltung war in den Händen der Ministerialen und Bürger.

Die Stärke des Bürgertums erwies sich seit Anfang des 13. Jh. wie im Innern der Städte so auch nach außen. Nachdem das staufische Kaiserreich zu Ende gegangen war und das deutsche Königtum zur Wahl kam, entstand im J. 1254 der rheinische Bund der Herren und Städte, zunächst gegen die unrechtmäßigen Zölle gerichtet. Unter den Städten erscheinen Mainz und Köln als führende Vororte. Welche Kräfte ihnen zu Gebote standen, zeigt die Bundesakte, in der die Contingente der oberen Städte von Basel bis zur Mosel und der unteren mit den westfälischen in Schiffen, Reitern und Fußvolk festgesetzt wurden[2]. Doch der rheinische Bund zerfiel nach kurzer Dauer bei der zwiespältigen Königswahl im J. 1256, die auch ihn

---

[1] Ich gehe hier nicht auf die Besonderheiten der niederländischen Städteverfassung ein, indem ich lediglich auf mein Buch „Städte und Gilden" Bd. II verweise.

[2] S. das Dokument bei Weizsäcker, Der rheinische Bund S. 18.

zersprengte. Aber einzelne Städte schlossen Bündnisse unter sich, am Oberrhein Mainz, Worms und Oppenheim 1254, am Niederrhein Köln und Boppard 1252, die westfälischen Münster, Dortmund, Soest, Lippstadt 1253. Auf dem Fuße der Rechtsgleichheit wollten sie miteinander verkehren, Schiedsgerichte sollten ihre Streitigkeiten schlichten. Richter, Schöffen und Ratmänner waren ihre Obrigkeiten.

Schon vor Mitte des 13. Jh. vereinigten sich die Städte Flanderns zu einer Hanse unter der Führung von Brügge[1]. Auf den Hansetagen, bei welchen die einzelnen Städte je nach ihrer Größe mit mehr oder weniger Vertretern stimmberechtigt waren, berieten sie über ihre Handelsgeschäfte und nahmen Klagen über Unrecht an. Hansegraf hieß der Obmann, den Brügge bestellte[2].

Die Handelsstädte Lübeck an der Ostsee und Hamburg an der Westsee gingen eine enge Verbindung ein. Um 1230 bekennen beide ihre gegenseitige Freundschaft und versprechen ihren Bürgern Rechtsgleichheit und Sicherheit der Personen und Waren[3]. Zwei andere Verträge von 1241, in denen man irrtümlich den Anfang der deutschen Hanse gesehen hat, betrafen der eine die Sicherheit der Straßen zwischen den Mündungen der Trave und Elbe, der andere die Ausschließung der Verbannten der einen Stadt auch in der anderen[4]. Von Vogt, Rat und Gemeinde der Stadt (advocatus, consilium et commune civitatis) beider Städte wurden diese Verträge geschlossen und verkündigt.

So treten die Bürgerschaften der Städte mit großer Selbständigkeit auch nach außen ohne die Stadtherren auf. Der Rat war das Fundament ihrer Freiheit. Um den Besitz der Herrschaftsrechte, ob der Rat sie ganz oder teilweise an sich brachte, und um den Anteil der Bürgerklassen am Rate, ob er patrizisch blieb oder teilweise oder ganz zünftig wurde, bewegt sich, wie um zwei Richtpunkte, alle weitere Entwickelung in der Verfassungsgeschichte der Städte.

Unsere Betrachtung der Anfänge des deutschen Städtewesens findet den Abschluß um die Mitte des 13. Jahrhunderts.

---

[1] Sie bestand schon vor 1241 s. Städte und Gilden II S. 186.
[2] Warnkönig, Flandrische Rechtsgeschichte I Urk. Nr. 39.
[3] Lübecker UB. I Nr. 31: quod scire vos nos cupimus, schreiben Vogt, Rat und Gemeinde von Hamburg an Lübeck, quod jus nostrum et jus vestrum esse debet et vice versa.
[4] A. a. O. I Nr. 95 und 96. Vgl. Koppmann über die Anfänge der Hanse, Hanserecesse Bd. I Einl. S. 32.

www.ingramcontent.com/pod-product-compliance
Lightning Source LLC
Chambersburg PA
CBHW032128160426
43197CB00008B/566